读古今典范，悟人生智慧

學·習智慧

——寻找实现梦想之路

殷昌军/著

山东人民出版社·济南

国家一级出版社 全国百佳图书出版单位

图书在版编目（CIP）数据

学·习智慧：寻找实现梦想之路 / 殷昌军著．
— 济南：山东人民出版社，2016.7（2018.9重印）
ISBN 978-7-209-09752-9

Ⅰ．①学… Ⅱ．①殷… Ⅲ．①中国共产党－党员－思想政治教育－学习参考资料 Ⅳ．①D261.4

中国版本图书馆CIP数据核字(2016)第149460号

学·习智慧——寻找实现梦想之路
殷昌军 著

主管部门 山东出版传媒股份有限公司
出版发行 山东人民出版社
社　　址 济南市英雄山路165号
邮　　编 250002
电　　话 总编室（0531）82098914
　　　　 市场部（0531）82098027
网　　址 http://www.sd-book.com.cn
印　　装 山东华立印务有限公司
经　　销 新华书店

规　　格 16开（169mm×239mm）
印　　张 17.75
字　　数 240千字
版　　次 2016年7月第1版
印　　次 2018年9月第4次
ISBN 978-7-209-09752-9
定　　价 38.00元

序　一

让大智慧照耀梦想之路

——评读《学·习智慧——寻找实现梦想之路》

“不忘初心，牢记使命！”正值全党深入学习十九大精神和习近平新时代中国特色社会主义思想之际，山东人民出版社再版发行了学习读物《学·习智慧——寻找实现梦想之路》的修订本。该书作者殷昌军同志是山东省济南市公安局一名多年从事基层党建工作的同志。在2013年他已经写过一本关于毛泽东思想的图书《红色阅读笔记》，这本书被推荐为群众路线教育实践活动读物。他的事迹曾被《人民公安报》、山东卫视《齐鲁先锋》、党建网、新华网等诸多主流媒体专题报道。

看了《学·习智慧——寻找实现梦想之路》以后，感受到了殷昌军同志对学习习近平总书记系列重要讲话和习近平新时代中国特色社会主义思想的深刻理解。这本书也是我们把“两学一做”学习教育落到实处、收到实效的重要借鉴。

在实现中华民族伟大复兴的进程中，社会需要一种从根本上指导中国人实践的精神。

党的十九大提出了习近平新时代中国特色社会主义思想，这是对改革开放以来中国特色社会主义伟大实践的系统总结，为发展21世纪马克思主义做出的原创性贡献。

习近平总书记站在历史的高点，娴熟运用马克思主义的观点和方法，紧密结合新的时代条件和实践要求，以全新的视野深化对共产党执政规律、社会主义建设规律、人类社会发展规律的认识，带领全党经过艰辛理论探索，形成了习近平新时代中国特色社会主义思想这一重大理论创新成果。它是习近平总书记系列重要讲话精神和治国理政新理念新思想新战略的集大成，具有很强的逻辑性、严密性，具有重大的政治意义、理论意义、实践意义和深远历史意义，是我们实现伟大复兴行动的指南，是解决我国和当今世界矛盾最科学最有力的思想武器。

一切伟大的时代，都需要思想领航。思想，唯有引领时代，方显磅礴伟力。

习近平新时代中国特色社会主义思想从人民群众的火热实践中汲取治国理政的智慧与经验，用朴素平实的语言阐明观点和理论，具有广泛的群众性，其中也蕴含着人生的大智慧大道理，不仅仅限于政治领域，而是囊括国家生活和民众、社会等全方位的方略，对我们的具体工作和生活也有着现实指导意义。

习近平新时代中国特色社会主义思想就是指导我们寻找实现梦想之路的大智慧！

理论只有“接地气”，群众才会接受。习近平总书记讲，要大力弘扬理论联系实际的马克思主义学风，引导广大党员、干部紧密结合改革开放和现代化建设的实际，紧密结合自己的思想和工作实际，学习运用中国特色社会主义理论体系，努力掌握贯穿其中的马克思主义立场、观点、方法，做到真学、真懂、真信、真用，不断提高理论素质、党性修养、实际能力，更好地为坚持和发展中国特色社会主义服务。党的理论要与实际工作和生活紧密结合，这样才能发挥出指导作用。

殷昌军同志以基层党员视角，独辟蹊径地关注习近平新时代中国特色社会主义思想中对日常生活和工作具有深刻指导意义的思想内涵。

全书分为学习智慧、思维智慧、交友智慧、领导智慧、文化智慧五个方面，采用散文随笔形式，漫谈学习心得，让人们在优美的轻松阅读中体悟到习近平新时代中国特色社会主义思想精神内涵和现实指导意义。这种“接地气”的写法令人耳目一新，对工作、学习以及生活均有一定帮助。

“雄关漫道真如铁，而今迈步从头越。”愿作者殷昌军同志戒骄戒躁，以《学·习智慧——寻找实现梦想之路》再版为契机，积极投身到党建理论尤其是习近平新时代中国特色社会主义思想的研究中，让大智慧照耀梦想之路！

希望广大党员干部更加认真地学习、深刻领会党的十九大和习近平新时代中国特色社会主义思想精神，坚定理想信念，为实现伟大的中国梦而奋斗。

張全景

（中共中央组织部原部长）

序　二

在党的十九大胜利召开之后，山东人民出版社与作者对学习读物《学·习智慧——寻找实现梦想之路》一书进行了修订，并于近日再版发行。拜读完修订后的书稿，颇有感触。

这是一本立意新颖的关于学习习近平总书记系列重要讲话和习近平新时代中国特色社会主义思想的图书。作者非常“接地气”地以日常生活中人们所关注的事情为视角，将习近平总书记系列重要讲话和习近平新时代中国特色社会主义思想所蕴含的大智慧加以归纳总结，从学习、交友、思维、领导、文化五个部分，用散文随笔方式把自己的感悟注入书中，让人们在优美的散文阅读中体悟到习近平新时代中国特色社会主义思想的深刻内涵和现实指导意义。可谓独辟蹊径，别具一格。

当得知本书作者殷昌军是一名基层党员时，有些惊讶和惊喜。殷昌军同志一直战斗在火热的公安基层，现担任政工干部。其工作繁忙，但仍能刻苦学习。他阅读了红色经典、国学、历史、哲学、诗词等方面的书籍，还攻读了北京大学和山东省委党校的在职研究生。尤其是近年，他认真学习习近平总书记系列重要讲话，写下大量学习笔记。其已经出版的《红色阅读笔记》，被推荐为群众路线教育实践活动和社会主义价值观方面的参考读物。同时还以《学·习智慧——从习近平总书记系列重要讲话中寻找实现梦想的正方法》为题举办讲座，积极参与党的理论宣讲工作。2017 年参与中央组织部党建研究所党建重点课题研究工作，其执笔的课题荣获一等奖。他的事迹被《人民公安报》、山东卫视《齐鲁先锋》、党建网、新华网等诸多主流媒体报道。

殷昌军同志根据自己学习习近平新时代中国特色社会主义思想的感悟和讲座交流，结合生活实践，融入传统文化，查阅大量文献资料，写成这本书。书中精心摘录引用了363条习近平总书记系列重要讲话经典语录，通过革命红色故事、传统文化知识、历史典故等进行解读。本书内容丰富，知识面广，实用性强，值得一读。

习近平新时代中国特色社会主义思想论述精辟、立意高远、与时俱进、富于创新、富于哲理，博大精深，而且文风朴实、语言生动、深入浅出，给人以亲近感。昌军同志能够潜心学习、研究其中，并将领悟融入工作生活，难能可贵。希望他以这本书为契机，坚持不懈地深入挖掘习近平新时代中国特色社会主义思想的丰富内涵和价值，为实现中华民族伟大复兴的中国梦而不懈奋斗。

是为序。

韩庆祥

（中共中央党校副教育长兼科研部主任，中央政治局第11次集体学习主讲专家）

目　录

思维智慧

领导智慧

文化智慧

学习智慧

导语

学习的三个层次

为读书开方

无字天书的魅力

终身要做的事情

结语

导 语

“我们党既要政治过硬，也要本领高强。”[1]从毛主席提出的“本领恐慌”到习总书记提出的“本领高强”，“中国共产党历来重视学习、善于学习”[2]，这是由党对党员的要求所决定的，要求党员自觉，其方法就是学习。

“‘人才有高下，知物由学。’梦想从学习开始，事业靠本领成就。”[3]习总书记关于学习的讲话以在实践中深刻的体会，给我们带来了精彩至极而且非常实用的学习感悟。

人类生存能力在动物世界里处于劣势，婴儿与初生动物相比，适应力很低，需要父母长期养育才能存活。把一个人放到原始森林，即使全副武装的特种兵一个月就是个活限，除非能喝上狼奶，变成灰太狼。

那么人类凭什么主宰万物？凭的是动物不可比拟的学习能力，用有限的知识来驾驭无限的生活，人类发展史就是一部学习史。

习总书记讲：“我们的干部要上进，我们的党要上进，我们的国家要上进，我们的民族要上进，就必须大兴学习之风，坚持学习、学习、再学习，坚持实践、实践、再实践。”[4]

智慧高低不在脑袋大小，而在于掌握的知识量。真正的学习，最终是心智的改变，使人的整体素质得以优化和提升。这也是中国传统文化中所讲的修身立德。

学习的三个层次

对于学习来说，习总书记无疑是光辉典范，他从小就笃志嗜学，博览群书，逐步形成了独到的学习理论，并在实践中取得成功。

习总书记强调：要大力弘扬理论联系实际的马克思主义学风，引导广大党员、干部紧密结合改革开放和现代化建设的实际，紧密结合自己的思想和工作实际学习运用中国特色社会主义理论体系，努力掌握贯穿其中的马克思主义立场、观点、方法，做到真学、真懂、真信、真用，不断提高理论素质、党性修养、实际能力，更好地为坚持和发展中国特色社会主义服务。[5]同时提出了学习理论的三种境界：领导干部学习理论也要有这三种境界。首先，理论学习上要有“望尽天涯路”那样志存高远的追求，耐得住“昨夜西风凋碧树”的清冷和“独上高楼”的寂寞，静下心来通读苦读；其次，理论学习上要勤奋努力，刻苦钻研，舍得付出，百折不挠，下真功夫、苦功夫、细功夫，即使是“衣带渐宽”也“终不悔”，“人憔悴”也心甘情愿；再次，理论学习贵在独立思考，学用结合，学有所悟，用有所得，要在学习和实践中“众里寻他千百度”，最终“蓦然回首”，在“灯火阑珊处”领悟真谛。只有这样，各级领导干部才能做到带头学、深入学、持久学，成为勤奋学习、善于思考的模范，解放思想、与时俱进的模范，学以致用、用有所成的模范。[6]

依据习总书记关于学习的论述，把学习分为三个层次，一层次理论知识，二层次实践活动，三层次个性修炼。

为读书开方

1

学习的第一个层次：理论知识。

人类用语言和文字把通过知觉对外面物质界所产生的印象加以保留，形成回忆与纪念，而文字又是语言之符号化。所以，文明主要是以文字形式保存下来的，因此理论知识主要靠读书获得。古人讲："天下之事，利害常相伴；有全利而无小害者，惟书。"

习总书记讲："治心养性，一个直接、有效的方法就是读书。"[7]

革命老人徐特立就是爱书、读书的典范。红军长征过草地，需要轻装，徐老把衣物扔掉，一本书也不愿意丢下。负责同志要把书烧掉，徐老急了，说："你要烧我的书，我就和你拼了。"后来，大家把徐老的书分给每个战士一本带走。1947年3月，党中央撤出延安。这次，他还是把许多东西丢掉，就是舍不得书。他把书放在马背上，自己走路，每天的行程有60多里，而这时他已经70多岁了。

书的价值不能用金钱衡量，价廉未必货色差，书真正价值在于内容的精到。好书的标准是能否焕发出自己心灵的光明，使之无限的宽广、明亮，照彻内心世界，洞察世间真相，让自己活得明白、自由、安详。

古人讲读书要读万卷书，那么这"万卷书"到底有多大的量？

古代的书制作很麻烦，竹片经过汗青、杀青后制成竹简，在上面写字为“简”；削平的木板称“版”，在版上写字为“牍”。把简或牍用“韦”也就是牛皮带子联在一起叫“策”即“册”。孔子所谓“韦编三绝”，就是读书把“韦”翻断了很多次。在帛上写字卷起来称为“卷”。因此，无论“简”还是“卷”信息容量都有限。

古代的万卷书只不过相当现在200本300页的书，量并不大。但当下生活节奏太快了，哪里还有时间读书？如何处理这对矛盾？习总书记的办法是“做到干中学、学中干，学以致用、用以促学、学用相长”[8]，一边读书，一边实践，使学习融入生活，融入工作，让学习生活化，慢慢地成为一种习惯，这就是终身学习的理念。“我们一定要强化活到老、学到老的思想，主动来一场‘学习的革命’，切实把外在的要求转化为内在的自觉，成为自己的一种兴趣、一种习惯、一种精神需要、一种生活方式。”[9]宋代大儒朱熹说过一句很现代的励志语：“无一事而不学，无一时而不学，无一处而不学，成功之路也。”只有不断学习，我们心中才会充满光明和宁静，才会滋生智慧和大力，才会看到别处不一样的风景，才会走出小天地，进入大世界。

习总书记针对读书有一个专门讲话《领导干部要爱读书读好书善读书》[10]，系统论述了读书的意义和具体方法。

有效地读书就是习总书记提出的“读好书”和“善读书”。

2

读好书是读什么书的问题。

这个世界上书很多，但可以改变命运的书很少。

习总书记提出：在学习党的基本理论的同时，广泛学习哲学、历史、优秀传统文化，学习现代市场经济、现代国际关系、现代管理等方面知识，学习做好本职工作所必需的各种新知识、新技能，切实提高战略思维、创新思维、辩证思维能力。[11]其中“广泛学习哲学、历史、优秀传统文化”这三类书，与古人推崇的“先读经，后读史”同出一辙。

哲学一词源于古希腊，就是爱智慧的意思。哲学是一门探讨世界观和人生观的学问，通过追问把思想凝练在一条线上，依照逻辑推演发现真理，启示宇宙人生奇秘。哲学是知识的圆心，无论你从事什么工作，都要对人生有所认识，面对社会和大自然你都要进行一点理性思考。

马克思认为：人民最精致、最珍贵和看不见的精髓都集中在哲学思想里。学习哲学的目的就是为了锤炼我们最根本的世界观和方法论。习总书记“把马克思主义哲学作为自己的看家本领”[12]。指出：马克思主义哲学深刻揭示了客观世界特别是人类社会发展一般规律，在当今时代依然有着强大生命力，依然是我们指导共产党人前进的强大思想武器。[13]他强调：加快构建中国特色哲学社会科学……要按照立足中国、借鉴国外，挖掘历史、把握当代，关怀人类、面向未来的思路，着力构建中国特色哲学社会科学，在指导思想、学科体系、学术体系、话语体系等方面充分体现中国特色、中国风格、中国气派。[14]

学习哲学也为我们树立正确的理想信仰打下思想基础。习总书记说：“没有理想信念，或理想信念不坚定，精神上就会‘缺钙’，就会得‘软骨病’……有了坚定的理想信念，站位就高了，眼界就宽了，心胸就开阔了。”[15]他还讲：“要树立正确的世界观、人生观、价值观，掌握了这把总钥匙，再来看看社会万象、人生历程，一切是非、正误、主次，一切真假、善恶、美丑，自然就洞若观火、清澈明了，自然就能作出正确判断、作出正确选择。”[16]

信仰指对一个命题予以接受或同意的一种心理状态，是一种精神力量。有理想信仰的人是不可战胜的。现在很多人质疑邱少云的光辉事迹。他们说当火在人身上燃烧时已经不是大脑说了算的了，邱少云根本不可能半个钟头一动不动、一声不吭活活被烧死。但是这些人忘了，邱少云是有共产主义信仰的钢铁战士，精神力量可以转化为令人难以置信的物质力量。

拿破仑说：“利剑总是对精神俯首称臣的。”这是美国人所记载的朝鲜战争中的惊人一幕。长津湖战役期间，有一个中国志愿军连队奉命穿插截击美海军陆战队一师。志愿军官兵远程奔袭，进入高地。这时冰雪已经使他们身上的单衣湿透，在零下三四十度的严寒和狂风下，大家纹丝不动，都目视着前方。然而美军却安然走过这个预设的阻击阵地，一枪未响。美国军人发现了他们，走近一看，目瞪口呆。冰雪已经在志愿军的脸上凝成霜刺，单衣上已经结满厚厚冰凌，而每位战士却圆睁着双眼，注视着准星，全部呈作战姿势，冻死在阵地上。人、枪、阵地，组成一座静谧的冰雕。高傲的美国人也不由得举起手行军礼致敬。英勇的中国志愿军战士用行动再次证明了信仰的超人力量！

人要创造历史，必先认识历史。每个时代仅仅是历史长河中的一个横截面。如果眼光仅仅盯在这个面上，那么会很狭隘。人类有一种先天局限，即“眼不见眼，心不见心”，而历史却能帮助人类记忆过去的一切，从中总结经验而看清自己，所谓“以史为鉴”。

一个人若能了解过去，明晓现在，就意味着可以把握未来。陈年往事之所以值得我们活着的人思考，在于历史中隐藏着一团气，而无论如何推演、重来，这团气总在滚动，在壮大。那些消失于时间中的人和事，通过内心的咀嚼、精神的反刍，使我们领会到生命的意义，并让我们的生命和他们的生命实现了对话和交流。真正接通历史、理解历史的人，其实就是让这团气在时间中继续壮大并使之落实的人。

“历史就是历史，历史不能任意选择，一个民族的历史是一个民族安身立命的基础。”[17]所以，历史只能了解，没法改变，但历史却总在循环，有些东西自始至终都在轮回，总是惊人的相似，让我们可以借鉴，“历史总能给人以深刻启示”[18]。

中国历史上最强盛的两个盛世秦汉、隋唐颇具相似。秦与汉是分不开的，所谓“秦砖汉瓦”；而隋与唐更是一脉相承，连皇帝也是亲表兄弟，并称“隋唐文明”。

秦起家咸阳，隋据守长安，初期都以陕西为中心。秦之前500多年和隋之前近400年中华大地处于分裂状态，秦用9年一统六国，隋用12年统一南北朝。秦是两世15年，隋是两皇37年，都是短命王朝。两朝第二个皇帝都是在权臣帮忙下顶了原来太子上位的，最后也都死在权臣手里。秦修长城，隋造运河，两项浩大工程中国人至今引以为豪。秦实行郡县制，隋确定三省六部制、科举制，这些制度一直影响着后面的封建王朝。秦亡于陈胜、吴广起义，隋则亡于以瓦岗寨为首的农民起义。

汉、唐的开国皇帝都是趁着农民起义阶段性混乱，或主动或被迫地抓住时机率先攻破前朝首都。汉高祖刘邦趁项羽和秦军在巨野大战，第一个攻入咸阳。唐高祖李渊也趁着王世充与李密缠斗之际，率先进入长安。汉、唐几乎全盘继承秦、隋所创立的制度体系，即“汉承秦制”与“唐承隋制”。汉、唐都吸取前朝亡国的经验教训，汉提出清静无为的休息政策，唐采用偃武修文的施政方针，都成为中国历史上最鼎盛的王朝，其影响力一直延续到今天。汉、唐在开朝之初都受过少数民族侵袭，汉与匈奴的“白登之围”和唐与突厥的“渭水之盟”同样惊险。为此，汉、唐对外都采取和亲，出了昭君出塞和文成公主嫁吐蕃这样美丽而凄凉的故事。汉、唐开国皇帝死后，都留下了一个强大无比的女人——吕后和武则天。汉、唐都先分别出现为后人称道的“文景之治”和“贞观之治”，而后又分别进入“汉武盛世”与“开元盛世”。四大发明，汉、唐各一，汉时蔡伦改造造纸术，唐代黑色火药正式出现。汉、唐都在鼎盛时期出现过动荡，王莽篡汉差点终结大汉，安史之乱也使盛唐步入衰落。汉、唐之后，中国都再次陷入分裂，汉分三国，唐分五代十国。

“治理国家和社会，今天遇到的很多事情都可以在历史上找到影子，历史上发生过的很多事情也都可以作为今天的镜鉴。中国的今天是从中国的昨天和前天发展而来的。”[19]“历史、现实、未来是相通的。历史是过去的现实，现实是未来的历史。”[20]我们每一个人，都带着自己先人的气息在活着，学习历史就是让这种气息在某一种意义上充实精神上的空洞。

习总书记提出：历史思维能力，就是以史为鉴、知古鉴今，善于运用历史眼光认识发展规律、把握前进方向、指导现实工作的能力。[21]他称：“历史是最好的教科书，也是最好的清醒剂。”[22]他认为：各级领导干部还是要学一些中国历史和世界历史知识，特别要深入学习中国近现代史和中共党史，深入学习世界近现代史和马克思主义发展史，不断深化对共产党执政规律、社会主义建设规律、人类社会发展规律的认识。[23]

“优秀传统文化可以说是中华民族永远不能离别的精神家园。读优秀传统文化书籍，是一种以一当十、含金量高的文化阅读。”[24]传统文化的内容与哲学、历史有很多交集。恩格斯说过一句非常经典的话：用历史和美学来判断文化，判断文艺作品。很多时候这三者可以互相印证。例如我们从历史看诸子百家，会发现这些书有一半以上时间对不上，属于后人所造的伪书。我们再从诸子百家看历史，儒家的著作相对严谨，而其他流派的著作中矛盾很多。像庄子，仅《盗跖》一文就几处矛盾，盗跖是柳下惠的弟弟，民间讲他喜欢风尘，所以是妓女的保护神，叫白眉神；也有传说认为他是大盗；我们的历史教科书称他是第一位奴隶起义领袖。柳下惠比孔子早一百多年，他弟弟再小也与孔子谈不上话；还有颜渊死在前，子路死在后，哪能说子路死后颜渊还在？

所以，习总书记在讲到传统文化时指出：坚持有鉴别的对待、有扬弃的继承，而不能搞厚古薄今、以古非今。[25]同时还要求：“深入挖掘中华优秀传统文化蕴含的思想观念、人文精神、道德规范，结合时代要求继承创新，让中华文化展现出永久魅力和时代风采。”[26]“中国共产党从成立之日起，既是中国先进文化的积极引领者和践行者，又是中华优秀传统文化的忠实传承者和弘扬者。”[27]

在读好哲学、历史和传统文化基础上，其他学习内容可以运用比较价值原理有重点地来确定。就是说知识对一个人有没有用，在于它是否有比较价值。屠龙术乃惊天本领，关键是到哪里去找龙？所以，我们应根据自己目标来决定读什么书！

3

善读书就是如何读书。

这主要有三个方法。

第一个方法是分类阅读法。

把所读的书先分为略读、通读、精读三类，然后用“吞”“啃”“品”三法阅读。“吞”是略读，浏览一下；“啃”是通读，吃一遍；“品”就是精读，多读几遍，慢慢咀嚼消化。

习总书记读书是出了名的。“我经常能做到的是读书，读书已成了我的一种生活方式。读书可以让人保持思想活力，让人得到智慧启发，让人滋养浩然之气。”[28]

当年的梁家河村民一提到他，都用“爱看书”来形容。老支书梁玉明回忆，习总书记刚到梁家河时，与其他知青的不同之处就是多带了一个沉甸甸的箱子，里面全是书。习总书记在梁家河的第一个房东张青远的爱人刘金莲讲，习总书记那时就是爱看书，经常晚上在煤油灯下看“砖头一样厚的书”，一看就是半宿，第二天早起，吐出来的痰都是黑的。他吃饭拿着书，到田里干活也带着书看。这是真读书，不像我们现在年轻人喜欢“快餐”，读“煎饼书”。

对于精读的书，习总书记总是抓紧点滴时间反复读，力求读透。多年后他回忆：上山放羊，我揣着书，把羊拴到山坡上，就开始看书。锄地到田头，开始休息一会儿时，我就拿出新华字典记一个字的多种含义，一点一滴积累。[29]

第二个方法是师友交流法。

听名师讲座，与学友讨论，是一个借脑的方法。多人智慧，可以成倍放大所学知识。

习总书记讲：“一是说明人与人之间要进行交流思想、交流学识、交流经验的学习活动；二是对交流出来的东西要进行分析、比较和辨别，凡是好的就学习遵从，不好的就自省自戒，这样就可以达到相互学习、取长补短、共同提高的目的。古人这种交流学习的经验，值得借鉴和应用。”[30]

我们党的领袖里面，毛泽东也很喜欢这种交流法。

毛泽东年轻时就善于结交有才华的师友，凡长沙城里学问深的人，或来讲学的名士，他只要探知消息，总是千方百计去听课，有机会就拜访求教。1917年2月，日本著名武士、革命家宫崎滔天来长沙参加黄兴葬礼。毛泽东和萧三知道后，即写信给宫崎滔天，邀请他到湖南第一师范演讲。宫崎慷慨应允，做了题为“亚细亚的振兴，黄色人种的团结”的演讲，大家深受启发。1956年滔天之子宫崎龙介访华，在天安门城楼上，毛泽东还提起此事，可见滔天的演讲是多么深刻。龙介回国后，马上找遍其父所藏，真的发现了这封毛泽东亲笔墨迹，全家视为珍宝相传。

与什么样的人交往决定你学到什么样的本领。1915年夏秋之间，长沙数所学校包括女子学校门前出现一则“征友启事”，落款为“二十八画生”，这正是毛泽东。毛泽东的这个征友启事惹得女子师范校长以为他是不怀好意，直接找到湖南一师校长理论。实际上毛泽东征友是为了互相学习，他提出了“三不谈”：不谈金钱，不谈女人，不谈琐事。介于不谈金钱和女人的高度，最后只有3个半同学响应。毛泽东回忆，首先响应的是一位叫“纵宇一郎”的，就是长郡一中的罗章龙，后来罗章龙介绍李立三参加，毛泽东对李立三没好感，所以称其为半个人。也就是说这是个5人小群。最后这5位也不得不散伙，因为他们也想恋爱了。即使这样，他们也感到了相互学习的好处，毛泽东后来就说：“同少数人吹一吹，这是一个重要方法。”毛泽东几次飞跃都是因为直接与当时的文化和政治巨人交流接触，使他的智慧和才能得到发挥的空间。

第三个方法是思考法。

习总书记认为：思考是阅读的深化，是认知的必然，是把书读活的关键。[31]

2500多年前中国思想史上发生了一件大事！孔子论辩老子。论辩的结果就是有了这个“思考法”。在那次绝无仅有的巅峰对白中，老子对老夫子讲“子所言者，其人与骨皆已朽矣，独其言在耳。”告诫孔子不要执着于古人之言，而应把握其精神实质。

现代科学证明，学习者只有在仔细思考时才会导致有意义的学习。学习的结果，不仅仅是对某种特定刺激做出反应，而是头脑中认知图式的重建。

> 你脑子里装着问题了，想解决问题了，想把问题解决好了，就会去学习，就会自觉去学习。[32]

这种思考法的本质是追问，问书中观点哪些和自己相同，哪些相异；有哪些比自己高，哪些不如自己。追问有多深入，学问就有多深刻。学习而不思考，会陷入迷惘而无所收获，造成盲目轻信，生搬硬套；思考而不学习，理论与实践就产生偏差，这样会误入歧途，甚至南辕北辙。在学习基础上思考，使思考更深入；在思考前提下学习，使学习更有效果。

学习与思考、勤学与善思是相互联系和相辅相成的，不可把二者割裂开来。[33]

读书，不在于你是否熟悉了形式，而在于是否领悟了内涵，抓住了精髓。

日本著名无产阶级革命作家小林多喜二很喜欢用这种方法读书。

一天，小林同志正在阅读列宁的《无产阶级革命和叛徒考茨基》，和他一起搞地下革命活动的作家手冢英考走进来，看到他用稿纸把列宁批判考茨基的一段论述遮住，感到很奇怪，问他为什么这样做。

小林说："我先想想，然后再去看列宁的批判。"

手冢英考问："列宁的批判和你想的不一样吗？"

小林回答："不一样，但这样我就更了解列宁的观点了。"

"要敢于拿起批判的武器，在思考中发现新的问题，在继承前人的基础上努力形成新的认识。"[34]沿着灵魂轨迹去思考，去叩问，去行路，这样得来的知识会更深刻，这是真正的受用。一切知识都发源于感觉。屈原问天，老子问道，孔子问仁，一问成就千年圣哲。

无字天书的魅力

1

学习的第二个层次：实践活动。

习总书记提出：时代是思想之母，实践是理论之源。[35]还讲：“学习是成长进步的阶梯，实践是提高本领的途径。”[36]

理论知识只有通过实践活动消化才能变为营养，否则就成了智慧的脂肪。古人把实践活动称为“读无字之书”。

> 既读有字之书，也读无字之书，砥砺道德品质，掌握真才实学，练就过硬本领。[37]

为什么说现在的学生“高分低能”？就是因为我们的教育过分强调书本知识，而忽视实践活动，不断上演着学完、背完、考完、忘完这样“毁人不倦”的悲剧。当下反而是城市学生比农村学生实践活动要多，农村学生高中三年就像蹲监狱，外面的事情一概不知，除了做题就是背题，你能出来的题，他早背过了，大纲规定只考到“衬衣”，他连“内裤”都看了，想不得高分都难。中央教科院对恢复高考以来的1000多位“高考状元”进行跟踪调查，结果显示，这些曾经让人惊羡的高考状元，却没有一位成为行业顶尖人才。

所以，习总书记讲：“一定要从社会、学校和家长等多方入手，千方百计把孩子从分数中解放出来。要让他们明白，人生道路千万条，各行各业都能成才。只要矢志追求、努力拼搏，照样可以实现人生抱负和目标。”[38]他还提出：基础教育要做到以人为本，就是要加强素质教育，不仅使学生德智体美全面发展，而且使学生的人格、个性也得到和谐发展；不仅要开发学生的智力，而且要培养学生的创新和实践能力；不仅要“授之以鱼”、教授学生“学会”，而且要“授之以渔”、教授学生“会学”；不仅要教学生学习文化知识，而且还要教学生懂得立身做人的基本道理，使学生心智健全、人格完善、体格健康，得到全面发展和整体发展。[39]

我们的大学生毕业走出校门后才发现，多年读书，已变成书呆，所学与实际距离太远了，这才知道浓妆艳抹的虚幻背后是枯淡苍凉的现实。就像那当年骑在新郎背上打着油纸伞在雨花巷出嫁的新娘，一旦落地才开始明白，生活不在纸上，生活啊，只在泥土中。因此，“怀才不遇”之感油然而生，可叹：“读经是一回事，见‘真佛’又是另一种感受。”

书里的东西仅仅是“教”，是“理”，如果只执着在文字上，就会停滞不前，就会在那里打转、出不来。如同药浴，你不能像做药酒那样老在里面泡着，出浴才有疗效。所以，读书读到一定阶段，要放下书，“涉江湖者，然后知波涛之汹涌；登山岳者，然后知蹊径之崎岖”。从书窟中钻出来方为真正的读书。

> 读书客观上是一个去粗取精、去伪存真的过程，必须联系实际、知行合一，通过理论的指导，利用知识的积累，来洞察客观事物发展的规律。[40]

有些专业研究人士有时无法理解一些并不复杂的事情，这是因为他们在专业领域浸泡得太久，脱离实践自然就迷糊。反而有很多普通者根据常识甚至直觉，更能洞悉本质。当经济学家在研究通胀预期和通胀指数的时候，你还不如问问买菜的大妈，她会给你较为准确的答案。

司马迁之所以能够完成中国最经典史书，与他年轻时那次游学有着很大关系。公元前126年，20岁的司马迁，胸怀大志，进行了一次游学全国的壮举。“二十而南游江、淮，上会稽，探禹穴，窥九疑，浮于沅、湘，北涉汶、泗，讲业齐、鲁之都，观孔子之遗风，乡射邹、峄，厄困鄱、薛、彭城，过梁、楚以归。”这是一条多么经典的文化之旅，与先贤圣者的智魂直接对话，向天地万物的精华开口问道。了解和搜集了大量在文献典籍中读不到的古代历史传说以及各种史料，还包括大量民间歌谣俚语。正是这些丰富素材让司马迁敢于突破《尚书》的上限帝尧，而以黄帝为始。后代文人无不对此大加赞赏，苏辙行文说：“太史公行天下，周览四海名山大川，与燕赵豪杰交游，故其文疏荡颇有奇气。”

亲近社会万物，分享大自然的能量及精神，从而获取新知。亲眼所见的事情能给人以触动，亲身经历的东西更能够影响心灵，促使观念变，见解变，头脑变，这就叫“普贤”。世上一切真正的好东西都是如此，亲自去品尝才知道它们在人生中具有不可替代的价值。

2

习总书记在2010年就针对群众实践路线讲了一句很深刻的话：干部的学历高了，做群众工作的水平却低了。[41]这句话一语道破了知识与实践的辩证关系。

“知识青年到农村去，接受贫下中农再教育！”这是毛泽东知行观思想的体现。他坚信学习与劳动相结合是把知识青年改造成为“知行统一”者的重要途径。

习总书记也讲：“道不可坐论，德不能空谈。于实处用力，从知行合一上下功夫，核心价值观才能内化为人们的精神追求，外化为人们的自觉行动。”[42]他还深有感触地说：“我觉得在我的一生，对我帮最大的是两种人，一种就是革命老前辈，一种就是我那个陕北老乡。”[43]

作为优秀老知青典型的习总书记回忆讲：“7年上山下乡的艰苦生活对我的锻炼很大。最大的收获有两点：一是让我懂得了什么叫实际，什么叫实事求是，什么叫群众，这是让我获益终生的东西。二是培养了我的自信心。”[44]“上山下乡的经历对我的影响是相当深的，使我形成了脚踏实地，自强不息的品格。脚踏在大地上，置身于人民群众中，会使人感到非常踏实，很有力量；基层的艰苦生活，能够磨练一个人的意志。而后无论遇到什么困难，只要想起在那艰难困苦的条件下还能干事，就有一股遇到任何事情都勇于挑战的勇气，什么事情都不信邪，都能处变不惊，克难而进。”[45]

当年梁家河村生产队队长张青远说，近平他们这些北京知青每天都到山里去打坝，修梯田，受苦，劳动。近平干活能受下罪，吃下苦，一点儿城里娃娃的娇气劲儿都没有。夏天，我们这边太阳毒得很，天气干热。近平身上都晒红了，之后又蜕皮。那个苦，可不是一般大城市的娃娃能吃下的。回忆起习近平干活的形象，张青远仍历历在目：他是真干呢！他穿一件蓝色的旧棉袄，腰里系一根点炮用过的导火索，没有一点儿书生的架子。

的确，这些通过实践历练的老知青们，都有着坚毅的性格，有着笑迎困难的勇气，有着对社会和生命深刻的认识，他们中很多人已经成为当前的栋梁，老知青们以其经历告诉我们读“无字天书”才是真正的受用。

终身要做的事情

1

学习的第三个层次：个性修炼。也就是我们常说的“自我修炼”。

打水漂虽然能激起一些水纹，但很快就会消失，永远不可能掀起波涛。学习的最终结果是把人的心灵、行为、人格重塑，读书不但要“入乎耳，出乎口，流于笔”还必须做到“存乎心，形乎四体”。

> 干部的党性修养、思想觉悟、道德水平不会随着党龄的积累而自然提高，也不会随着职务的升迁而自然提高，而需要终生努力。[46]

> 全党同志一定要把学习作为一种政治责任、一种精神追求、一种生活方式，不断接受马克思主义哲学智慧的滋养，自觉坚持和运用辩证唯物主义世界观和方法论，广泛学习各方面知识，做到学以益智、学以励志、学以立德、学以修身。[47]

所以，修炼对于一个人是终身要做的事情。

“超越”是一瓶水装满之后溢出的那部分，是自身实力的膨胀，一个空瓶子或半瓶醋发出“超越”的声音，显然是很可笑的事。

修炼的目的是启动我们的心锚，启动我们无限丰富的内宇宙。儒家提出内圣外王，内圣就是自我修炼，要求内心修养达到圣人的境界，格物、致知、诚意、正心。从小事做起，由近及远。孟子曰：“天将降大任于是人也，必先苦其心志，劳其筋骨，饿其体肤，空乏其身，行拂乱其所为，所以动心忍性，曾益其所不能。”

陆象山提出“剥”的修炼方法，“人心有病，须是剥落，剥落得一番，即一番清明；后随起来，又剥落，又清明，须是剥落得净尽方是”。王守仁在《与杨仕德薛尚谦书》里也说过一句名言：“破山中贼易，破心中贼难。”

修炼的结果就是降服自己的心，养浩然之气。

现总结了自我修炼的五项基本内容：意志、勤奋、谦虚、创新、体能。

2

第一项：意志修炼。

意志修炼又分为三个层面：控制、心态、自信。

第一个层面是控制。

习总书记讲：“不断增强是非面前的辨别能力、诱惑面前的自控能力、警示面前的醒悟能力。”[48]

词典上将“意志力”解释成“控制人的冲动和行动的力量”，意志力实际就是控制力。理性是控制力的管理者，失去理性就像水管坏了阀门一样。所以，我们平时也把控制力称为“定力”。当你戒除一些阻碍人生前进的东西后，你就会产生定力；当你有了定力，就不容易被外在情况所动摇，可以把自己看得清楚，对于能做、不能做，该做、不该做的事，也非常清楚，这就是智慧。

“谗言败坏真君子，美色消磨狂少年。”女色是检验任何男人控制力的试金石，和尚也不例外。著名高僧鸠摩罗什，出身贵族，很年轻就担任了龟兹国国师。龟兹国举国信仰佛教，中原的佛教可能最初在汉代由龟兹传入。佛教传播有两种途径：一是靠民俗信仰。佛教在三国的时候已经开始在上层流传，叫“无间神”，有个有名的电影《无间道》就是取名三国时期佛教的名字，无间即是最底层地狱。二是靠译经。佛教兴起魏晋的原因是大乘般若学与玄学太相通了。中国佛教实际上主要与道家结合。儒家不管解脱，你即便痛苦也要按照规矩办。佛教与道教一样，专门讲解脱，只不过方法有所不同。佛教是出家，主张不再享受人生中的快乐，直抵生命之空无境界，所谓“涅槃”，是彻底的悲观主义；而道教则是归隐，主张做自己喜欢做的事情，来享用自己的生命，这也是对生命之空无的一种回应，是消极中的乐观主义。但出家人与隐士的目的是一样的，都是为了摆脱红尘的那个家而修炼。所以，高僧与名士一体，悟空与谈玄一体，一拍即合。后来“五胡乱华”，却接受了佛教。这个时期，译经的人很多，鸠摩罗什就是其中的最高手，后人称其为中国佛教十八高僧之一。他第一个翻译了心经，属于“国际文化名人”。前秦大将吕光攻下龟兹国后迎请大师，临行前安排“龟兹国王之女”来伺候大师，大师面不改色。吕光便使手段将大师灌醉，与国王之女一起关到密室内，大师就“遂亏其节”。

要论真正的大师，使人想起了可敬的朱德总司令。1935年6月，中央红军与红四方面军在四川懋功会合。党中央确定分左右两路军继续北上。左路军由朱德总司令和张国焘率领。但是一到阿坝，张国焘出于对形势的悲观估计和篡党夺权的狂妄野心，阴谋分裂红军，自立伪中央。当天晚上，张国焘带着亲信部队，包围了司令部，把朱德和他的参谋人员都抓了起来。张国焘要求朱德接受两项命令：一是谴责毛泽东，断绝和他的一切关系。二是谴责党的北上展开抗日反蒋解放战争的决议。

朱德答道：“你可以把我劈成两半，但你割不断我和毛泽东的关系。决议我是举过手的，我不能反对它。”

张国焘限定时间让朱德重新考虑，如果还拒绝这两项命令的话就枪毙他。朱德坚定地说：“你愿意枪毙就枪毙。我决不接受命令！”

张国焘恼羞成怒，便气急败坏地组织围斗朱德。他们连续大会小会，拍桌子加瞪眼睛，大吵大闹，而朱德十分镇静地坐在那里，毫不为这些人的气势汹汹所动。张国焘又指使人在夜间把朱德的马匹全部偷走宰掉，把警卫人员调走，甚至连门岗也给撤掉，使朱德的安全得不到保障。但无论张国焘使出多么卑鄙的手段迫害、摧残、恐吓、引诱，朱德始终保持革命的定力，革命意志坚不可摧。这样的定力证明他的确是人民军队拥戴的总司令。毛泽东称赞朱德“度量大如海，意志坚如钢”。

“最大的诱惑是自己，最难战胜的敌人也是自己。”[49]任何人心中都有像龙和虎一样的东西，只不过有德行的人，把它们管得牢牢的；无德行的人，任其狂飙。所谓“真谛是色尽自然杯空，俗谛是杯空还会色来”。

如何增强控制力？有两个方法。

一个是“静”的方法，即以静来控制自己。

静就是心的放松。放松了心，可以使人达到极乐，极乐是听不到笑声的，但身体的每个细胞却在快乐，一切归于寂静，像死了一样。静，是生命最好的状态。你想体会极乐世界吗？你就静下来。无论哪一种因素战胜了意志都会中断你的安静状态，你必须用意志的强大控制力来阻止、调整、消除它们的干扰，继续保持安静。

静虑是一种定力，更是一种阶段性的自我总结。“平时工作忙，难得静下心来深入总结，到党校学习有助于解决这个问题。好多事情通过认真总结会有豁然开朗的感觉。”[50]这是自我交流，这种交流最为真实。自己对自己敞开，也是对世界的敞开。只有敞开，才能认识真正的我。这种静也为人的意象、情感和记忆提供了一个沉淀、迂回与盘旋的机会，就像咆哮的黄河到了入海时的平静，它不但沉淀了原有的泥沙，而且又获得和积蓄了新的力量。这种自我交流起到了“不断增强自我净化、自我完善、自我革新、自我提高的能力”[51]。心在静，神在明，安静的心是最高的品质，它完整、纯洁、无染，“一羽不能加”，它屏蔽了一切干扰，成就了全神贯注、觉察力和不灭智慧。

人只有在静的时候才能获得与那遥远自然最亲密的接触，才会想到一些叩问心灵的本真。

心成了一座火山，怎么能指望手里开出花朵？当火心降到静心，这时也就上升到慧心。老子观大道的方法就是“致虚极，守静笃”。太极拳制敌的秘诀是“以静制动”。

增强控制力的第二个方法是抵制诱惑。

意志最难制伏的魔鬼是诱惑。动听的言辞加秀美的身影是“诱”，“诱”可以煽动本能，燃烧欲望，进而使内心迷乱，这就是“惑”。试金用火，试女人用金，试男人用女人。“学好三年，学坏三天。”开创了开元盛世的一代君主因为温暖舒适泉水和丰腴肥润贵妃的诱惑，迅速使百年强大的王朝处于覆灭之危。大千世界，处处充斥着诱惑，诱惑深处等待你的却是陷阱。

所以，要“对一切腐蚀诱惑保持高度警惕，慎独慎初慎微”[52]。

怎样才能抵制诱惑？

习总书记提出：严以修身，就是要加强党性修养，坚定理想信念，提升道德境界，追求高尚情操，自觉远离低级趣味，自觉抵制歪风邪气。[53]以及“三珍”：坚持慎独慎微，面对各种诱惑保持清醒头脑，珍重自己的人格，珍爱自己的声誉，珍惜自己的形象，不断增强辨别是非和抗拒诱惑的能力，始终保持共产党人的本色。[54]

根据这些要求总结了抵制诱惑的四个做法：

一是时刻提醒自己。

> 领导干部要常思贪欲之害，警钟长鸣，防微杜渐。[55]

宋代理学家程颢年轻时候喜欢打猎。后来，为了治学，他戒掉这一爱好，并对猎友讲：我没有打猎的兴趣了。他的老师周敦颐对他说：

"说着容易做着难，你不过暂时没这个想法，如果有机会，还会和以前一样。"程颢把老师的话铭记在心，时刻提醒自己，一直坚持12年没有打猎。一次外出看见有人打猎，程颢心中激动，禁不住要一显身手，"见猎心喜"也由此而来，但他耳边又响起了老师的声音，最终忍住自己的欲望。"举头三尺有神明，人可欺，天不可欺。"说的也是这种方法。

二是培养高尚志趣。

儒家讲格物，格是格斗，就是打仗。跟谁打仗？跟欲望打仗。打胜了，不受它干扰了，就叫格物，是古人最重要的修身手段。

习总书记要求：各级领导干部要加强思想道德修养，注重培养健康的生活情趣，正确选择个人爱好。[56]

"格物"最高级的办法是唤醒、发展和满足高级欲望。人一旦品尝到和陶醉于更高的快乐，面对形形色色的低级诱惑自然就有了定力。用高尚占领自己的思想阵地，自然能抵制不良诱惑的骚扰。

> 严以修身，就是要加强党性修养，坚定理想信念，提升道德境界，追求高尚情操，自觉远离低级趣味，自觉抵制歪风邪气。[57]

轰轰烈烈的太平天国运动最后之所以失败，很大原因是天国诸王志趣不高，经不起吃喝玩乐美色这些低级欲望诱惑，生活腐败导致国破家亡。平心而论，洪秀全虽然是个落第秀才，但确有安邦定国的才能。孙中山曾自称为洪秀全第二，称洪氏为"反清英雄第一人"、称太平天国领袖们为"民族英雄""老革命党"。刚开始革命时，这些老革命党确实目标一致，为了平等乌托邦式的天国，同甘共苦，同仇敌忾，无暇顾及其他。等占领了南京，面对花花世界，老革命党们安富尊荣、沉湎于物质享受，无一例外全部被糖衣炮弹击中。英雄难过美人关，女色依然是天国诸王最大的诱惑。据洪秀全的儿子被俘后交代，洪秀全给自己定的是娶妻88人，同时还有女官、女司等，宫中总计2000名女子，洪秀全记不住名字，干脆一概编号。

三是远离诱惑。

“自觉远离那些庸俗的东西。”[58]抵挡不住，干脆躲开，远离远比抵制容易得多。仅凭自己控制力很难抵挡住诱惑，所以，要借助外在力量来加以限制。希腊英雄尤利西斯面对海妖的歌声诱惑也是无奈，只能用蜡封住耳朵，把自己捆绑住，赶快离开。

隋文帝杨坚是中国历史上最怕老婆的皇帝，他的独孤皇后就像捆住尤利西斯的那根绳子，把杨坚约束得结结实实。每天杨坚和独孤皇后一起乘龙辇去朝堂上班。杨坚在前殿临朝听政，独孤皇后就坐在后殿认真旁听，“下班”后，两人又坐上龙辇一块儿回宫。宫中美女如云，但杨坚是有心无胆，好不容易一次酒壮英雄胆，临幸了一位，孤独皇后立即棍棒伺候，楚楚动人的小妹妹顷刻之间变成血人。无奈，杨坚独自策马发泄，发出了一个“肺气肿”才有的哀叹：“吾贵为天子，不得自由！”这就是汉语“自由”一词的最早出处。独孤皇后去世后杨坚获得了自由，没有了绳子的约束，太多诱惑让杨坚不能把持，左拥右抱，日夜享乐，不久就驾鹤西去。

四是干脆斩断诱惑。

有个“桂根”砍“桂”的故事。夏明翰的祖父任过清户部主事，父亲是清朝钦加三品衔诰授资政大夫，母亲是清末“铁面御史”陈嘉言的长女。夏明翰是不折不扣的官三代，但他接受了革命新思想。1917年春，十七岁的夏明翰违背祖父意愿报考新式学校湖南省立第三甲种工业学校。在校期间，他积极参加反对北洋军阀的斗争。1919年，“五四”运动兴起。湘南学生联合会成立，夏明翰当选为第三届总干事，他带领调查组和学生义勇军到仓库、商店清查日货，把自己家的日货也拿了出来，并举行“焚烧日货大会”。

祖父最为宠爱夏明翰，并在他身上寄予了光耀封建门庭的希望。所以祖父非常恼火，把夏明翰严厉训斥了一顿，并把他关在深宅大院里面，好吃好喝，丫鬟伺候，百依百顺，就是不让他出门。这些物质和前途的诱惑挡不住夏明翰向往革命的决心。夏明翰经过痛苦思考后，决意和祖父决裂，和封建家庭彻底决裂，在母亲和弟弟的帮助下他跳窗出走。他家的园子里长有一棵茂盛的桂花树，这棵树被他祖父视为家族兴旺的象征。为了望孙成龙，祖父就给夏明翰取名"桂根"，表示"他日荣华富贵，盖源出于桂树根也"的意思。在离家时，他砍倒这棵祖父珍爱的桂花树，表示与旧世界要一刀两断。他义无反顾投入到救国救民的伟大斗争中，直到1928年为革命壮烈牺牲，再也没有回过"夏府"。

意志修炼第二个层面是心态。

心态的"态"字，拆解开来，就是心大一点。黄帝内经中有言："百病皆生于气。"人都是被气死的，小人气大，君子量大；心大了，气自然就顺。

习总书记在讲话中多次提到党员干部要："保持良好心态。"[59]他还讲："要视困难为考验，把挑战当机遇，变被动为主动。困难是一道坎，是一道分水岭。就像鲤鱼跳龙门，跳过去就是一片新天地，进入一种新境界。当前挑战与机遇并存，但是，机遇始终大于挑战。"[60]

两个人的机遇与运气都差不多，做事形式、努力程度没有差别，最终区别就在于心态的不同。成功者都抱有与命运抗争的积极心态，消极心态只能使人永远处在平庸地位。心态的力量可以把你推向顶峰，也可能把你踢进深谷去证明地心引力。

我们的革命前辈们都有着极其良好的心态。不管环境多么艰难、斗争多么残酷，他们始终保持着革命的乐观主义精神，把纷披的葛藤编作花冠，把荆棘筑成雉堞，从容镇定地处理着一切，从不悲观失望、灰心丧气，这是他们能渡过难关的重要因素。

我党早期革命家张秋人被捕入狱，在明知必死无疑的情况下，每天读书五六小时，而且还督促狱友一起学习。他说：共产党员活着一天就要工作一天，在牢房里不能革命，就要天天学习。他有时还和同牢的同志一起演《捉放曹》，当作文娱活动。在他的影响带动下，狱中的生活虽然艰苦，但难友们都充满革命乐观主义，增强了对革命事业必胜的信心。

同样事情由两个心态不同的人去看，就会有两种不同看法，看出两个不同的世界。

“精神分析社会学”奠基人美国心理学家弗洛姆教授研究，一个人获得成就、升迁的原因，80%取决于他的心态，仅有20%由人的专门技术所决定。

一直以来，我们关注最多的总是“智商”和“情商”，但当危机袭来的时候，我们更需要“逆商”来打造好心态。股谚曰：“行情总是在恐慌中见底，悲观中回稳，犹豫中上涨，乐观中死亡。”股道亦人道。行情就是自己心灵的困境，当一种乱象在人们视线中不断反复出现而又被人们认为没有希望时，这正好是另一种希冀诞生之日。只要把心中障碍消除，自然就海阔天空了。马丁·路德·金曾深情告诫：我们必须接受失望，因为它是有限的，但千万不可失去希望，因为它是无限的。

越是大苦难，越要用大尺度来衡量得失。如果把坎坷看作是人生赐予你的恩惠，每一种创伤，都是一种成熟，那么你就会有了另外的思考。没有大痛苦就没有大思考，没有大思考就没有大升华，成功的人都是那种能用别人扔向他的石头来铺设路基的人。如果担心灾难会降临到自己身上，你就在心里先接受最坏的结果，然后再尽力想办法去解决。困难像风，风可以把篝火吹灭，也可以将炉火吹旺。宁可输事，不可输心。心态能迸发很大潜能，事情的真正结果往往会出乎意料。即便还是最坏的那个结果，也没有关系，因为你早已接受了它，所谓“自作自受”。

当你快乐时，要想这快乐不是永恒的；当你痛苦时，就想这痛苦也不是永远的。当年和汉文帝同性恋的邓通，自己能开矿造钱，他的名字是钱的别称，堪称中国历史上最有钱的人，最后却身无分文，活活饿死。地球在运动，人不会老处在一个位置。积极的人在每次忧患中都看到机会，消极的人则在每个机会中看到的都是忧患。这时请牢记三句话："算了""不要紧""会过去的"。排解的好办法，动静皆可。静可坐禅，动可长啸，"天门一长啸，万里清风来"，一啸解百忧。

所有的喜怒哀乐，实质上都是自己心的反映，有什么样的心，就有什么样的世界。成熟了，却不世故，依然保持一颗童心；成功了，却不虚荣，依然保持一颗平常心。

人生唯一有把握不会落空的等待是那必然到来的死亡。生命像一趟列车，每天都有新的旅程，昨天的路程和心情已成为过往风景。如果那风景已经变成废墟，就让我们将它埋葬，忘掉你曾经拥有的一切，忘掉你所遭受的损失，就当你是赤裸裸地刚来到这世界，从头再来，让眼睛和心灵在新的风景里得到重生！

危机中求生路，先把心沉淀下来。

意志修炼的第三个层面是自信。

习总书记在他的系列讲话中充满了系列的自信：我们要增强政治定力，增强道路自信、理论自信、制度自信。[61] 尤其是那著名的"鞋子论"：鞋子合不合脚，只有穿鞋的人自己才知道。[62] 更是展现了国家、民族和以习总书记为核心的中央领导集体的自信和务实形象。

基辛格对习总书记的盛赞就是："充满自信，执行力强。"

信心，像我们生命中的灯塔，给了我们前行的方向和动力，给了我们克服困难、不断探索的勇气，给了我们在失败中继续奋斗的力量，让我们化危机为转机。

一个人对自己行为的信心就是自信。自信是性格的催化剂，它使强者更强，弱者变强，仁者更仁，暴者变仁，智者更智，愚者变智。

“只要有信心，黄土变成金。”[63]好花开与有心人，理想的路总是为有信心的人预备着。

今天很悲哀，明天很残酷，后天会很美好；很多人却倒在了明天晚上。什么是门槛？过去了是门，没过去就成了槛。

我们常讲有胆有识等于成功。有时候有胆无识也能成功，但是无胆却只有失败。这个胆就是自信，自信能产生无穷的勇气。俗话讲：“撑死胆大的，饿死胆小的。”很多人杀不了鸡，这不是手中的力量不够，而是心中的力量不足。

“季布避死”和“栾布赴死”所表现出的都是自信的大勇。

季布有着项羽的气概，以勇敢扬名，称得上好汉。但他却愿意遭受刑罚，给人做奴仆都不肯死去，显得那么卑下。实际上这是因为他自信有过人才能，才甘愿暂时蒙受屈辱而不为羞耻，以期发挥他未施展的才干，所以终成一代名将。

栾布痛哭彭越，把赴汤镬就死看得如同回家，这是因为栾布真正理解了死得其所的含义，自信自己死得有价值，因此产生了“赴死如归”的无穷勇气。

最可怕的敌人就是自己，盲人面前永远都有路。许多人潜意识的不自信造成了对成功望而却步，让失败变得比成功还难。

当年在赤水流域，3万对40万，兵力悬殊达到了长征之最。而毛泽东以无以伦比的自信和智慧，创造了人类史上令人不可思议的绝地逢生的战争奇迹。他带领装备落后且人困马乏的红军四渡赤水，跳出了十余倍重兵的包围圈。长征告诉我们了信心的力量，在信心面前没有什么克服不了的困难险阻。

刘邦是历史上一位非常自信的皇帝。虽然也有人称他是最不要脸或脸皮最厚的皇帝。他26次被项羽打败，哪里荒凉往哪跑，连老爹、老婆、孩子都顾不上。但是，他没有因此失去信心，而是承受了所有惨败造成的压力、焦虑、挫折感、内疚感。不屈不挠，屡败屡战，以强大的心理力量坚持到最后，笑傲胜利。再看看所谓的大英雄项羽，脆弱的心理如同虞姬薄薄的脸皮不堪一戳，一旦失败，就完全丧失信心。很多史书都记载项羽是自杀的。但从近些年历史研究角度看项羽自杀的可能性不大。《史记》讲项羽是自杀，但没讲虞姬是自杀，《太平寰宇记》写着项羽“杀姬”，虞姬是项羽杀死的。《汉书·灌英传》里讲项羽在离乌江120公里的东城就被灌婴的部队围堵，其所率士卒五人共同斩杀项籍。所以项羽不是不想过乌江，是根本没有渡江机会。总而言之，项羽没有输在力上，而是输在心上。

当然，信心需要建立在自身实力基础之上。自大是有本钱的，夜郎自大，也不是吹的。夜郎国从战国立国到西汉末亡国有300余年，鼎盛时期，以贵州为中心，南达现东南亚各国，地广数千里，比西汉初期的版图也小不了太多。所以，夜郎国王问：“我国与汉谁的地方大？”这也不是很过分的话。

临水照花不是谁都能照的，水很会忽悠人的。牡丹花水边一照，光彩照人，狗尾巴花水边一照，那水影顿时会让人晕倒，掉下去。

> 越是在困难的时候，越要坚定信心。应该看到，任何进步都不是直线的，有曲折也有反复。[64]

信心是我们心灵的火焰，只要不曾熄灭，即便死神光顾，我们一样能够轻轻唱响生命歌谣，绽开最美笑容。

3

自我修炼的第二项是勤奋。

为什么和尚念经时老是敲木鱼？因为佛教认为鱼不分昼夜都是睁着眼不睡觉的。所以，为了时刻提醒修行者像鱼儿那样勤奋，就发明了

“敲木鱼”。

牛市不是喊的！足球不是吹的！“莫道君行早，更有早行人。”古今中外，所有成功志士，都是勤奋不殆方有出人头地之日。就是天造的“斗战胜佛”也是起早贪黑才练就惊天本领。

习总书记讲：“人类的美好理想，都不可能唾手可得，都离不开筚路蓝缕、手胼足胝的艰苦奋斗。”[65]“为学之要贵在勤奋、贵在钻研、贵在有恒。”[66]

“勤”从力字，是努力之意。

在勤的方面，习总书记主张“一要发扬挤劲。二要发扬钻劲”[67]。挤劲钻劲就是雷锋所悟的钉子精神，雷锋在学习毛泽东思想时读到“工作忙就要‘挤’，看不懂就要‘钻’”这句话时马上联想到了钉子，钉子的长处不就是挤和钻吗？雷锋由此悟出了著名的“钉子精神”。

挤的是时间。“学习要善于挤时间。”[68]老不死的人还没出生，能活百岁就是人中仙。人生几十年，睡觉吃饭占了三分之一强，不懂事的童年和不能动的老年，掐头去尾，所剩无几。短暂一生，能有多少时间由我们自己打发？

时间似东奔的母亲河，又像打狗的肉包子，一去不复返。殷人称当日为今日，当晚为今夕，明日为昱，将来某日为来，过去的日子为昔。总之，时间让今日成了昔，又让来成为今日，最终还是让我们离生命终点越来越近。

时间都去哪儿了？这是现代人的困惑。实际仔细想想，我们有很多时间都在不知不觉中浪费了。稍一磨蹭，几十分钟被荒废。陆放翁“呼僮不应自升火，待饭未来还读书”，就是挤时间的典范。

世上什么都能重复，恋爱可以再谈，身份可以炮制，钱财可以重挣，甚至历史也可以重演，唯独时间与生命不能。淮南子曰：“圣人不贵尺之璧而重寸之阴，时难得而易失也。”时间即生命！如果你真的把时间与生命等同，你也就有时间了。

钻的是精神。东汉经学大师郑玄在《戒子益恩书》中告诫子孙：“其勖求君子之道，研钻勿替，敬慎威仪，以近有德。”佛教天台宗初祖龙树菩萨，就是讲深入，深入到根本，是“钻牛角尖”精神的典范。

盲人为什么学东西快？就是因为外界干扰少，即使有想法，感官上也不允许，所以，他们注意力集中，钻劲十足。

勤奋的“奋”源于易经“雷出地奋”，代表一种恒力，《易经》实际是从远古巫师的思想不断总结的，所以甲骨文记载，恒被作为巫的工作精神，表示一种往而不返的执着。

> 事业成功的原因很多，奋发有为是主要因素。[69]

> 幸福都是奋斗出来的。今天，我还要说，奋斗本身就是一种幸福。只有奋斗的人生才称得上幸福的人生。[70]

在奋的方面，习总书记主张“发扬韧劲”，要有“踏石留印、抓铁有痕”[71]的劲头，即要养成持之以恒的习惯。

尤其在当今这个多样化又浮躁的社会，更应有耐得清苦的情怀。奋是个缓慢过程，只有抓好每一天的早晨（旦），旦复旦，长年累月地积累才能打下雄厚基础，所谓厚水载舟。奋斗的每一天都很艰辛，但以后的每一年却会越来越好过。我们不仅要享受成功那一刻香槟开启的声音，更要细心品味整个奋斗的经过。

> 再高的山、再长的路，只要我们锲而不舍前进，就有达到目的的那一天。[72]

有学生问苏格拉底怎样才能修学到他的水平。苏格拉底没有直接作答，却对大家说：“我们来做件最简单的事，从今天起，每人每天甩300下手，看谁能做到。”学生们笑了，这太简单了，有辱智商啊。没想到一年后，苏格拉底突然问：“请告诉我最简单的甩手动作，谁还在做？”这时只有一个学生举手，这就是后来成为古希腊另一位哲学大师的柏拉图。

懒惰是勤奋的反义词，也是一切动物的天性。美国启蒙运动开创者、独立革命领导人，被美国人所敬仰的“民族之父”富兰克林，自幼家境贫寒，10岁时做学徒，一边工作一边学习，完全靠着勤学苦练，成为美国的缔造者之一，还靠着避雷针的发明成为造福人类的大科学家。他平生最痛恨的就是懒惰。他讲，懒惰比操劳更能消耗体力，经常用的钥匙总是亮闪闪。他看人最重要的一点就是勤奋。

> 坚硬如石，柔情似水——可见石之顽固，水之轻飘。但滴水终究可以穿石，水终究赢得了胜利。[73]

“只怕不勤，不怕不精；只怕无恒，不怕无成。”泪水和汗水成分差不多，泪水只能为你换来同情，汗水却为你赢得成功。所以说，勤奋就像一张网，你撒在哪里，收获就在哪里。

4

自我修炼的第三项是谦虚。

中国文化极力推崇谦恭，《尚书·大禹谟》说：“满招损，谦受益。”老百姓还有句话叫“水浅波纹大，潭深波纹静”，有深度的人看不到他的张扬。

谦虚源于一件叫“奇支器”的器皿，它不注水时是斜的，注一半水时则变正，注满水就翻倒。孔老夫子看到后感叹道：哪有满而不翻的呢？后来这个器皿又被叫作了“座右铭”，历代君主把它放在自己座位的右手，作为铭示自己的法器：千万不能自满，否则，非翻不可。所以，不自满就是谦虚。

习总书记有个座右铭：“自豪不自满，昂扬不张扬，务实不浮躁。”[74]这正是对谦虚最好的解释。凡人都是放大自己，缩小别人，自大自满；

伟人老是能看到自己的不足，不断学习。

《易经》中只有一卦是六爻都吉利的，就是谦卦。《易经》单列《谦》卦论述谦虚美德的至妙之用。

“天道亏盈而益谦，地道变盈而流谦，鬼神害盈而福谦，人道恶盈而好谦。”天、地、鬼、人只要谦虚了都有好处。

谦位列第十五卦，是异卦，为坤（地）上艮（山）下，卦象表现为生活中原本屹立在地上的山现在屈居地下，这是很奇特的现象。

山不论多么高大，无不是立足大地的结果，大地一颤抖，再高大巍峨的山也会不复存在。高山把大地放在自己的上面，就像学生礼让自己的老师，来比喻位高不自傲，名高不自誉，这就是谦。

山躲到了地里面去，还有什么可以伤害到它？

序卦传曰“有大者不可以盈，故受之以谦。”对于大有作为的人，是不能沾染骄傲自大的兴致的，他必须是一个谦虚谨慎的人。

一爻为谦谦，谦谦君子所要的品质。

二爻鸣谦。谦谦自然会赢得一片鸣好。

主爻九三是劳谦。有了功劳只能谢天谢地，而不可以谢自己，这就是“谦”的真正含义。

四爻挥谦。发挥谦虚本性，礼贤下士，帮衬、辅佐部下，让大家都有发挥。

五爻护谦。维护谦的风气，不可以破坏，防止前功尽弃。

六爻重复为鸣谦。谦会获得所有人的信任好感。

天使之所以会飞，是因为他们把自己看得很轻……再高的人有时也需踮足，再矮的人有时也需屈身。孟买佛学院第一堂课是要从大门旁边低矮的小窄门走过去，想出头先要低头，这是大智慧，它告诉我们，所有的爷爷都是从孙子走过来的。

我们必须坚持谦虚谨慎、戒骄戒躁。[75]

中国历史上留下谦虚谨慎这个典故的是帮助羯族人石勒在襄国（今河北邢台）建立后赵的东晋第一谋士张宾。《晋书·张宾载记》：“封濮阳侯，任遇优显，宠冠当时，而谦虚敬慎，开襟下士。”

“位及将相，不忘谦卑。”我们常感觉到，越是大人物越谦虚，越是大智慧者越谦和，越是大善者越宽容，越是大骄傲者越谦逊。也常会看到，有很高修养和本领的人，却过着平实生活；非常富有的人，却一点也不奢侈炫耀；明明是武林高手，却从不与人争强好胜；学识渊博的人，总能看到自己的不足，虚心学习别人的长处。这些都是“谦”蕴涵的美德，也就是我们常说的“真人不露相，露相不真人”。

历史上大谦之人皆有好报。汉初名臣石奋从参军开始就谦虚恭敬无人可比，十五岁开始做小吏侍候高祖。高祖喜欢他的恭敬，封他姐姐为美人，让石奋任中涓，把他家迁到长安城的中戚里。他没有文才，但靠谦德赢得了皇帝和大臣们的尊敬，到景帝时官居九卿之位。他每次经过皇宫门楼一定下车快步走，看见皇帝车驾，一定俯身按着车前横木表示敬意。他的子孙做小官，回家来拜，他一定穿着朝服接见，不称呼名字。子孙有过失，他不谴责，但因此而不坐正座，面对食案却不吃。然后子孙们互相责备，通过长辈的帮助说情，光着上身谢罪，改正错误，方可。皇上常赏赐他食物，他一定跪下叩拜俯伏着吃，好像皇上就在眼前，子孙遵循教导，和他一样谦恭。

他的四个儿子石建、石甲、石乙、石庆，因为孝敬谦虚，官做到了二千石。景帝说：“石君和四个儿子都是二千石官员，作为臣子的尊贵光宠竟然集中在他一家。”于是就称呼石奋为“万石君”。

太史公也感叹：“孔子有句话‘虽不善言谈，但却敏于行事’，说的大概是‘万石君’吧？”他教化不急而成功，不苛刻而安定，这可以说是最忠厚的谦谦君子了。

爱因斯坦也说过：“沉思不朽的生命之秘密，熟虑微觉的宇宙之构造，谦卑地接收出现在自然界的极微小的启示等，对我而言，就足够了。那就是我最需要的‘上帝’之定义。”

你对人谦让，人就会对你尊敬，反之，你选择45°仰视别人，那他就会45°俯视你。当一个人自满到不肯看人的时候，那这个人的“运”也就到头了。这就是中国的哲学。

为什么老百姓把文人叫“臭老九”？一是因为元代将知识分子排老九位置，其排序是：一官、二吏、三僧、四道、五医、六工、七猎、八娼、九儒、十丐。第二是因为中国文人普遍喜欢把谦虚搞过，过分谦虚就成了虚伪。心中明明傲气冲天，却也装出谦逊的姿态。自大多一点就为臭，老百姓最讨厌这种谦虚的吹牛，所以，就有了这个经典的代名词。

在当下，官场上很难看到真的让贤；商场上很难看到真的让利；丢东西很难看到真的拾金不昧；跑的汽车很难看到真的让路。只有火车站售票处依靠不锈钢栅栏保留了一点谦让遗风。

想想现实中很多情景就与你向狗群里扔一块骨头会发生的结果一样。这不会就是孔子所说“当仁不让于师”的山寨版解释吧！虽然谦虚的美德在眼前实际生活里很难寻觅一个具体例证，但虚拟的谦虚还是经常见到。比如宴席上，文人们永不谢幕的节目就是饭前的让座。“你年长，你上座。”“你是领导，非你莫属。”伴着唾沫星子声声相逐，让座还是争座也分不清楚，反正最后大家该做哪儿就坐哪儿了。

这种谦让是建立在利益均等基础上的，宴席是圆桌，半径一般长，坐在什么位置利益等同。倘若是长条桌，或只有十位可坐，来了十五，恐怕情景就不一样了。

所以，习总书记告诫我们：“无论什么时候我们都不能骄傲自满，党不能骄傲自满，国家不能骄傲自满，领导层不能骄傲自满，人民不能骄傲自满，而是要增强忧患意识、慎终追远，始终保持艰苦奋斗的作风。”[76]

5

自我修炼第四项是创新意识的培养。

习总书记讲："创新是引领发展的第一动力，是建设现代化经济体系的战略支撑。"[77]他认为："创新是民族进步的灵魂，是一个国家兴旺发达的不竭源泉，也是中华民族最深沉的民族禀赋，正所谓'苟日新，日日新，又日新'。生活从不眷顾因循守旧、满足现状者，从不等待不思进取、坐享其成者，而是将更多机遇留给善于和勇于创新的人们。"[78]

2015年全国两会提出了"大众创业、万众创新"理念，把创新提升到国家政策的高度。

喜新厌旧是人类的共性，猎奇图新是永恒的主题。

徐霞客在访古探幽时悟出一个道理，凡常人都能涉足的地方，往往无奇景可观，真正绮丽风光都在人迹罕至之处，所谓"无限风光在险峰"。

香港的一位经常讲哲学语言的女明星说："我喜欢有方向感的男人。"创新依靠的就是方向感。创新的大方向是模仿自然。狭义的创新就是指第一个吃螃蟹。广义讲，在已有事物基础上的发展与重构也属于创新。创新大多是把客体转移到另一个价值层面上，给它带来形式的恩赐，革新形式就等于赋予新意。例如王勃的千古名句"落霞与孤鹜齐飞，秋水共长天一色"实际是借用南北朝大文豪庾信《马射赋》中的句子"落花与芝盖同飞，杨柳与春旗一色"。但王勃确实赋予了新意。

如何培养创新意识？

"创新思维能力，就是破除迷信、超越过时的陈规，善于因时制宜、知难而进、开拓创新的能力。"[79]同时习总书记十分尊重人民的首创精神，“人民是中国梦的主体，中国梦的创造者和享有者”[80]。他要求：“尊重人民首创精神，自觉拜人民为师，向能者求教，向智者问策，从群众中汲取无穷的智慧和力量。”[81]这恰恰是我们现在一些领导和专家所欠缺的。

2008年奥运会是一个展现文化创新的大舞台。平心而论，舞动的北京会徽、祥云火炬和金镶玉奖牌创意十分精彩，几乎无可挑剔，这些创意者们都没有多大名气，他们虚心收集资料，使灵感迸发，创意出经典之作。

2008奥运会开幕式虽然气势宏大，以人取胜，但在创新上并非达到太高境界。开幕式最重要的是点火，我们的点火方式让人感到了啰唆，让大家等的时间太长了，只能说有创意，却算不上经典。

经典的奥运会点火方式是哪一届？大家马上会想起1992年7月25日当地时间晚8时在蒙锥克体育场举行的巴塞罗那奥运会开幕式。患有小儿麻痹症的射箭选手用火种引燃箭头，然后拉弓搭箭，准确地射向距离72米、高21米的圣火台，熊熊火焰随之腾空而起，这才叫绝世之作，并不是复杂才叫创新。当走路困难、连话也不能说的拳王阿里，颤颤巍巍地举起火炬，用尽全身力气与精神，将火炬盆点燃的时候，全世界为这最普通的点火形式而震撼，这就叫经典。

让人印象深刻的奥运会熄火方式又是哪一届？是2004年雅典奥运会。闭幕式上一个希腊小女孩将火苗传给中国小女孩，预示着下一届在中国举办。然后，小女孩很淡定地走到会场中央，全世界的人，都凝神看着她怎么去熄火。结果让人大吃一惊，小妹妹对着巨大的火炬做了个吹蜡烛的动作，熊熊燃烧了那么多天的圣火竟然被一个小女孩就这样轻轻地吹熄了。简单吗？简单得简直太智慧了、太富有创意了！仿佛两千多年前希腊最精致的思想猛然从地下浮现出来。

中国人在技术方面的事都做得很好，但只要进入创作领域就显落伍。在当今中国看到世界上任何一处经典建筑的仿品都不令人意外，法国埃菲尔铁塔、伦敦塔桥、美国白宫，埃及狮身人面像等都有。简单模仿和抄袭，是一种文化不自信的表现，关键是窒息了中国人的创造思维。

所以，习总书记提出了新时期创新的要求和方法：要增强创新意识，把握创新特点，遵循创新规律，既奇思妙想、“无中生有”，又兼收并蓄、博采众长，甘于“十年磨一剑”，在尊重个人创造的同时注重发挥集体攻关的优势。[82]

6

自我修炼的第五项是体能。

对于人什么最重要？身体最重要！身体是财富的第一个数字，没有什么比健康更重要，身体是一切的第一，虽然人们生病前往往不这样认为。

习总书记曾体贴地告诫县委书记们不要熬夜，保重身体。同时，习总书记还非常重视体能锻炼。“大家都知道我喜欢足球。其实，我还喜欢着篮球、网球，而且很喜欢武术。希望孩子们要文明精神、野蛮体魄，把身体锻炼好，把知识学好。”[83]

身体好坏与人的成就大小也息息相关。姜子牙81岁才当上三军总司令兼总理，139岁仙逝，他的成就完全是练功保健的结果。

那么姜子牙练的什么运动项目让他这么长寿？垂钓运动，就是钓鱼啊！民间传说，姜子牙用直钩钓鱼，叫“愿者上钩”，稳坐钓鱼台，意思是等待施展才能的机会。实际上，姜子牙钓鱼真为了吃。他干过很多工作，当过小官、种田、卖肉、开饭店，哪一样也没干好。70多岁时，姜子牙实在干不动种地等体力活了，无奈就到渭水一条支流的源头凡谷蟠溪石上以钓鱼为生，这个地方风平浪静，水质没有污染。但是一开始，三天三夜不见鱼上钩，气得老头甩掉帽子，脱下衣服，准备下河捞鱼。正在这时，一位老农夫对他说：钓鱼有三绝，一要静心，二要准备，三要技巧。所谓鱼线要细，鱼饵要香，下钩要轻。姜子牙按照这个办法一试，果然钩钩不空。姜子牙因而也明白一个道理：做事与钓鱼一样，要平心静气，做好准备，从长计议。同时他把静气功与钓鱼结合在一起创造了这项独特养生运动，姜子牙也成了垂钓运动的创始人。最后，不但天天吃新鲜鱼，练气功，而且还等来了周文王，文王见面后感叹："您大概就是我的先祖太公盼望已久的贤人吧！"所以，大家也称姜子牙为"太公望"或"姜太公"。

可以看出，历史上有作为的名人志士都非常重视体能锻炼。所以讲，体能锻炼是一种根深固本的修炼。

7

最后介绍个修身的好方法——书法。

书法写的是人生之法，是中国传统文化之法。很早以前，人们是在竹片上刻虫书，所以称书法是"雕虫小技"。古人特别重视书法，北齐的时候规定，孝廉考试"书迹滥劣者，饮墨水一升"。这就是"喝墨水"的来历。

书法是综合素质的体现，要求率真潇洒却不失法度。速度、力量、火候是其三大秘诀。书法其实是一种"道"与"技"的关系，书法由"技"悟"道"，明白人生什么时候应该快，什么时候应该慢；明白人生什么时候应该发力按下去，什么时候应该提起来；学会中庸之道，火候恰到好处。书法最讲究的是气，每个字、每一幅作品都要气畅神闲。书法与做人做事一样，都体现了一个人的思维模式。当思想趋于无限丰富活泼，表现手法趋于无限深入细致时，一幅书法作品也成了自己“包容”整个“宇宙”的精神。书法是目前最能代表中国传统文化的，没有被污染也不可能被污染也无法被污染的能登上大雅之堂的中国文化符号。

古代科举考试对书法十分重视，认为凡书法好的人，必是勤奋之士，必是耐得住寂寞的老实人，那一笔一画是靠时间磨出来的。阅卷首先就是看书法，而且占的分值很高。当年，东晋的皇帝都是琅琊王后代，所以，他们十分欣赏琅琊王羲之的书法，凡王羲之亲自写的奏章，基本都同意。一年，东晋多地旱灾，老百姓饿死无数，需要开库放粮。大臣们连奏十几个奏章，皇帝就是不批。王羲之连夜赶往京城，路上写好奏章。皇帝看到绝妙书法，不由仔细欣赏，尤其是对“放粮”二字，拍案叫绝：“放粮，写得好！好！”王羲之赶忙下跪：“谢陛下恩于百姓。”

唐太宗李世民对书法酷爱，其水平可谓历代君王书法之前茅。他把书法看成修身养性的第一法宝。他形成了一个习惯，每逢大战前夕，都要在中军大帐里面写上几幅书法，待到心神安定，而后再提刀跃马，指挥若定，横扫千军如卷席。

古人有以书法来断定一个人的修养之说，人的气质与书法的韵味是相通的，曰“字如其人”。书法练多了，看人的水平也会相应提高。所以，书法还能训练人的一个最大特异功能——“识人相面”。

结　语

读书补天然之不足，实践又补读书之缺陷。学习是洗涤心灵的过程，观照自己的心念，使之在一种氛围中慢慢地得以善美的熏陶，从而让自己的心智柔软而广大，思想深邃而丰富，行动敏锐而坚定。

学的结果是学问，习的结果是见识，学习的结果就是要有学识。

修炼到了一定境界，心灵就会提升到一个高度，就会变得越来越博大、宽容，清澈、质朴。你也会消解了自己的贪嗔痴，就会自然地走出自己生存的环境、地域，走向整个大自然，让自己不再感到孤独，不再受精神折磨，不再担忧或疑虑，永远从容和淡定，永远活得明白与自由，自信而无所畏惧。

习总书记在农村插队时有个座右铭："一物不知，深以为耻，便求知若渴。"[84]这是一句对我们每个人都十分有用的座右铭，正如《诗经》里所讲："日就月将，学有缉熙于光明。"不断的求知、修炼，日积月累那就可以发出高山仰止般的光明。

堅硬如石柔情似水可見石之頑固水之輕飄但滴水終究可以穿石水終究贏得了勝利

敬錄習總書記語 丙申 昌軍

习近平总书记语 68cm × 68cm 殷昌军书

交友智慧

导　语

什么是朋友？

我们每一个人都是有限身体和无限精神的统一体，“我”的精神永远指向未来。心灵外壳没有自己的价值，要靠他人施恩和爱抚。“我”可以看到万物，但就是看不到自己的眼睛，必须求助“他人”来帮助看自己看不到的地方，来了解自我，认识自我，让“我”在与“他人”的摩擦碰撞中，发展自我，实现自我。“他人”是称量“我”的身体和精神重量的天平，是勾画“我”肖像的画师，“他人”就是“我”的朋友！

浩渺宇宙，任何一个生灵降临都是偶然，离去却是必然，而两个生灵相遇总是千载一瞬，万劫不复。

船的力量在帆上，人的力量在心上。[1]

朋友是交心的，两颗心灵内在的精神可以直接对话，它们外化出来的一切愿望、一切希冀也能够相互感应，协调一致。朋友赐予我们人生最有价值的体验，交往的合理化就意味着一种幸福的产生。

“朋友群”越来越多，朋友却越来越少。自诩聪明的当代人在困惑！

高山流水的意合，刎颈之交的情同，怕也只是传说中的美谈和心灵的幻影。真正朋友已是难得。

“团结一切可以团结的力量，最大限度增加和谐因素，增强社会创造活力。”[2] 习近平总书记善于交朋友，无论是农民还是各国政要都可以成为他的朋友。习总书记系列重要讲话中包含了很多交友智慧。

朋友的“命运共同体”

1

交友之道首先要建立“利”与“义”一致的“命运共同体”。

习总书记提出的“人类命运共同体”新理念十分适用于交友。

> 携手构建合作共赢新伙伴，同心打造人类命运共同体。[3]

俗话讲：“一个篱笆三个桩，一个好汉三个帮。”具体到我们个体，也应该建立自己的“命运共同体”。

这个“共同体”的建立不是起个群名拉进来几个人那么简单，“四海之内皆兄弟”的境界只不过是浪漫的空中桃园，生活总是和美好的设计差强人意，群里能成为朋友的还是原来的“死党”。

> 孙悟空把唐僧放在那，用金箍棒划一个圈，妖魔鬼怪就进不来了，自己要给自己划一个圈。[4]

所以，“共同体”的建立是有标准和范围的，广交朋友也是有条件和原则的。

历史上最喜欢广交朋友的群体是侠客。侠客源于墨家，扬名于战国。七雄中，楚最轻游士，秦最重客卿，齐魏最多游侠。游侠在当时社会人才结构中还是占有相当分量的，比游士得到重视。侠客与刀客不一样，侠客有自己的原则。虽然他们有些行为不合乎法律，自立节操，但做事言必信，行必果，诺必诚，伸张正义，可为义而赴死。信义为先，救人于危难，济人于贫困是他们行走江湖的规矩，也是他们交友的原则。

汉代大侠郭解是这个群体中引以为傲的杰出代表。郭解长得短小精悍，貌不惊人，性格沉静，不喜烟酒，但武功高强。年轻时心狠手辣，为著名杀手。后来，郭解金盆洗手，对人以德报怨，厚施薄望，救人之命不恃其功，在社会上树立了很高声望。

一次出门，有个人姿势不端地坐在路旁，很不礼貌地看着他。郭解手下人很生气，想杀了那人。郭解说：“在家乡得不到尊重是我的修行不够呀。”暗地里叮嘱尉吏：“这个人我很看重，到践更时放过他。”践更是当时一种徭役，每月一次。数次践更，都没有人找他，那人很奇怪，一问，才知是郭解替他解脱，于是袒胸露腹前去谢罪。郭解此举得到青年们的倾慕。

郭解因此广交天下豪杰。元朔二年，汉武帝下令关中地区资财超过三百万的富户迁往茂陵。郭解虽未达到标准，但是主父偃向武帝建议的迁移对象，不仅包括富户商贾，也有那些需要加强控制的豪杰巨侠。负责此事的杨县掾也想趁此机会将郭解这个不安定因素送出轵县，所以郭解也被列入迁移名单。卫青为此向皇帝求情，汉武帝感叹说：“一个百姓的权势竟能使大将军替他说话，可见他的势力。”

送行的豪客们赠给他的礼金超过一千万。就在此时，有仰慕郭解的壮士刺杀了杨县掾及其家人，这一系列血案最终惊动汉武帝，他下令拘捕郭解。郭解将老母安置在夏阳，孤身来到临晋。素昧平生的临晋大侠籍少公帮他出关逃到太原，面对追踪而来的捕头，籍少公慨然自尽。由于郭解的朋友多而诚，官府一直不能将其归案。

最后，朝廷最高手、绰号为“苍鹰”的郅都亲自出马，终于将郭解擒住斩杀。

一代大侠虽去，但他的侠义精神却光照汗青。人们把郭解在太原住过的小巷叫作侠义巷。就连很多文人高官也很敬仰他，侠文化也成为中华传统文化重要的缩影之一。

李白以侠客自居，因此他的朋友也特别多，其著名的《侠客行》就是他对侠的理解。

“要平等相待，践行正确义利观，义利相兼，义重于利。”[5]建立“人类命运共同体”的关键是要找到义和利的支点。

交朋友是要讲功利取向的，当然不是私利，而是“共同体”的共同利益。“要不断巩固共同思想政治基础，包括巩固已有共识、推动形成新的共识，这是基础和前提。”[6]《易经》讲：“利者，义之和也。”

义和利并不对立，当义和利一致时，人自然就走到一起了。

一个“共同体”必须以一种共同语言来保证其内部交往活动的实现。拜把子，是汉文化独有的人际交往形式。契结金兰，歃血为盟，叩首发誓，“不求同年同月同日生，但愿同年同月同日死”，用生死兄弟的感情来巩固自己的利益集体。“执子之手，与子偕老。于嗟阔兮，不我活兮。”充分表达了这个含义，兄弟们说好要一起死，现在和我约定的人都走了，我怎么活啊？也不知什么时候如此豪迈的兄弟战友情变成了朦胧含羞的男女情调。

见利忘义必将失去哪怕是所谓牢不可破的友谊。“秦晋之好”是友谊的典范，当秦桓公以利益为重说出“余虽与晋出入，余唯利是视”时，晋厉公勃然大怒，断然与唯利是图的秦国绝交，从此秦晋烽鼓不息。

万事万物皆有“因、缘、果”。功利价值取向一致的人才能成为朋友。磁铁吸附仅限于铁，“物以类聚，人以群分”，“臭味相投”是永以为好的前提。

2

统一战线是一致性和多样性的统一体。一致性和多样性不是一成不变的，而是历史的、具体的、发展的。[7]

因为我们的共同利益会在不同历史阶段、不同发展环境发生变化，从而造成朋友的层次也不断发生变化。比如，势不两立的对手，在环境作用下，可能摒弃前嫌，携手对付共同的敌人。相反，曾经信誓旦旦、生死与共的好友也能因为利益的变化反目成仇。因此，“共同体”的建立不是一朝一夕的事，而是长期的工程。必须“坚持一致性和多样性统一，找到最大公约数，画出最大同心圆”。[8]

当人们争先恐后地想成为“人物”时，人性就少了，物性就多了。所以，在有权有钱的时候，你会有数不清的朋友；在无权无钱的时候，你才会有数得清的朋友，有许多人一生中没有一个真正的朋友。

《史记·汲郑列传》记载了一位翟公，官居廷尉，相当于现在的公安部部长。翟公在位时是宾客盈门，满堂辉煌。被罢官后，平时的朋友均作鸟兽散。后来，时来运转，翟公又官复原职，那些所谓朋友们又都回来了。翟公感慨万千，挥笔在他家大门上题下交友的千古训言：一生一死，乃知交情。一贫一寒，乃知交态；一贵一贱，交情乃见。这就有了“门可罗雀”的成语。

翟公是智者，能发如此绝唱，想必受害不浅。

“门前拴上高头马，不是亲来也是亲。门前放根讨饭棍，亲戚故友不上门。”现在生活中我们不也经常碰到此种遭遇吗？脑子老是结冰或进开水，忽冷忽热，造成了历史的反复重演。

柠檬茶理论告诉我们，柠檬必须要泡十二个小时，其中的柠檬酸才能彻底释放，味道才最醇正。

交友即泡友，应有耐心。高山之上，松柏最青，朋友的交往原本如此！

交友之道包括识友和处理朋友关系两个部分。

精准的识友“一字决”

1

我们很多人都曾有过这样的感受，平时总以为有朋友在背后支持，感觉很强大，可真的发生了动真格的事情，回头一看，全打酱油去了，你的身后没有人！是你一个人孤军奋战。

所以，在交友过程中，首要环节就是识友！

习总书记把“识友”作为保持共产党人政治本色所要做的重要事情之一，他讲：“各级领导干部要加强思想道德修养，注重培养健康的生活情趣，正确选择个人爱好，慎重对待朋友交往，明辨是非，克己慎行，讲操守，重品行，时刻检点自己生活的方方面面，始终保持共产党人的政治本色。”[9]

交友确实是我们人生的重要问题，有什么样的朋友，就有什么样的人生。“有的领导干部跌入腐败犯罪的泥坑，原因就是交友不慎。”[10]

我们经常将品行不端的朋友比喻为狐朋狗友，实际上动物世界里最聪明者为狐，最忠诚者是狗，最聪明的加上最忠诚的朋友怎么不可交呢？

最要小心的是酒肉朋友。酒被道家称为仙酿；儒家原来的一个重要职责就是祭酒。所以，形成了中国式“酒文化”。

“朋友来了有好酒。”而后来酒越来越变味了，先秦时期，喝酒就逐渐成了一种政治活动，那时各国经常喝酒聚各种会，互相忽悠着，把每个酒杯都装满了难以启齿的秘密。所谓“酒逢知己千杯少”很难遇到，大多都把酒当作了交际工具。酒酣耳热之际，身份的强硬边界变得柔软，舌头变得灵巧或笨拙，言辞随意而嚣张，营造着一种自信、恳切和亲昵的气息，在觥筹交错之中，密谋被轻松地达成，仿佛只是些漫不经心的私语。酒场不过是权力的角逐和身份的炫耀，中国最贫穷的省却能酿造出最贵的酒品。“有钱有酒多兄弟，急难何曾见一人。”酒桌之上少真诚，酒肉朋友不可交。

圣人曰：“益者三友，损者三友。友直，友谅，友多闻，益矣。友便辟，友善柔，友便佞，损矣。”千古被奉为交友标本。不过也还是有商洽之处，比如益者三友中只结交比自己广博的朋友，有“攀附”之嫌，难道比自己见识少的人就不能成为朋友吗？

还有我大汉独门绝技——相术，即专门看脸，麻衣相法。相人由相马演变而来，相准的称伯乐，相反的叫瞽叟，也就是舜的那个有目而不能分辨好恶的父亲。相马有三种境界：“有无之境”，即“见马之一征”，通过马的征象去发现，其代表为韩风，相口齿，麻朝相颊；“无无之境”即“得其精而忘其粗”，超越马的形象而直指本质，其代表为九方皋，不辨雌雄，不分颜色，只看风骨与精神；“无有之境”，即把两者结合起来，综合相马，其代表就是伯乐，从有到无，再从无回到有，从而达到相马的最高境界。而相术则是取相马之精华，根据“人心不同，各如其面”原理，经无数前贤智者通过无数代观察无数活人的面相归纳而来。

据说李白对相术很有研究。当年郭子仪在河东当兵，因犯军规，按律当斩。当被押赴刑场时，他竟然昂首阔步，大步向前，一点也不惊慌。途中正巧遇上李白，他和郭子仪并不认识，但李白打眼一看，此人额头开阔，鼻正嘴方，气度不凡，面有宰将之相。李白立即跑到军中，以自己的官职为郭子仪担保，这样成就了一代巨将。他们也成为生死朋友。后来李白参加永王李璘幕府，受牵连下狱，郭子仪挺身而出，以自己生命替李白赎罪，把李白从鬼门关上拉了回来。

曾国藩将相术发挥于极致，有秘籍《冰鉴》问世。口诀言：“邪正看眼鼻，真假看嘴唇；功名看气概，富贵看精神；主意看指爪，风波看脚筋；若要看条理，全在语言中。”相传左宗棠、李鸿章、刘传铭都用此技得来。

江湖上表里如一的侠肝义胆很难遇到，往往与你握手用力最大的，交情却是最浅。遇到善使变脸的“脊梁”之辈就更不好辨认，入仕之人大多练就此“伎俩”。在下属面前表现得道貌岸然、高深莫测或白纸一张，拉脸如驴面，但一见到上司驴脸立刻缩短，马上变成柿饼，直线条全部变成“曲美”。对什么人有什么脸，绝高境界出来，雌雄都难辨，左一张右一张，像永不卸妆的川剧演员一样，可就是没有自己的脸。

有时候想想，人只有在奄奄一息的时刻才能够彻底摘下这些面具。这时候人没有了太多执着和欲望，没有什么概念和名相，觉得这世界还可留恋，只是想能真实地活着就好。一些虚幻的东西也看清了，宽恕所有，看着每个人都很善良，心灵趋向质朴和本真，达到了真正生命状态，但这时一切也都晚了。所以古人常讲：“人常想病时，则尘心便减；人常想死时，则道念自生。”

世间万物最复杂最难懂的莫过人。人的行为有两个动机，一个光明，浮在表面；一个晦暗，沉在底里。当它们各居其位时，灵魂风平浪静。有谁想把它们翻一个个儿，灵魂就会涌起惊涛骇浪。

西方有句名言：“人一半是魔鬼，一半是天使。”魔鬼本性诡诈多端，但天使也是渺茫难测，大部分时间大多数人喜欢魔鬼超过喜欢天使，因为魔鬼不按规矩来，天使却不能，天使要一本正经！

中国人讲妖精与神仙，人介于妖精与神仙之间。妖精比神仙可爱，也是因为妖精可以不讲规矩，如果到了神仙这一地步，基本上就没有人味了。

所以，看一个人，不在于他向你显露的天使、神仙那面，而在于他不向你显露的魔鬼、妖精这一面。

识友有三个方法：以人之常情视之、以大公无私鉴之、以患难与共试之。

2

首先是以人之常情视之。

古人把常情分为十德，孝、义、忠、信、宽、和、温、毅、简、廉，以孝为首。早在殷代就有了孝思想，卜辞中的教与孝一样，殷人以孝为教来治国。所以，中国文化看人都是先看孝不孝敬父母！毛泽东常说一句话：“连父母都不肯孝敬的人，还肯为人民服务吗？”何为孝？孝字上面是老，下面是子，做子的关心好老的叫孝。孝道不是父母死后的表演艺术，而是其生前百般的实在照顾。

我们在网上看到过习总书记的一些家庭照片，他牵着年迈老母亲的手去散步；推着轮椅上的老父亲带着全家让老人家尽享天伦之乐……从这一幅幅画面看出，习总书记是个大孝子。

历史上还有以孝救父进而推动社会进步的典故“缇萦救父”。公元前167年，齐国太仓令淳于意因一时糊涂，受贿被政敌发现，要受肉刑。淳于意不是一般的人物，他为一代神医公乘阳庆的高徒，经常微服给百姓看病，医德甚高。他首创“诊籍”，即病历，这是我国最早的病案，涉及内、外、妇产、口齿等科23种病症，每本“诊籍”均记有患者姓名、性别、职业、住址、病因、症状、治疗、药方等内容，具备了现代病案格式要求，而且对治疗不佳和死亡的情况全部如实记载。

淳于意没有儿子，只有五个女儿，被捕时感悟地埋怨："为何没有生儿子，闺女没用啊。"他的小女儿缇萦非常伤心，跟随他到长安。她上书朝廷说，受刑的人肢体断了不能再接起来，即使想改过自新也没办法。她自愿被收入官府为奴，来抵她父亲的罪，以便使其父有改造机会，不荒废医术，解除更多人的痛苦。文帝看到后，怜悯缇萦一片孝心，爱惜淳于意的医术，同时也从中受到启发，下诏免除肉刑，代以笞刑。这也成为我国法律史上的一件具有里程碑的大事。

把孝放大了就是义。"讲信义、重情义、扬正义、树道义"[11]，"孝、义"之人必定忠诚、守信，十德俱全。试想，如果一个人在家是一位好儿子，孝敬父母，在外是位仗义之士，讲义气，那他一定是位好父亲、好丈夫、好兄弟、好朋友，反过来亦然。

来看个典故，春秋时期，齐国名相管仲临终之时对齐桓公说："大王，我死后，您一定要疏远四个人，易牙、竖刁、常之巫和卫公子启方。"

齐桓公大惑不解，反问道："相国，易牙为我烹子可谓忠心？竖刁阉了自己，侍奉于我，还有什么可怀疑的？常之巫能卜生死，这不是坏事吧？启方随我十五年，其父亡，不去奔丧，可是忠诚吧？您不信他们，反正我信。"

管仲一一作答："爱子，人之常情，易牙连儿子都不爱，怎么会爱大王？竖刁舍身是有目的的。生死有命，也不是常之巫说了算。启方连自己父亲都不孝敬，又怎么会忠诚于您呢？大王三思！"

齐桓公良思："好吧，听相国的。"

管仲死后，齐桓公就把这四个人赶走了。过了一段时间，没有了阿谀奉承，齐桓公十分寂寞，竟然又把他们召回来。

第二年，四人一同作乱，把齐桓公囚禁在宫中，可怜一代霸主，死后因无人收敛而"尸虫出于户"。

今天我们身边是不是也有这四种人，甚至在一些模范典型的事迹报告中也能找到这些人的影子。

水泊梁山一百单八将聚在一起靠得就是一个“义”，他们从来都是大块肉、大碗酒，大家平起平坐，谁也没有贵宾卡。

习总书记于1998年发表了一篇悼念文章《忆大山》，记述了一段尘封的朋友往事，这是一派“高山流水觅知音”的君子之交，在不经意的场景中认识，交往，加深了解，直至结下十几年日久弥醇的友谊，一切都非常自然流畅，一切都非常情真意切。

1982年3月，习近平到正定县任县委副书记。就任后第一个去登门拜访的对象是正定县文化馆副馆长贾大山。

一个春寒料峭的傍晚，习近平在工作人员的陪同下来找贾大山，大山正在办公室里与几个文友讨论作品。习近平当时只有29岁，穿着一件褪色的绿军装。他满脸微笑，悄悄地坐下来，静静地听大山高谈。等讲完话，经人介绍，大山才明白，面前这位态度谦恭的青年就是新来的县委副书记。然而，大山却不服气地扭头说：“来了个嘴上没毛的管我们！”一句话让现场有些尴尬，但习近平却不以为然。两人一交谈，大山大吃一惊，对习近平刮目相看。习近平回忆说：“虽然是第一次见面，但我们却像多年不见的朋友，有说不完的话题，表不尽的情谊。临别时……我劝他留步，他像没听见似的。就这样边走边说，竟一直把我送到了机关门口。”[12]

几天后的一个晚上，大山走进了习近平的办公室。一边喝着最普通花茶，抽着当地每包1角5分钱的“荷花”烟，一边就开始了海阔天空的聊天。习总书记回忆：“记得有好几次，我们收住话锋时，已经是次日凌晨两三点钟了。每遇这种情况，不是他送我，就是我送他。为了不影响机关门卫的休息，我们常常叠罗汉似的，一人先蹲下，另一人站上肩头，悄悄地从大铁门上翻过。”[13]

挚友联盟就这样缔结了。

经习近平推荐，县委决定让非党人士贾大山，从县文化馆副馆长，连升三级，直接担任文化局局长，而且决定文化局由局长主持全面工作。

习近平在《忆大山》一文中，全面评价了大山的工作："上任伊始，他就下基层、访群众、查问题、定制度，几个月下来，便把原来比较混乱的文化系统整治得井井有条。在任期间，大山为正定文化事业的发展和古文物的研究、保护、维修、发掘、抢救，竭尽了自己的全力。"[14]

这期间，习近平升任县委书记，工作更忙了。但他们仍然忙中偷闲，一如既往地相约见面，共同享受着友谊的芬芳。

后来，习近平调任福建工作，大山十分难受，在他49岁那一年，辞去局长，回归文坛。

习近平每遇故人，都要给大山捎来问候。每年春节，也都会给大山寄去贺卡。但大山却不忍心有任何打扰。他知道，他的朋友肩上有着太多太多的责任。

1995年底，大山不幸患染绝症。习近平十分挂念，当听说贾大山在北京治疗时，特意委托同事前往探视。1997年春节之前，习近平借去北京开会之机，专门去医院看望大山。习近平回忆道："我坐在他的床头，不时说上几句安慰的话，尽管这种语言已显得是那样的苍白和无力……为了他能得以适度的平静和休息，我只好起身与他挥泪告别。临走，我告诉他，抽时间我一定再到正定看他。"[15]

仅仅十多天过后，1997年大年初三，习近平专程赶到正定。在那个他们无数次晤谈的小屋里，两人又见面了。习近平强作笑颜，佯装轻松，提议合影。

这张照片成为贾大山最后的留影，也是他们真挚友谊的见证，忠义的好朋友陪同大山走完人生最后之路。

3

识友第二个方法是以大公无私鉴之。

“作为党的干部，就是要讲大公无私、公私分明、先公后私、公而忘私，只有一心为公、事事出于公心，才能坦荡做人、谨慎用权，才能光明正大、堂堂正正。”[16]习总书记还提出了：要认认真真学习、要老老实实做人、要干干净净干事。[17]

后周时，禁军首长赵匡胤向掌管宫中茶酒的曹彬要点宫里的好酒喝。曹彬公私分明，断然拒绝赵匡胤想揩公家酒的企图，但自己掏腰包批发了和宫中一样的好酒送给赵匡胤喝。赵匡胤感觉曹彬为人坦荡，对皇帝忠心，对朋友义气，是个干干净净的老实人。所以就极力结交曹彬，两人成了好朋友。

这样大公无私的人肯定是最可交的朋友！

大多数人在私利面前是脆弱的，鲁迅一语道破，翻开历史就是“吃人”两字。多少名人为了名利而杀人甚至亲人。所以有人讲，友情是最昂贵最坚韧的金属，但在权利面前却不堪一击。权利稍一用力，友情就被扭成麻花。

战国后期赵国发生了一件令人吃惊的大事。这就是推行胡服骑射、威名远扬的赵武灵王被自己的儿子活活饿死在自己的沙丘宫中。赵武灵王有两个儿子，大儿子赵章是王后韩国公主韩惠所生，小儿子赵何是宠妃孟姚所生。他起初按规则立长子为太子，而孟姚是个很会利用女人特点的女人，徐娘半老，却很会装萌，萌得赵武灵王给她起了一个很萌的爱称“吴娃”，就是现在的“宝贝”的意思。后来孟姚上演宫心计，诬陷韩惠与人通奸。赵武灵王废掉韩惠立孟姚为后，又“配套”地换了太子，更想不到的是，不久他把王位让给赵何。三年后赵武灵王后悔了，因为他发现，赵何有半年时间没向他汇报工作了。赵何就是赵惠文王，他是位明君，廉颇、蔺相如都是他的名臣。赵武灵王很失落，又感觉对不起赵章，于是想了一个很有创意的主意，把赵国一分为二,一个儿子一半。赵何当然不干，从而引发兄弟内战。结果，赵章失败，跑到了赵武灵王的寝宫，他想：我在老爸寝宫里你赵何奈我如何。但是他的这个老弟根本不理会，直接领人进入寝宫把他杀了，并且下了一个让小伙伴们惊呆了的命令，宫中只留下赵武灵王一个人。没有了食物，这个最悲催的老爸，也顾不得九五之尊，光着脚爬树掏麻雀蛋，提着宝剑到处挖老鼠，挑着竹竿粘知了，摘槐花，坚持了三个月。无奈在亲情和权力之间，赵何毫不犹豫地选择了后者。

再看看西方文化是如何看待友谊这个问题的。亚里士多德将友谊分为三类：基于愉快、基于兴趣、基于美德。他认为真正的友谊是基于美德的，但这种友情很难出现。因为具备大公无私美德的人太少了，所以亚里士多德得出很左的结论："朋友啊，世界上根本没有朋友。"丘吉尔又进一步解释："前辈，不是没有朋友，是没有永恒的朋友，因为只有永恒的利益！"

这些话不无道理，尤其同事之间成为朋友几乎不可能。在没有升迁的时候可以和你称兄道弟，每次都笑着对你许诺："我上去先提拔你。"等真的到位，他就装糊涂了，眼眶里起白浪，看不到你了。就是真的有空职，他也会一脸严肃地对你说："工作为重，机会有的是，听组织的，要讲政治。"这也是历史反复验证过的。勾践发誓，他拿了天下，与文种、范蠡平分。真到了这一天，范蠡是明白人，走了，勾践就给范蠡铸金像，然后对着金像说："我与好友平分天下。"文种是实在人加官迷，还挺高兴地想，原来只能分三分之一，范蠡一走，俺能分半个天下了。最后却只混了个葬身之地。

巨大的欺骗往往发生在朋友之间。

即便如此，这世界里还是有真情，只要我们心底无私，同时加强自身修养，学会避开朋友双方的利益冲突点，那么，池塘里还是会开出圣洁的莲花。

习总书记讲：“要坚持讲尊重、讲平等、讲诚恳，也要坚持讲原则、讲纪律、讲规矩，出于公心为党交一大批肝胆相照的好朋友、真朋友。”[18]

处于公心就要有舍得和给予的胸怀。舍和予构成“舒”。朋友的实质是情感的互惠，朋友的极致是内心的共融，这样的朋友在一起心情才会舒畅。

我们常说的“舍命陪君子”，就是一个非常感人肺腑的故事。

春秋时代，左伯桃和羊角哀是最好的朋友，结拜为兄弟。他们学识渊博，都有治国安邦之才，两人去楚国辅佐明君。行至深山，天降大雪，被困山林，无法存身。面对困境，他们相互搀扶，相互照顾，共勉前进。然而衣、食两缺，弟兄两人性命难保。左伯桃决定舍命保全羊角哀。于是他让羊角哀下山寻水，自己赤身而死，鞋、袜、衣、物堆积在一处。左伯桃重义舍身的精神使羊角哀深受感动，羊角哀到了楚国，受重用，拜为中大夫，他请楚王封死去的左伯桃也为中大夫。

后来，左伯桃托梦给羊角哀，说在阴间屡受荆轲欺侮，求羊角哀帮忙。羊角哀多次帮助，最后舍命自刎，到阴间以助左伯桃功力，二人携手，大败荆轲。

羊角哀舍命全交，留下万载美名。

如何避开利益冲突点？东汉名士严子陵是个榜样。严子陵是东汉开国皇帝刘秀最铁的同学。刘秀当皇帝后，把严子陵请到洛阳，准备让他做宰相之一的谏议大夫。刘秀很讲义气！毛泽东对刘秀评价很高，称他是历史上最有修养的皇帝。我们从“糟糠之妻”这个典故就可见刘秀的气度和修养。刘秀的姐姐湖阳公主丧夫后看上了大司空宋弘。过去遇到这种情况，惯例是三个选择，一是休妻，二是妻让位变为妾，三是皇帝赐死妻。于是刘秀便暗示宋弘休掉发妻。可是这个千年也遇不到一个的宋弘却说了著名了千年的话："糟糠之妻不下堂。"不稀罕公主，俺不要，一口回绝了皇帝。这在当时可是了不得的事情，不给皇帝面子，欺君之罪啊！而刘秀却没有处罚大臣，反过来去做他姐姐的工作，兄弟再给老姐找个更好的。

一天，刘秀与严子陵在宫中喝茶聊天，一直谈到深夜，刘秀留严子陵同床共眠。汉代的床是一个榻，好朋友来了，直接上床，叫下榻而坐，累了直接依榻而卧，代表关系好。所以，严子陵也不客气，躺在御床上昏昏入睡，睡着睡着把一条腿压到了皇帝的肚子上，刘秀为了不惊动他，一夜没睡。第二天一早，太史官报："陛下，昨夜有客星犯帝座。"刘秀听了先是一愣，然后哈哈大笑："是哥们子陵压我，没事！"然而严子陵却感觉其中必有缘故，他想：我严子陵充其量是个高帅富，怎么也不会是天上的星，分明是有人借题发挥。官场险恶，钩心斗角，他明白，伴君如伴虎，无论是"乖乖虎"还是"霹雳虎"，终究是虎，一旦他与大臣或刘秀之间有了利益冲突，那他们这份真挚的友谊也就会被老虎吃掉。面对极品皇帝的绝对雅量，严子陵毅然决然地放弃相位，归隐于富春山，在七里滩披羊裘垂小钓，以他的绝对知趣为后人上了一堂生动的交友课。

而当年与刘邦要好的发小卢绾就是因为没有把握好度，自己卷入了利益的冲突，导致与刘邦反目，客死异乡。历史上的明智君主李世民也只有在尉迟敬德远离权力后才与他保持原来的挚友情意。

沈括，中国古代少有的百科全书式的大科学家，也是世界第一个命名"石油"的人，他大苏轼五岁，却晚其六年中进士。中国科学与人文的两位大师很有缘分，在"皇家图书馆"做过同事，进而成为要好朋友。但为了权利和地位，沈括理性求实的科学精神消失了。他以"与轼论旧”为由，把苏轼新作抄录一通，然后莫须有地诽谤苏轼一百多首诗词中有反对改革、讽刺皇上之嫌。这就是文字狱史上著名的“乌台诗案”，牵连苏轼三十多位亲友。幸亏宋朝皇室有个不杀士大夫的遗训，要不然中国文学史上不朽大作《赤壁三咏》就不会出现了。结果，苏轼入狱130天后被下放到黄州任团练副使。在那里，历经囹圄、死里逃生的苏轼给自己取了那个响亮中国文坛的大号“东坡居士”。

人的身心构造原本一样，但为何一入宦海就基因突变，不但要变脸，而且人性也变恶？答案不言而喻。“人心隔肚皮”，记好吧！私利是一块绝好的友谊试金石！

4

识友的第三个方法是以患难与共试之。

“甘泉知于口渴时，良友识于患难际”，自然界的岁寒三友松、竹、梅，衬托出人世间的患难之交！

习总书记在提到和我国有着深厚友谊国家时基本都用“患难与共”这个词，例如他在出席俄罗斯纪念卫国战争胜利70周年庆典时发表的题为《铭记历史，开创未来》的文章中写道：“我们患难与共，用鲜血凝成了坚不可摧的战斗友谊。”[19]

成功时有很多人陪伴，那叫朋友；落难时只有很少人陪伴，这叫真正的朋友。真正的朋友就像筷子一样，不离不弃，一起品尝生活中的酸甜苦辣咸。历经风雨，才能看透人心真假；患难与共，才能领悟感情冷暖。真正的好朋友不求共富贵，但愿共患难！

在山东省济南市有座名山，叫四里山，但从1952年开始，济南人把这座山又称为英雄山了，这就源于一段患难真情。1952年10月27日，百忙之中的毛泽东专程来到济南四里山烈士陵园，为黄祖炎扫墓。

这是新中国成立后毛泽东唯一一次亲临牺牲之后的个人烈士墓前悼念。

黄祖炎是何许人？他凭什么让一代伟人如此眷恋？

黄祖炎，1933年任毛泽东秘书。那时的毛主席受到排挤，被剥夺了权力，正值人生低谷。按毛主席自己的话说：“那时连鬼都不来敲门呀。”但黄祖炎坚决支持他，跟着他，可谓铁杆粉丝。长征前夕，毛主席突然高烧40多度。这把黄祖炎急坏了，连夜赶几十里山路去请红军最好的医生。医生赶到后，发现毛主席患的是恶性疟疾，幸亏及时，不然毛主席将有生命危险，经过黄祖炎无微不至地精心照料，毛主席病愈康复。他非常感激，对黄祖炎讲：患难之际见真情，你我可谓患难之交啊！

新中国成立后，黄祖炎任山东军区政治部主任。1951年3月13日，他在济南市政府礼堂参加军区文化座谈会时被混入革命队伍的反革命分子、时任惠民军分区宣教科副科长的王聚民枪杀牺牲。当时，毛主席在石家庄获悉了情况，十分悲痛，短短一个月时间，对此事连续做出三次重要批示，并亲笔撰写黄祖炎牺牲的通报。但他还是念念不忘，一定要亲自来看望这位在他最艰难时期风雨同舟、患难与共的秘书、同志、战友和朋友。

黄祖炎的墓在四里山最高处。很多人回忆，毛主席从山下大步上山，脚步快得连许世友这样的武林高手都跟不上。来到墓前，毛主席默默致哀，深深鞠躬。良久，他俯下身，轻轻抚摸着墓碑上的“黄祖炎”三个字，深情地说：“祖炎，我来看你了！”顿时热泪夺眶而出。在场的人无不为之而动容。最后，毛主席缓步绕墓地一周。然后他抬头环顾四周，看到翠柏之中遍是烈士陵墓，感慨万分地说：“青山埋忠骨啊！这么多人民英雄长眠在这里，乃此山之幸。四里山就是英雄山啊！”从此，济南人就把四里山又叫作了英雄山。

有的人，和你同行几十载，却始终貌合神离；有的人，和你萍水相逢，却一拍即合，难舍难分。和你一同笑过的人，你可能把他忘掉；但是和你一同哭过的人，你却永远难忘。

真金不怕火炼。伙伴的意义和价值，不仅在于顺境中共襄盛举，更在于逆境时携手前行。[20]

人世沧桑，狂风暴雨过后才会知道能成为挚友、知交者不过几人耳，更多的不过是匆匆过客。

当花朵最需要雨滴的时候，雨滴适时而来，这就是朋友的默契。朋友会陪你走过最恶劣沼泽，会给你吹干阴冷潮湿的心灵。有了朋友，恐惧和悲伤会变为惊喜与快乐，草地会变成森林。只要心中藏着永不枯竭爱的源泉，最荒凉的沙漠也会化作美丽的风景。

5

可能有人对号入座，按这些识友标准所交的朋友怎么这么像那红色脸庞的关老爷啊！是啊，没有错，关老爷的大红脸就是中国人识友的标志。

在中国满天神佛中，关羽的入列是十分有趣的事。

近年，在河南邓州发现《关氏家谱》，解密了一些关老爷的家事。据记载，关羽的后代从山西运城迁至邓州。《三国志》中没有交代关羽的出身；《三国演义》说其是草根明星；《关氏家谱》却记载关羽祖父关审为汉谏议大夫，父亲关毅也是官僚，没有详细职务，也就是说，关羽是不折不扣的官三代。《三国志》中提到关羽的儿子关平和女儿；《三国演义》中说关羽有两个儿子，关平、关兴，而且关平是义子；从家谱看，关羽有三子：关平、关兴、关索，还有一女关氏（传说叫银屏），都是亲生的，关羽夫人“胡氏”未留大名（有的史书考证关羽夫人叫胡金定）。

所谓“桃园三结义”应该是不存在的。从史料看，刘备与公孙瓒结拜过；他真正的死党兄弟是简雍。关羽比刘备大两岁，张飞比刘备小四岁。但是他们情谊确实不一般。《三国志蜀书·关羽传》讲：“先主与二人寝则同床，恩若兄弟。”《刘晔传》中又讲他们“义为君，恩犹父子”。

历史上真实的关羽，论相貌不是红脸；论武力不能入流名将行列；他所用的神器青龙偃月刀也不存在。因为在马钧的水排还没有发明的汉代，冶铁的温度不可以铸造出厚重的大刀，那时候压根就没有长柄刀具。即使有长刀，当时也没使用的条件。目前出土年代最早的马镫是北燕时期的。三国时骑马作战，一个手要勒紧马缰绳，两腿夹紧马肚子，全是单手使用的短兵器，需要两只手的长兵器、双家伙玩不了。战马服役期为10年左右，吕布骑的赤兔马到关羽的时候就该退休了。再数一数《三国演义》中关羽的英雄事迹到底哪些是他自己干的。华雄是被孙坚在梁县的阳人聚干掉的。虎牢关只有王匡、孙坚、曹操这三英的部队和董卓交过战。汉寿亭侯是列侯县、乡、亭中的低级爵位，当时，吕布封温侯，是县级，连老朽马忠、独眼龙夏侯惇还都弄了个乡侯。颜良是关羽斩的，文丑则是张辽和徐晃所杀。“过五关，斩六将”“华容道捉放曹”都是子虚乌有。“单刀赴会”的主创是鲁肃。关羽也不是徐晃对手，“长驱直入”成了关羽成全徐晃美名的典故。关羽甚至让东吴的甘宁带着一千人打的不敢动。吕蒙白衣渡江让关羽真正悲催。关羽最辉煌应该是水淹七军，大败曹军于禁、庞德，而《三国志》却记载，此次胜利是因为天降大雨，曹军防备不及，于是大败，并非关羽武力所为。“刮骨去毒”确有其事，但肯定不是华佗医治的，因为那时他老人家早就长眠了。另外，关羽严重缺乏政治家眼光，性格傲慢，还有一些好色。《三国志》里面讲：“曹操与刘备围吕布于下邳，吕布使秦宜禄诣袁术求救，袁术留之。关羽屡请曹操，欲得秦宜禄妻。曹操疑其有色，及城陷，曹操见之，乃自纳之。”怪不得关羽死活也不给曹操卖命呢？情敌啊。金圣叹幽默地说：“当批三国批到关羽护送二皇嫂，与她们分宿里外两间这段时，很有所感，信笔就写下‘干柴烈火’，忽听空中一绿袍赤面大将作揖：‘金先生笔下留情。’他打了一个寒战，忙接着写：‘亘古一人’。”

即便如此，历史上也唯有关羽实现了从“武将”到“忠臣义士”再到“武财神”直至“关圣帝君”这样的升级。当然，这个过程也是符合马克思主义哲学原理的，螺旋式曲折上升，而不是一帆风顺的。唐明皇李隆基建武庙，主神为姜太公，以名将十人配享，并没有关羽。唐德宗又增加64个人，包括关羽、张飞、周瑜、邓艾等三国人物。而五代十国时期的后蜀政权，仅仅追封了诸葛亮和张飞为王，居然没有提到关羽。北宋初年，宋太祖赵匡胤甚至把关羽请出了武庙的配享队伍。关羽地位显著提升起于北宋徽宗加封其为“义勇武安王”，正式封为“王”。明太祖朱元璋却尽废宋元两朝给关羽的封号。明代万历皇帝成就了关羽最重要的加封，封其“协天护国忠义大帝”，关羽晋位为帝；万历四十二年（1614年），再次加封关羽“三界伏魔大帝神威远镇天尊关圣帝君”，这就是后世熟知的“关圣帝君”称号。我们今天看到供奉着的身着帝装的关公神像也是定型于此次追封。自此，关羽“永安帝位，不在将班”，正式取代过去的武圣人姜尚。清朝统治者对关羽的崇奉更是无以复加，乾隆封他为“忠义神武灵佑关圣大帝”。清末时统计，全国记录在册的关帝庙不下几万座，远远多于孔庙数目。

儒释道均将关羽作为神灵供奉。儒教称他为“武圣人”；道家称他为“关圣帝君”；佛界奉他为“盖天古佛”。这是唯一一个死后被封为“帝”的人，连孔老夫子也只能屈居“白衣素王”。

关羽靠什么赢得这么高的地位？

靠的就是中国人心中最崇尚的“义”！义薄云天，“义”是最能代表中国文化正能量的符号，所以，人们就把最能代表中国文化的颜色——红色涂抹到了关公的脸上了。

大道之行，天下为公。[21]

几千年来，中国人的交友标准就没有改变，识友的三个方法归到一起不正是关公的这张红脸吗？识友“一字决”就是——“义”字当先！

处理朋友关系的三个锦囊

1

义是识友的标准，但要想和他人成为真正的朋友还要学会如何处理朋友之间的关系。中国人以“八拜之交”解释朋友交往的真谛。知音之交——伯牙子期；刎颈之交——廉颇相如；胶漆之交——陈重雷义；鸡黍之交——元伯巨卿；舍命之交——角哀伯桃；生死之交——桃园结义；管鲍之交——管仲鲍叔牙；忘年之交——孔融祢衡。

处理朋友关系主要有三个锦囊，让我们一一拆开。

2

第一个锦囊是要承认朋友间的独立性。

习总书记讲：“独立自主是中华民族的优良传统，是中国共产党、中华人民共和国立党立国的重要原则。”[22]

“独立自主”具体到个人，就是在遵守朋友“命运共同体”的共同利益前提下，每个人在心灵上保持一份属于自己的“领地”。

具有唯物思想的古代哲学家、文学家柳宗元有首著名的诗《江雪》：“千山鸟飞绝，万径人踪灭。孤舟蓑笠翁，独钓寒江雪。”就是借自然界的画面来表达一个临踞众生之巅而洞悉世俗丑恶与苦难的精神贵族所感悟到的诗中藏头四个字：千万孤独。唯有自己独自面对苍茫的群山和大江之时，才会真正地与大自然沟通。这种“孤独”可以保持生命意识的全部澄明和独立。

孤独与寂寞是两个概念。孤独是独立性的一种表现，孤独是一种思想。我们常说的释迦牟尼，“释迦”是仁慈，而“牟尼”则代表孤独。孤独是一种形而上才有的心境，只有这时候自己的心灵才可以与宇宙中的神秘力量对话。孤独是灵魂成长所必要的空间。一般诗人用哭泣表达孤独，一流诗人用沉默表达孤独，超一流诗人则把孤独写在读者眼中。寂寞是因为没有亲友而引起的恐惧，是一种看得见的形而下的情绪。

屋子都有窗子，窗子让人与自然交流，但窗子又必须挂上帘子，这层隔膜就是为了“孤独”，放下帘子如同人闭上眼睛，可以使灵魂去自由探胜，追逐梦境。

人生每个阶段，拥有的独立空间不一样。人之初、性本善，孩时率真，开始了人性启迪；随着年龄、阅历增长，个人空间也随着欲望不断增大而变得复杂混浊，中秋节孩子想的是月饼，而青壮年想的却是月宫嫦娥；到了知天命之年于巅峰，然后顺势下坡，空间又越来越明净；待到壮士暮年，返老还童之感油然而生。孩子未被学识遮蔽的眼睛，未被岁月扭曲的心智，正是中国人一生要追求的最高境界。

大人不可能喊出“皇帝什么衣服也没有穿？”虽然孩子很孤单，很弱小，但这虔敬纯真之声，也正是大人世界里放射不出来的美与力。

铁轨只有平行火车才能跑远，朋友之间只有保持一定的距离才能长久。

“刺猬定律”告诉我们，朋友之间不要把自己的刺毛都伸开，最好适度地收敛一些。

赞同中一定会有声音的差异和不相融合的元素，赞同不是机械或逻辑的等同，不是回声，它意味着缩短距离而互相接近。高质量的友谊总是发生在两个优秀的独立人格之间。

著名的“竹林七贤”，嵇康、阮籍、向秀、山涛、刘伶、阮咸、王戎，是魏晋风度之典范。曾几何时，他们把老庄哲学带到了人间，赋予了它诗的境界。

山阳竹林之间，他们不拘礼法，酣畅地长啸纵歌。啸歌不是吊嗓子，它是源于内心隐秘的思想活动，而又激越地表现于无言的外在，这种奇妙的矛盾搭配，让乱世中胸怀远志的高人逸士们有了最倾心的抒怀。

更有洛阳城外盘松之下，嵇康敞着怀，秀着职业健美运动员般的肌肉，扬槌铿锵，“七贤”里面唯一不喝酒也不嗑药的向秀悄然而至，拉着风箱，他们相对无语，却莫逆于心，大声的吆喝声和打铁的叮当声，组合成一曲友谊的情歌，这里没有寂寞，只有浪漫的逍遥。

然而人总不是神仙，他们要求朋友融入一体，亲密无间，不允许有一点点隔阂。殊不知，人的私人空间被挤压殆尽，友情也会窒息。嵇康与山涛绝交，王戎沉入宦海，最终使他们各散西东。真是爱有多深，恨也有多深。百分之百的纯净，只能逼使更多应该团结的人走向反面，这不食烟火的交友之道，难以效仿。

朋友间需要空间，就像人需要氧气一样。

高级的交流状态是隐而欲发，靠交流者自己去领悟那有意无意间投射出来的神奇感觉。最好的朋友，也许不是经常联系的朋友，见面与不见面都能感觉到一种默契，你会很愿意把私密告诉他，把心头每一滴心事和他共享。

来看个典故。东晋名将桓伊因淝水之战立功，官拜右军将军。他还是历史上著名的笛王，笛子吹的高深莫测，据说他有蔡邕传下来的天下第一笛——“柯亭笛”。王羲之的三儿子王徽之，一个很有才华的“官二代”，却在官场屡屡失意，回京途中停船青溪码头，桓伊乘车恰经此地。当悠扬笛声传来，王徽之感觉像给他吹的。于是就给船夫说：

“你过去问问他能专门为我吹一曲吗？”船夫吓得差点喷血，就提示王徽之：“大人，这是桓野王啊！”王徽之淡定地说：“你尽管去吧！”果然，桓伊下车踞胡床，也就是坐着马扎，为王徽之尽全心作清、平、侧三调，就这样中国音乐史上脍炙人口的《梅花三弄》诞生了。吹完笛子，桓伊便上车而去，两人没有说一句话，但却成为终生的好朋友。

“中国坚定奉行独立自主的和平外交政策，尊重各国人民自主选择发展道路的权利，维护国际公平正义，反对把自己的意志强加于人，反对干涉别国内政，反对以强凌弱。”[23]朋友之间太近则昵，太远则疏，所以双方只有保持一定的独立性，找到恰当距离，朋友间的关系才能长久。

3

处理朋友关系的第二个锦囊是要互相关心、爱护和帮助。

习总书记的新理念提出：按照亲诚惠容理念和与邻为善、以邻为伴周边外交方针深化同周边国家关系，秉持正确义利观和真实亲诚理念加强同发展中国家团结合作。[24]他还讲：“要坚持睦邻友好，守望相助；讲平等、重感情；常见面，多走动；多做得人心、暖人心的事，使周边国家对我们更友善、更亲近、更认同、更支持，增强亲和力、感召力、影响力。要诚心诚意对待周边国家，争取更多朋友和伙伴。要本着互惠互利的原则同周边国家开展合作，编织更加紧密的共同利益网络，把双方利益融合提升到更高水平，让周边国家得益于我国发展，使我国也从周边国家共同发展中获得裨益和助力。”[25]

这段话的关键词是互惠互利。互相往来是真谛。“出尔反尔”的原意是你怎么对待别人，别人也会怎么对待你。人交往的实质是利益交换。一旦只有一方付出，而另一方不懂得回报，这种关系就会变得十分脆弱。

> 千百年来，丝绸之路承载的和平合作、开放包容、互学互鉴、互利共赢精神薪火相传。[26]

只有互相包容，互相尊敬，才能使友谊薪火相传。“人敬我一尺，我敬人一丈。”六尺巷的故事是千古美谈，人们无不赞美张英大学士和他的一家。实际上他们的邻居，也是可圈之士。你让三尺，他若不让，反进三尺，何以能有此巷？不是每句“对不起”，都可以换来“没关系”。

人与人之间，无论大小、贫富，都应当相互尊重、平等相待、友好相处。

> 我们要高举和平、发展、合作、共赢的旗帜，坚持在和平共处五项原则基础上同各国友好相处，在平等互利基础上积极开展同各国的交流合作，坚定不移维护世界和平、促进共同发展。我们要根据事情本身的是非曲直决定自己的立场和政策，秉持公道，伸张正义，尊重各国人民自主选择发展道路的权利，绝不把自己的意志强加于人，也绝不允许任何人把他们的意志强加于中国人民。[27]

“和平、发展、合作、共赢”，这是多好的交友准则啊！

“交往以对方为中心”已被奉为当今最有效沟通的白金法则。微信就充分体现这一点，相互关注才能沟通无限。

互相关心的基础是要有关心他人比关心自己还多的情操。关心的关键是如何把握度，关心不到位让人感到虚伪，关心过度又会成为另一种伤害，“好心不得好报”时有发生。

> 要多做一些雪中送炭、急人之困的工作，少做一些锦上添花、花上垒花的虚功。[28]

习总书记高不忘本、贵不弃友、忙不辞旧、崇德尚义地对待自己的穷朋友让人感动。

1968年，习近平从北京到梁家河村插队，在那里他与吕侯生结下深厚友谊。他不会做饭，吕侯生就把做饭的事“承包”了。习近平晚上常在煤油灯下读书，吕侯生就憨憨地坐在一旁陪着。晚上也不回去了，一条被子两人合伙盖。

位置越来越重要的习近平始终没有忘记昔日钻一个被窝的农民穷朋友。

1994年，吕侯生右腿患了骨髓炎，本来就贫困的吕侯生已债台高筑。他实在没法了，给习近平写信说了自己的状况。信发出不到半个月，习近平给他寄来500元路费，请他到福州大医院治病。此后，习近平只要在市里，几乎每天晚上都到吕侯生的病榻前来一趟，他说："侯生，给你治病，都是我自己花钱，花多少我都愿意。"

经过治疗，吕侯生的病得到好转，回陕北的时候，习近平给他买了飞机票，还把2000元钱塞到吕侯生手里。吕侯生激动地说："真不好意思呀，这一趟花了你几万块。"习近平说："谁让我们是朋友哩！"

1999年10月底，吕侯生在山西太原武警医院做截肢手术，习近平闻讯后，支付了全部医疗费。2000年1月，吕侯生第三次到了福州，这时习近平已当选为福建省省长。一见面，习近平用手反复摸着吕侯生右腿的假肢，高兴地说："大难过去了，咱一块合影做个纪念吧。"

"谁让我们是朋友哩！"多么朴实无华的语言，无论穷富差距，无论地位高低，只要用心倾心，朋友总是朋友。

月亏了能再盈，花谢了能再开。可是，人别了，能否再见却未可知。开谢盈亏，花月依旧，几度离合，人却老矣。朋友别离最使人感受到人生无常，因此别离最显真诚。

> 1985年5月我即将调离正定去南方工作的那个晚上，我们相约相聚，进行了最后一次长谈，临分手时，俩人都流下了激动的泪水，依依别情，难以言状。[29]

习总书记与好朋友贾大山的别离让人不由得想起了一千多年前那雅人深致的送别场景。斜风细雨中，李白的船刚要起碇，汪伦远远的在岸上踏歌而来，酿桃花潭的水为琼浆，让我醉卧江边！

那渐去渐远的歌声，陶醉了铁血历史，浓缩了生命路径，芬芳了一缕缕离愁与永恒的友情。

韵味十足的意境，让人历历如在目前，其妙在于淳朴真挚，出之以潇洒自然。

习总书记在《永远做可靠朋友和真诚伙伴》讲话中，谈到中非关系讲到了朋友交往的四个字：……一个“真”字。真朋友最可贵。……一个“实”字。中国不仅是合作共赢的倡导者，更是积极实践者。……一个“亲”字。中国人民和非洲人民有着天然的亲近感。……解决合作中的问题，我们讲一个“诚”字。[30]

传播花粉是蜜蜂的真心，将蜜汁送给蜜蜂也是花的诚心。有了“真”“实”“亲”“诚”，人性才能得到最充分的展现。朋友之间才能相濡以沫，相忘江湖，患难互扶，生死与共。

利益互换观点与墨子思想类似。墨家是历史上非常注重关系的团队，墨家的广告词就是“兼相爱，交相利”。互相爱护，大家都有好处！

> 各民族要相互了解、相互尊重、相互包容、相互欣赏、相互学习、相互帮助，像石榴籽那样紧紧抱在一起。[31]

袁枚有句诗：“辟佛昌黎亦爱僧。”说的就是中国历史上一段高雅传奇的友谊。

元和十三年（818年），唐宪宗遣使率领众僧至法门寺奉迎佛骨，掀起全国上下迎佛骨的热潮。而大文豪韩愈却极力反对佛教，竟上书《谏迎佛骨表》，触怒皇帝，被贬官到潮州。在赴潮州的路上，他心爱的12岁小女儿染病去世。心情极差的韩愈在灵山寺偶遇88岁高龄的大颠和尚。大颠和尚没有因为韩愈排斥佛教而拒绝与他来往，相反，以真诚之心来帮助韩愈排解忧愁，鼓励他振作精神。两人经常在一起谈经论道，由于观点不同，常争论不休，谁也说服不了谁，但却感觉十分愉快。两人通过相互了解、相互学习、相互帮助，进而相互尊重、相互包容、相互欣赏。韩愈也了解到佛教的一些深奥哲理；大颠和尚也理解了韩愈为什么会排斥佛教，面对狂热佛教严重影响社会经济发展的局面，作为具有高度社会责任感的正宗儒家文人是不会袖手旁观的。就这样，信仰正好相反的辟佛大儒与得道高僧成了忘年之交。后来，韩愈调任袁州刺史，依依惜别之际，脱下官服相赠。大颠和尚一直将这套官服带在身边，直至圆寂。后人在赠衣处建“留衣亭”纪念两人的友情。这段友谊在明代还被演义到了《后西游记》，清静无为的高僧大颠与被贬潮州的韩愈成为好友后，受其启发，请愿出山，率徒弟前往西天，取得真解。

山之所以连绵起伏不绝，是因为每个山头都能止于其所，互敬互利。所以孔子说“仁者乐山”。

用爱心保护朋友，用爱心呵护友谊，尽可能让朋友不受伤害。做到上利天，中利鬼，下利人，三利汇结到一点，就是利人，利己与利人同等珍贵，“善人则善己”。

古话讲：“谁人背后无人说，谁人背后不说人。”我们总是活在别人的言论中，满足于他人的描绘。当下我们处在一个由各种媒介构织的传播世界，流言最能伤害人，有人的地方就有流言。这世上说坏话的人多，说好话的人少，好话还经常留在人死后再说。

《战国策》中有个“三人成虎”的故事。

魏国大臣庞葱将陪魏太子到赵国去做人质。临走前庞葱对魏王说：“现在有一个人来说街市上出现了老虎，大王相信吗？”

王道：“哪能有这事，不信。”

“如果有第二个人说街市上出现了老虎，大王相信吗？”魏王曰：“我有些怀疑了”

葱又说：“如果有第三个人这样说，大王相信吗？”王肯定道：“我当然信了。"

庞葱总结说："街市上本来不会有老虎，这是很明显的事，但三个人说有，您就相信了。现在赵国国都邯郸离魏国国都大梁，比这里的街市远了很多，向您毁谤我的人不止三个，希望大王明察才好。"

流言就是这样，有人捏造就有人传播，更有人相信。这个世界上本没有鬼，说的人多了，听的人不得不信。树经不住千斧，人经不住千言。谁也保不准哪一天自己就成流言的传播者或受害者。流言就像笑口里吐出的飞刀，给人的伤口是深刻的，众口铄金，有时流言足以改变、左右和颠覆着我们对一个人的认识，足以将黑白颠倒。

不传播流言、不相信流言就是对朋友最大的支持和爱护，同时还应勇敢地站出来为朋友澄清事实。美国黑人领袖马丁·路德·金说过："我最大的痛苦，不在于敌人造谣，而在于我的朋友知道真相而保持沉默。"

中国历史上有一段不惜生命为知己澄清流言的佳话。公元前200年，刘邦从平城逃脱经过赵国，张耳之子赵王张敖为鲁元公主驸马，因此，他以子婿礼节侍奉刘邦。但刘邦态度傲慢，叉腿而坐，当众辱骂赵王。赵国国相贯高、赵午都是张耳原来的门客，与赵王也是生死朋友，见此情景，非常愤怒，要赵王杀掉刘邦。赵王闻言，咬破手指说："皇帝对我们家有恩德，希望别再说出这样的话。"而贯高等心中不服，密谋要杀死刘邦。

过了一年，刘邦攻击韩王信，再次路过赵国。贯高等在柏人县馆舍的夹壁中隐藏武士，准备伺机刺杀，但刘邦没有在柏人留宿便离开了。又一年，贯高的仇人告发此事。

刘邦把赵王和贯高等人抓了起来，同谋十余人都想自杀尽忠。贯高指责道："现在大家都在传是赵王想谋杀皇帝，我们都死了，谁还会为赵王辩白呢？"

无论怎么严刑拷打，贯高依然坚持为赵王辩解。刘邦派贯高好友泄公前去劝说，泄公说：“现在所有人都说是赵王指示你们干的，你就赶快交代吧，这样也可以减轻你的罪。”贯高答：“爱护父母妻子是人之常情，如今我的三族都要因此被处死，难道我会用这么多亲人的性命去换赵王一命吗？赵王的确没有参与！”刘邦听后，赦免了张敖，同时，称赞贯高为赵王舍命辩解的义德，也赦免了贯高。贯高见张敖已获清白，便自刎了。

中国有句老话“流言止于智者”，流言就像一根浮木，早晚会被冲上岸来，真正的智者不会听信。流言到了智者的耳朵里，即不再让它生存。但愿您是智者！

相互帮助体现在精神和物质两个方面。

朋友之间相互鼓励、探讨人生是必不可少的共勉，而规劝更是真正朋友坦诚的无私关怀。南华真人也需要施惠的“抬杠”。

同志间互相批评，是信任、是理解、是支持、是爱护。[32]

当你手有权力之时，顺耳莺声、糖衣炮弹接踵而至。你可要知道，马在松软土地上易失蹄，人在甜言蜜语中易摔跤。

谁来逆鳞，这时候就需要“能说心里话的挚友诤友。”[33]

诤友都是敢于担当的人，是敢作、敢为、敢说不做缩头乌龟的直爽人。何为敢于担当？习总书记说得好：“敢于担当，就是要坚持原则、认真负责，面对大是大非敢于亮剑，面对矛盾敢于迎难而上，面对危机敢于挺身而出，面对失误敢于承担责任，面对歪风邪气敢于坚决斗争。”[34]

在落子无悔的一生，我们一天一天地重复自己，不是被爱情雨淋湿全身，就是在梦幻迷宫中四处寻找出口，在谎言和花朵同样美丽的世界中，我们需要这样有担当的诤友帮忙！

要善于听取逆耳忠言，不断提高判断是非的能力。[35]

夫子曰：“忠告而善道之，不可则止。”他认为人都喜欢听好话，规劝对友谊不一定有利，朋友如果不接受就算了。这是典型的“老好人”，看到朋友的弱处或麻烦而不去规劝其实是在害朋友，恭维缺点的人一定不是朋友。敢说逆耳忠言的人才是益友。

“老好人”与“老实人”是有根本区别的。“老实人讲真理，老好人讲面子；老实人坚持实事求是，老好人信奉实用主义；老实人尊重客观规律，老好人盲从‘专家’‘权威’；老实人积极进取、奋发有为，老好人庸庸无能、碌碌无为；老实人坚持在原则基础上加强团结，老好人搞没有原则的一团和气；老实人是敢说真话、敢说实话的耿介之士，老好人是你好我好大家好的好好先生。”[36]

所以，好朋友肯定是“老实人”。人生能得这样的真爱“直友”，才是一大幸事！

这样的“直友”会在你怯懦、痛苦和寂寥的时候给你勇气，有力地撑起你的脊梁。

习总书记讲：“作为共产党员，就应该相互坦诚地直言其过，就应该有闻过则喜的胸怀和气量。”[37]

相互坦诚地直言其过是真朋友。记住啊，只有站在你的角度为你着想，真正想帮助你的人才会提出忠告，这是信任、是理解、是支持、是爱护，更是一种慈悲！一定要怀着闻过则喜的胸怀来倍加珍惜关键时刻提出忠告的朋友！如果不听规劝，甚至把规劝当成敌视，那会将自己陷于危难境地而无法自救。

南宋洪迈的《夷坚志庚》和周密的《齐东野语》中都记载了一代儒学宗师朱熹与一个官妓的故事。

作为文化巨人朱熹具有绝对话语权，昔日学友唐仲友对朱熹的一些理论提出质疑和改进意见，但朱老夫子听不进去这些良言，而且产生了报复想法。机会终于到来，朱熹担任浙东常平使巡行台州，唐仲友正是台州太守。朱熹连上六疏弹劾唐仲友，其中第三、第四状论及唐仲友的生活作风。

何谓应酬，酬就是敬酒，应是陪者，古代大多是女人为陪，这就是倡，即娼。为了方便，各朝代设立官妓，官妓有正式编制，管理官妓之处称“教坊”，主要任务是教习歌舞，教授陪官应酬，相当于现在的公关部门。“鼓震金山”的巾帼英雄梁红玉就是从这个单位出来的。宋朝经济发达，酒场很多，官妓也就多。当时台州出了一个“色艺冠一时”，还会作诗填词的名妓，叫严蕊。她的“蕊丝”众多，请她出台的必是达官贵人，而且还要排队，堪为“一姐”。但作为官妓，却必须无条件地先应承官差，唐太守的事随叫随到。老唐也很会利用这张地域文化名片，有大事必请严姐作陪，有时候也单独请严蕊风雅，大家都认为严姐是唐太守的小三。

宋代官吏条例规定：官府有酒皆召歌妓承应，只站着歌唱送酒，不许私侍寝席。

朱熹决定以此为突破口，治罪于唐仲友。他派人把严蕊关进大牢，“两月之内，一再杖，几死”。不想严刑之下，严姐依然严肃地说：“唐大人确实没有什么罪啊，怎么能诬陷他呢？”

此事朝野议论纷纷，震动了宋孝宗，他认为这是“秀才争闲气”，便将朱熹调走，换了岳飞之子岳霖继任，岳霖重审此案。

大堂之上，严姐当堂填词《卜算子》一首，含蓄地控诉了伪道学的本来面目，为自身悲凉、屈辱的出身而叹息，为误入风尘而怨恨，同时表达了对自由生活的憧憬向往。

岳霖听到这首词后，为之打动，替她在官妓名册上除了名字。

严蕊的侠肝义胆与纳了两个尼姑为妾还要报复学友的“大专家”朱熹形成鲜明对照。

朋友有难，理应解囊相助，物质上帮助一定要有无私的境界，同时也应慎重从事。

韩非子认为人性本恶，人都是自私自利的。利字当头，人之间关系是相互利用。林语堂老先生说：“神圣的友谊之情，其性质是如此的甜蜜、稳定、忠实、持久，可以终生不渝，如果不开口借钱。”毁灭友情的方式有许多，最彻底的就是借钱。

有时候，世事就是那么简单可笑。在朋友基础上做生意，那朋友就会失去；在生意基础上交朋友，那会没有生意做。

多少成长中的友谊都被这个“钱”字所戕害！“钱”，金字身旁两个戈。钱，一方面给我们带来快乐，另一方面又是刺杀人们心灵的利刃。人不可以把钱带入坟墓，但钱可以把人带入坟墓，钱害的人远比它拯救的人多。

互相关心、爱护、帮助体现在物质和精神各个方面，而其中互相欣赏却是容易被忽视的一种无形帮助。

朋友之间互相欣赏就是我们常说的“知音”。每一个人都渴望得到欣赏，同样，每一个人也应该学会去欣赏别人。欣赏与被欣赏是一种互动的力源。

毛泽东就有一位互相欣赏的终身挚友。这就是毛泽东读书时的历史老师黎锦熙。

黎锦熙与杨昌济等人合办刊物《公言》，期间有三个文艺小青年帮助抄稿子。一个是什么不问，一律照抄；另一个是见到文稿中有问题，总要提出来，并代为润色；还有一个是看到他不认同的文稿，干脆就不代抄。第一位默默无闻，第二位是著名作家田汉，第三位便是毛泽东。毛泽东也因此吸引了黎锦熙的眼球，他极为欣赏毛泽东这样的个性。毛泽东也很欣赏黎老师博才多艺，与他意气相投。黎锦熙只比毛泽东大三岁，所以，虽为师生，却很快建立起朋友般的情谊。

北平和平解放后，毛泽东进京不久就驱车到和平门北京师范大学宿舍看望黎锦熙，一声“黎老师”，道出千古情。

坚持心心相印。……交往多了，感情深了，心与心才能贴得更近。[38]

不立文字，不依言语，一朵花和一个微笑就能彼此明白，全靠以心印心，故称“心印”。俗话讲：“浇树浇根，交人交心。”这正是朋友交往的要点所在。朋友之间关键是要交心，真心关心，心心相印，只要坚守本真，友谊就会变得简单明了，就会在知心与诚心的轨道上永远前行。

4

处理朋友关系的第三个锦囊是要及时净化自己的“共同体”。

借鉴习总书记反腐论述来解决“共同体”的净化问题。“政治生态好，人心就顺、正气就足；政治生态不好，就会人心涣散、弊病丛生。”[39]所以“要着力净化政治生态，营造廉洁从政的良好环境”[40]，“下大气力拔‘烂树’、治‘病树’、正‘歪树’，使领导干部受到警醒、警示、警戒”[41]。因此，我们对待那些“烂树”要及时清理，对“病树”“歪树”要赶快治理，净化好来之不易的“命运共同体”。

只有清除杂草，庄稼才能茁壮成长。人在最困难的时候，也正是清除不良之友的好机会。“烂树”“病树”的可怕之处在于其惊人的破坏力，如果不及时清理和治理就会迅速蔓延，后果不堪设想。

所以“要抓早抓小，有病就马上治，发现问题就及时处理，不能养痈遗患”[42]。

伪君子和小人是需要清理的重点“烂树”。“易涨易退山溪水，易反易覆小人心。”但两者相比之下，伪君子比小人更可恶。小人做事卑鄙，但是好防范。伪君子表面上道貌岸然，就像罂粟花，娇媚的容颜下隐藏着杀机，谁要相信了它，就等于提前给阎王打工了。

小人背后捅你一刀，你会回头痛苦地说：“你真是个小人。”伪君子后面一刀，你会回头惊讶地说："真是你吗？"

常言道：不怕虎狼当面坐，只怕人前两面刀。就像现在的山寨版，卖正版的地方可能卖的也是山寨版，山寨版存在着正版的全部特征，很难分辨。中国人喜欢的蝙蝠，是老鼠还是鸟？反正鸟鼠混战时它肯定抱病不出，这就叫"两面派"。这种"两面派"有时看上去很谦虚，很卑微，但当你人一走，他就把你贬得一分不值。我们骂称这种人"狗屎"。翻翻历史，很多英雄之所以失败，有不少是踩到这上面了。

习总书记指出：我说过"两面人"的问题，大量案件表明，党内有一些人在这方面问题很突出。有的修身不真修、信仰不真信，很会伪装，喜欢表演作秀，表里不一、欺上瞒下，说一套、做一套，台上一套、台下一套，当面一套、背后一套，手腕高得很……这种口是心非的"两面人"，对党和人民事业危害很大，必须及时把他们辨别出来、清除出去。[43]

希腊谚语也讲"伪君子生着一张红衣主教的脸，却有着一颗磨坊主人的心"。而人们往往对真诚的过失会毫不留情，却对暗箭伤人、面善心毒的伪君子保持缄默。

王衍是晋朝有名的清谈家，也是典型的投机分子和两面派。他生得眉清目秀，谈吐文雅，见到他的人，对他都很赞许。但山涛却说："王衍华而不实，不可交，日后也必误天下。"

王衍讲授玄理时穿着大袖宽袍，手挥佛尘，满嘴玄妙怪异之语，常常前后矛盾，漏洞百出，别人提出质疑时，他不假思索，随口更改。当时，人们写字用黄纸，一旦写错，就用雌黄涂改，因此大家就称王衍"信口雌黄"。他做事也是这样。世人常说"娶个贤妻能成为政治家，娶个悍妻能成为哲学家"，而王衍是娶了个悍妻却成了政治家，他仰仗悍妻是皇后贾南风的表妹，节节高升。王衍还把女儿嫁给太子，后来贾后指使中国第一美男潘安陷害太子，太子被废后，王衍马上叫女儿离婚。可是风云突变，贾后被杀，太子得到平反，王衍被判禁锢终身，他又改口大骂贾后。八王之乱，他再度被重用，率大军与匈奴作战，结果使西晋灭亡。

邪恶的聪明叫狡猾。请随时擦亮你的眼睛和眼镜，认清这些狡猾面目。如果你也领教过了他们的两面三刀，更经历过有难之时对你的落井下石，那就应该鼓起勇气远远离开，“惹不起躲得起”，默默地把他从“共同体”中清除出去。

有人说与朋友绝交是痛苦的，也是一种浪费。殊不知一杯清水会因滴入一滴污水而变污浊，一杯污水却不会因一滴清水的存在而变清澈。漏脯鸩酒会伤害更多人。当坚持的成本大于放弃的成本，为了自己和圈内朋友着想，弃该弃之人，是一种明智的选择。

结 语

现代计算机鼻祖帕斯卡尔说："由于交往我们形成了精神和感情，但也由于交往我们败坏着精神和感情。"前一种交往是两个人之间的心灵沟通，后一种交往则是熙熙攘攘的利害交易。

一世的朋友、一般的朋友、一时的朋友。一时的朋友不要强求做一世的朋友，一世的朋友可遇不可求。财富不是永远的朋友，而真心朋友却是永远的财富。

挚友是比爱侣关系更纯粹的高规格的人际关系，是一个无论发生什么事都不会出卖或舍弃你的同盟。"想交到这样的朋友，不能做快餐，而是要做'佛跳墙'这样的功夫菜。"[44]而这个功夫菜主要的原料是理解。

理解会使朋友的含义无终止地更新，每一次更新都是情意复活的节日，都会不断焕发出新的意义。没有朋友的理解，自我就会在物化中彻底僵化。

活生生的相遇，是多么偶然，又是多么珍贵。

愿大家能真诚守望着我们生命过程中这份最珍贵的相遇，让今生成为有意义的物化，让真情永驻人间！

挽住雲河洗天青閩山閩水
物華新小梅正吐黃金
蕊老榕先掬碧玉心君馭
南風冬亦暖我臨東海情
同深難得舉城作一慶
愛我人民愛我軍
敬錄習總書記七律軍民情丙申寫昌軍

习近平总书记《七律·军民情》 68cm×45cm 殷昌军书

思维智慧

导语

思维理论的指导

不同凡响的思维技术

结语

导 语

在美国一个小镇上，有个和大家想法老是不一样的男孩，人们感觉这孩子脑子有病，是个奇葩。有些人捉弄他，经常把五分和一角的硬币同时扔给他。小男孩总是拾五分的，于是大家都吐槽，拿他开心。

一位老妇人看不下去，便对他说："孩子，难道你不知道一角要比五分更值得捡吗？"

"当然知道，"男孩慢条斯理地说："不过，如果我捡了那一角的，恐怕他们就再也没有兴趣扔钱给我了。"

这个小男孩就是后来成为美国第九届总统的哈里逊。

这个小故事可以看出，思维是那些脑袋里真有脑子的人通过实践认识世界的过程。"思"代表着我们感觉的广度，"维"是契入的深度，这种广度、深度决定了思维的高低。任何人都想成功，大家卖尽全力拼搏、奋斗。尽管这样，也改变不了大多数人最终失败的结局。思维水平的高低导致了人和人的差别。

克里特文明是西方文明的源头，它早期就强调智慧而不考虑功利，追求一种智慧的表达和宣泄。对智慧的追求引发了对真理的求知，进而促进了科学的发展。雄辩家卡尼阿提兹用行动讲了一个道理，今天站在讲台上肯定正义，明天站在同样位置来否定正义。奇怪的是，两次截然相反的讲演，却获得了听众同样如醉如痴的掌声。可见大家关心的不是智慧的指向，而是智慧本身。

超人的思维有两种，形而上的为“思想”，形而下的则被称“神经病”。当然，我们要学习的是“思想”！

> 不能以教条主义的观点对待马克思列宁主义，必须从中国实际出发，实现马克思主义中国化。[1]

红色思维是把西方最先进的马克思列宁主义学说与中国传统哲学相融合，逐步实现了唯物辩证思维方式中国化和中国思维方式现代化。习近平新时代中国特色社会主义思想就是马克思主义中国化最新重大理论创新成果。它闪耀着马克思主义真理同中国哲学思想有机结晶的光辉，闪耀着科学社会主义500年发展史同中华民族5000年文明史交融相映的光辉，其中很多大智慧丰富完善了红色思维的内涵，成为最科学最有力的思想武器。

思维理论的指导

1

红色思维的理论基础是辩证唯物主义。习总书记强调：实现“两个一百年”奋斗目标、实现中华民族伟大复兴的中国梦，必须不断接受马克思哲学智慧的滋养，更加自觉地坚持和运用辩证唯物主义世界观和方法论，增强辩证思维、战略思维能力，更好地指导实践。[2]

红色思维的基本理论可以概括为：一个观点，一个思维模式，一个思维方式，一个关键技术。

2

一个观点就是“实事求是”。

“实事求是”是党的思想路线的实质和核心，习总书记指出：实事求是，是马克思主义的根本观点，是中国共产党人认识世界、改造世界的根本要求，是我们党的基本思想方法、工作方法、领导方法。不论过去、现在和将来，我们都要坚持一切从实际出发，理论联系实际，在实践中检验真理和发展真理。[3]

实事求是一词最早见于《汉书》，是作者班固为拍刘德王子好学所造的拍马屁用的词。后来一些先哲发现这个词恰可以表达孔子提出的

“四毋追求”，“毋意、毋必、毋固、毋我”，即不主观臆断、不绝对肯定、不固执己见、不唯我独尊。这正是中国实事求是哲学思想的来源。

战国时齐国稷下学派也曾为道为诡而辩，他们中出了著名的“三邹子”。邹忌凭借讽齐王纳谏而出名，他处处根据实际情况来决定事情，因而受齐威王赏识，被封侯拜相。而邹衍创立的阴阳五行五德终始说，迂阔且不切实际又善诡辩；邹奭承邹衍发扬阴阳家学说，虽文才兼备，也难以实践。因此后两个邹子被定论为“谈天衍，雕龙奭”，理论虽高但不中用，终不能列位上卿。

> 要把实事求是原则贯穿到各项工作中去，努力把真实情况掌握得更多一些、把客观规律认识得更透一些，为做好工作打下扎实的基础。[4]

人们在实践中不断认识和完善实事求是原则。宋代朱熹提出“格物致知”“理在事中”“即物穷理”；王船山提出“即事穷理”。清代形成实学思潮，认为“气”为本，“实”为尚，“器”为先，“尽器求道”达“道器一致”，强调“实行”“实践”“实功”“实事”，经世致用成为共识。

近代的严复是不得不提的人物，他早年入伍北洋水师在“建威”“扬武”舰当实习水手，因与郭嵩焘结为忘年交，故被推荐去英国皇家海军学院留学，与伊藤博文是同班同学。回国后严复升为北洋水师学堂总办，后因与李鸿章不合退出军界。严复先后任复旦大学第二任校长和北京大学首任校长。他一生有三大爱好，译书、维新、鸦片。共译有八部西方著作，成为西学研究和传播西学的先驱。他既有实践又有理论，还有很深的“维”。他把“实学”与西方现代科学和认识论联系起来理解其深意，认为：“学者（西学），即物而穷理，即前所谓知物者也。……然彼之于所学也，初不设成心于期间，但实事求是，考其变象因果相生而谨记之。”从哲学上找到了中国传统哲学思想与西方科学精神之间的某些共同点。

习总书记提出以“三实”为标准的为人处事的方法，即“谋事要实、创业要实、做人要实”[5]。

真正做到这“三实”却不是易事，要有坚定信念和优良品质做保证。习近平刚到正定县不久就发现这个全国闻名的高产县竟有不少农民连温饱都不能保证。于是，他和时任正定县委副书记吕玉兰主张立即向上汇报，请求把粮食征购基数降下来，并主动请缨，处理此事。当时县委书记、县长考虑到习近平刚来工作，不愿意让他出面，怕对他造成不好影响。习近平说：“实事求是向上级反映问题是我党的优良传统，你们不用担心。”于是，他和吕玉兰一起进京，向上级部门如实反映正定人民的生活状况和存在的困难。

“实事”即实际事物，也就是哲学上讲的物质。“世界物质统一性原理是辩证唯物主义最基本、最核心的观点，是马克思哲学的基石。遵循这一观点，最重要的就是坚持一切从客观实际出发。”[6]

马克思和恩格斯在《神圣家族》中认为：唯物主义在它的第一个创始人培根那里，还在朴素的形式下包含着全面发展的萌芽。物质带着诗意的感性光辉对人的全身心发出微笑。在中国古代，物质是分开表意的，“物”指个别东西，“质”指有固定形体的物。

有人根据万有引力提出了轰动的穿越地球中心的创意。开凿一条穿越地球中心的隧道，如果扔一个苹果进去，开始苹果应该像自由落体一样降落，到达地心之前速度越来越大，过了地心速度又越来越小。由此可以设计一种交通工具，用来完成地面上距离最远的两地之间的旅行，既不需要燃料，速度还奇快。这个设想有一定物质元素作基础，不能说一点可能没有，但关键是现阶段我们连地球表面的东西还没搞清楚，很显然这种想法又很缺少物质概念，纯属非非。

人的思维并非来自对伟大的学说的研究，而是来自对平凡事物的观察，一件事实就是一条没有性别的真理。所以，做事情要“坚持一切从客观实际出发”。

时间和空间也是物质存在形式，这是非常实用的理论。

我们讲“世界”，“世”是时间，“界”是空间。时间用来标注身体运动变化过程的长短，空间则用作记录主体站位的广延。人的生存行为是在具体的时间点发生的，任何行为都会在时间的线性流逝中不可挽回地成为过去，而过去是不可重复的，“过去拥有不等于现在拥有，现在拥有不等于永远拥有”[7]。时间是从一种存在向另一种存在的发展变化。尼采“上帝死了”为的是给人寻找生存的位置；海德格尔说“人是向死而生”的存在，目的是为人的生存做时间上的划界。而孔子曰：“巍巍乎！舜、禹之有天下也”，即“高”；“逝者如斯夫”，即“远”。高是空间概念，远是时间概念，看事情要高远就是要把生命从个别物质中用心的觉知而放射出去，寄放在别人的心中，这样就能够突破一定的时空，这两种维度的修炼是君子的终极要求。

> 要坚持具体问题具体分析，“入山问樵、入水问渔”，一切以时间、地点、条件为转移，善于进行交换比较反复，善于把握工作的时度效。[8]

应用中，思考事情首先应“以时间、地点、条件为转移”。刚才之我与现在之我在时间和站位上不一样。你如果认为光着头过斑马线或走在人行道上是最安全的，在中国那你肯定要吃眼前亏。时空的动静使得情况也在瞬息万变。“一静一动，静要有定力，动要有秩序，关键是把握好这两者之间的度。”[9]节为止，为静；奏为进，为动。只有把握好时间和空间的节奏，人的自我创造和自我超越才有方向和意义，否则一切精彩和成功最终归于空无。正如古人所告诫：“人无远虑必有近忧。”就是让我们要经常去想时间，能够把眼光放远；去想空间，世界那么大，总有立足之地。

“求”是去研究。本着什么思路去研究？这就是解决哲学的基本问题——物质和意识的关系。

> 学习掌握世界统一于物质、物质决定意识的原理，坚持从客观实际出发制定政策、推动工作。[10]

看个小笑话，有个82岁的老头娶了28岁的媳妇，84岁时去检查身体，医生说他没生育功能了，老头很不服气地反驳：“我妻子怀孕了，证明我生育功能很好。”医生就举例启发他：“一个猎人误把扫帚当猎枪背在身后，遇到熊，拿扫帚对着熊，熊应声倒下，怎么回事？”老头反应很快，忙抢答：“这肯定有人帮忙呗。”

人老了不能生育，这是规律，所以，我们做事情时要用实事求是观点，立足于存在，顺“道”而思。

> 加强党的理论教育，要坚持实事求是，要坚持理论联系实际的马克思主义学风，坚持问题导向，注重回答普遍关注的问题，注重解答学员思想上的疙瘩，反对主观主义、教条主义、形式主义，防止空对空、两张皮。[11]

主观主义、教条主义、形式主义与实事求是相对立的，它们的表现形式就像阿庆嫂那句脍炙人口的唱词“来的都是客，全凭嘴一张。”

教条主义相信书本。教条主义者的思维方式有两种。

一种迷信圣哲，中国人自古具有崇尚经典，唯圣唯经的思维习惯。拥戴马克思主义，马克思的话就成了不能改一字的真理；现代新儒家，把四书五经的每一个字都当成圣典。

另一种开口闭口“拿本本来”，理论和实际脱节，不承认理性的现实。教条主义就像电脑的思维，程序化，必须按照设定才可以运行。

针对当时存在于党内的脱离实际、崇尚空谈的教条主义，1943年，毛泽东用四张二尺见方麻纸为中央党校修建的大礼堂题写了“实事求是”，从此，它就成了党校的校训。实际上湖南一师是把“实事求是”

作为校训最早的学校。

教条主义还有个孪生兄弟是经验主义，经验主义者一切从狭隘的经验出发。从恩培多克勒唯有观察和感觉者是唯一有效的知识源泉到康德把科学认作人类知识最高形式的理论，这些都是否定意识的能动作用，主观和片面强调客观外界的某些真实。

中国对经验主义没那么考究，像抓中药一样，大手小手全凭感觉抓。“不听老人言，吃亏在眼前。”老前辈的话一半是经验一半是教训，还能有错？照搬来用，就不会惹祸？

事实上树老是根多，而人老未必皆贤，老而等终的还是大多数。

把一只苍蝇和一只蜜蜂装在一只瓶子里，聪明有知识的蜜蜂知道有光的地方可以出去，于是往瓶子四壁飞，做了不少无用功；而苍蝇呢，不具备这个能力，只能到处飞着找出口，但从瓶口飞出去的概率大的却是苍蝇。究竟谁更聪明呢？

从某种意义上看，知识是必需的，但是从另一个意义来看，知识又变成了障碍。脑袋空不要紧，关键是别进水，教条主义者和经验主义者有时候还不如无知主义者。

明代大儒方孝孺就像他的名字一样，博览群书，才高八斗，仁义孝忠信，五德俱全，历史上很难找得出这样近乎完美的标准儒家范本。朱元璋也十分敬佩他，拜其为太孙师来教化辅佐朱允炆。

与我们当下一些所谓“精英”一样，方孝孺只懂纸上学问，而且还坚信自己最好。不同的是，他确实是位真正表里如一的君子，关键时候也不开溜，可以视死报君，杀身成仁。

方孝孺做学问，当“精神”完全是最好的榜样，但做事完全是笨蛋、白痴、神经质组合的“蛋白质”。好学不倦的朱允炆江山不保，就是毁在了方孝孺这类教条和经验主义者手里。

朱棣要造反，这基本上是和尚头上的虱子——明摆着的事，很多大臣上书建文帝赶快备战。可方孝孺却发表迂腐拙见，朱棣如果真的造反就是不忠不义，天下百姓不会答应，无人支持，而且他的军队也无法与大明铁军并论，最后综合得出，朱棣乃饱读诗书之人，不会造反。这完全是在凭自己的经验说话，你不想想，你要收人家的权，不就等于革人家的命，谁能愿意？也不知道提前派一个“潜伏”打探一下，就枉然下这样的结论。

等真的打起来，方孝孺又任人唯亲，以好友李景隆为帅，结果屡战屡败。无奈方老学究亲自上阵，搬来武经，什么三略、六韬、司马法，孙膑、素书、鬼谷子，百部兵书已烂熟在心。他自信略施小计即能铸定乾坤，于是缓兵计、离间计、美人计，一计又一计，可到了实战就是不管事，兵家大师成功的案例，到了方大军师这里怎么就不灵呢？

战争永远是严肃课题，不是“非常六加一”，本本主义害死人。

而他的对手朱棣的首席高参姚广孝，也就是那个著名的不喜欢做一天和尚撞一天钟的道衍和尚，处处“知己知彼”，最后达到“百战不殆”。姚广孝十分敬重方孝孺的学问，破城之前，他特意请求朱棣，称看重气节的方孝孺不会轻易归顺，希望朱棣手下留情，否则天下读书种子绝矣。朱棣应允。但方大师儒生意气已无法自拔，按照书本上所说的“宁为玉碎，毋为瓦全”舍生取义，留下了“读书种子”的美誉和“平日袖手谈心性，临难一死报君王”的永久话题。

“求”的目的是“是”，事物的内部联系，即规律，也就是老子讲的“道”。宇宙的一切没有一刻不按照精美、永恒、完善的原则在运动，即所谓“至善”。

“是”是人主观能动性的体现，是联结自然与人文的交会点，是天与人的链接。量的实践被认识就成为规律，但这个美景只能为少数人感知、察觉。

规律不能制造，只能而且必须遵守，因此凡事要顺势，时势即天时，顺应天时就是按规律办事。“因势而谋、应势而动、顺势而为。”[12]我们常说“道理”，“道”是规律，“理”则是关系，思考问题除了明白“道”，更重要的是“理”清楚和这个规律有关的事物之间的联系，以便顺势而为。

1920年，关于如何改造中国与旧世界问题，新民学会内部“指点江山的风流人物”们发生严重分歧，蔡和森一派主张实行俄式无产阶级专政，毛泽东最好的同学萧子升一派则倾向采无政府主义。

面对针锋相对的两派意见，毛泽东起先一直持中间态度。后来他进行了深入调查，依据社会现实，最终对蔡和森一派“表示深切地赞同”，说萧子升等的想法“理论上说得通，在事实上认为做不到”。

通过总结俄国十月革命的成功经验，他在认识上有了深刻变化，认为社会发展大规律不可阻挡，而中国实际与俄国有局部规律雷同。他更加赞成马克思式思想，最终也让毛泽东坚定不移地选择了唯物主义。

习总书记还强调了一个大家容易忽略的理论：“革命理想高于天”，就是精神变物质、物质变精神的辩证法。[13]

“精神变物质”是指意识的反作用，就是认识论的第二阶段理论到实践，精神不能直接改变物质，但能改变人，由改变的人来改变物质。用“革命理想高于天”来指导人的思想，就会产生“敢教日月换天地”的物质力量。再通俗地讲“物质变精神”，当你缺少物质的时候，你就希望得到财富，这种对物质的渴求也就成了你思想的动力，于是物质变成了精神。

人的命运实际也是物质与精神在人身上的具体体现！“命”由“人，一，叩”组成，人要叩拜生命。命是人生来就有的，人生来就不平等，掌握的财富就不一样，“命”无法选择，所谓“命中注定”，这是物质的作用。然而人可以造就自己的“运”，通过努力改变“运”，完成物质到精神、精神再到物质的循环。

周代文明进步的标志之一是将死刑种类减为只有车裂、斩和杀三种。“斩”是腰斩，“杀”才是斩首，“斩”曾一度成为最主流的死刑手段。不知道第一位遭“斩”的先辈是哪位，在雍正宣布废除“斩”之前因为科举考试被斩的河南学政俞鸿图应该是理论上的最后一位。但实际上，到革命先烈刘胡兰生活的年代反动军队还在用“斩”。期间，被斩的人像地上的蝼蚁一样多，能在下刀一瞬间躲过的幸运者，有记载的好像就两位，也巧在都是大汉开国元勋。

一位是大家熟悉的韩信。他离楚投汉，当了一个看管仓库的连级小干部，因饮酒宣泄，指责刘邦，被处腰斩。被处腰斩的一共14人，前面13个被斩后，轮到韩信，他居然仰躺在砧板上直视将加诸己身的刀刃，集全身之力于口而大呼：“刘邦啊，你不是想夺天下吗？为何要斩我壮士！”当时夏侯婴做监斩官，突闻此言，被其豪壮折服，大呼“刀下留人”，不仅没有杀他，还把韩信推荐给萧何。最后韩信成了战无不胜的“战神”。

还有一位叫张苍，也是刘邦的手下，他学历很高，是三次出任当时最高学府齐国稷下学宫的校长荀子的研究生，与李斯、韩非同出一个师门。因为犯法被处腰斩。他体格高大，脱掉衣服，往砧板上一伏，肥白得像葫芦瓜一样，在普遍营养不良的囚犯中显得分外出众。监斩官王陵看到后，十分惊异，认为他是个奇男子，禀告刘邦，竟然被赦免。后来他成为历史上著名历算家，提倡采用《颛顼历》，增补《九章算术》。而且他还做了15年大汉丞相，关键是他活了105岁，生于战国末年，到景帝五年才去世，是中国正史上最长寿的丞相，也应该是吉尼斯纪录。

韩信是用精神把握了自己的“运”，而张苍则用物质，也就是自己的“命”改变了“运”。当然，这也与他们碰上了夏侯婴和王陵这两个和常人脑子不一个弦的客观因素大有关系。这就构成了命运的完整性。

思维就是物质和精神的通道。

可以看出，实事求是观点，是思维的基本科学态度和方法。

3

一个思维模式，就是实践论的思维模式。

“实践观点是马克思主义哲学的核心观点。实践决定认识，是认识的源泉和动力，也是认识的目的和归宿。认识对实践具有反作用，正确的认识推动正确的实践，错误的认识导致错误的实践。”[14]也就是古人讲的“知行统一”。“知”指认识；“行”指实践。“‘知’是基础、是前提，‘行’是重点、是关键，必须以‘知’促‘行’，以‘行’促‘知’，做到知行合一，既解决认识提高问题，又解决行动自觉问题。”[15]

当知与行合二为一，这个时候就达到了生命本有的状态，一切就成了很自然的事情，这种境界被称作“善”，善哉，就是最完美了。我们经常说的眼高手低和手高眼低都是知行不相称、不协调的表现。

习总书记认为：“推进各项工作，根本的还是要靠实践出真知。理论必须同实践相统一。”[16]

“实践高于认识的地方正在于它是行动。”[17]想一千次，不如行动一次；简单的尝试，胜过无谓的徘徊。我们现在一些领导和专家只喜欢在理论层面打转转而不愿意下一步台阶到实践中去转转。

> 要根据时代变化和实践发展，不断深化认识，不断总结经验，不断实现理论创新和实践创新良性互动。[18]

所以，知行统一的思维模式就是：实践—认识—实践。

佛家把知行关系称为感觉和觉悟。事物由感而觉，由觉而悟。觉者，菩萨也；悟者，佛也。这与知行统一思维模式有着一致性，都强调在实践基础上认识事物，找到规律。

中国管理界有个“温水煮青蛙”的著名理论。大意是：把青蛙放入装着冷水的容器中，下面慢慢加热。青蛙因为水温舒适而悠然自得。直至发现无法忍受高温时，想跑已经力不从心了，被活生生煮死。

讲者和听者都感觉应该是这样的结果。但也有科学家怀疑这个理论的真实性，美国动物学教授霍奇森专门做了多次实验，结果令人大吃一惊！青蛙在水温升到37.5℃后自动跳走，没有到被煮死而不逃离的地步。后来一位德国科学家反复实验，终于得出结论，在加热速率足够低，即平均每分钟升温速率不到0.2℃时，确实有青蛙丧失一跃而起的能力的情况发生。

实际上，站在管理学角度不必去计较“温水煮青蛙”的真实性，它是要告诉人们一个深刻道理，安逸的环境往往会让人产生致命的松懈，提醒人们要有忧患意识。但从哲学角度这又对我们有了另外的启发：凡事都要先经过实践、调查，然后才能得出结论。没有调查就没有发言权。

4

一个思维方式，就是矛盾论的辩证思维方式。

> 辩证思维能力，就是承认矛盾、分析矛盾、解决矛盾，善于抓住关键、找准重点、洞察事物发展规律的能力。[19]

矛盾论辩证法则在中国的源头是阴阳学说。

古代哲学基本概念是“气”，“气”是唯物的，但有时也是唯心的，概念比较紊乱。后来朱熹认为“理”是最高本原，“气”成了第二。古人认为，世界的本源状态为“太一”，即“无极”，所谓不黑不白灰蒙蒙的“无”的混沌状态。当这种状态分而为纯黑纯白时，即为“太极”，黑和白亦为“两仪”，是为“无生有”，也称“一生二”。黑为阴，白为阳，阴先阳后，阳出于阴，而复归于阴。阳气由下向上蒸发，阴气由上往下压。

阴阳学说最早出在殷周时期，其概念首出于《周易》，陈抟继承魏伯阳的《周易参同契》，把周易的深远含义集中创造在了神秘的太极图上。“万物负阴而抱阳，冲气以为和”，你中有我，我中有你。好比男人和女人一样，男阳女阴，阴阳和谐家庭就稳定，社会才安定。

当下社会流行的“女汉子”就不符合阴阳规律。男刚女柔这才叫太极，女人太刚，把男人应该具备的刚挤没了，阴阳失衡，造成混乱。女人是水，男人是泥，水加泥才会形成坚固的水泥。

最为奇妙的是阴阳间的边界，这来于自然界光和影的效果，在强光和黑影之间形成了一个柔和的过渡。正是这边缘的意识，让自然有了亲密无间的同情，使世界不再混沌一片。在这里没有美没有善，只存在着真，存在着令人喜悦的源泉，可供人的好奇心和思维去任意驰骋，观赏到千姿百态的别样风景。

“太极”确定了阴阳这一中华民族独有的哲学概念，这是世界上最早的“相对论”。

辩证思维，一讲矛盾的辩证法，二说变化的日新观，讲求阴阳对立面的和谐统一，这就“要求人们在认识世界和改造世界过程中，充分运用辩证方法观察和处理问题，正确分析矛盾，在对立中把握统一、在统一中把握对立，克服极端化、片面性，不断提升辩证思维能力”[20]。

“阴阳”与“矛盾”这两个概念还存在有范围的区别，矛盾的范畴大于阴阳。比如中国书画讲究的虚实，是一对矛盾。如何运用辩证思维方法正确分析和表现这对矛盾？具体到书画上就是疏密，更具体的技法是“计白当黑”，白和黑的关系即阴阳关系。邓石如说：“字画疏处可以走马，密处不使透风。常计白当黑，奇趣乃出。”白为阴为疏进而代表虚，表现出空灵；黑为阳为密进而代表实，表现出厚重。齐白石有一幅让土豪都感觉吃亏的名画《十里蛙声出山泉》，仅一潺潺流水，游有数条蝌蚪。寥寥几笔，但意境深远。整个画面空白极多，却极为平衡，给观者在疏朗中留出了思维和审美空间。用白平衡画面是中国书画最重要的表现形式，阴阳平衡万物和谐。人生也是如此，充实生活，并不等于填满，倒是心胸开阔，空灵之气自来。而终日无所事事或忙碌劳累却觉得心中空虚，这就是被俗思妄念充塞的结果。

古人常讲一个比喻：智者让我们顺着他的手指去看月亮，而我们往往只见手指不见月。

习总书记指出：在任何工作中，我们既要讲两点论，又要讲重点论，没有主次，不加区别，眉毛胡子一把抓，是做不好工作的。[21]

汉代的汲黯被汉武帝称为“社稷之臣”。他为政之道，善于抓重点工作，把细节琐事交给得力的郡丞和书史去办。他只是督察大纲，要求下属按大原则行事即可，从不苛求小节。但他所管理的地方却井井有条。

他处理事情也是如此。东越人互相攻打，汉武帝派汲黯去了解情况。汲黯到吴郡就回来了，报告：“越人互相争斗本是他们的风俗，不足以劳顿天子使臣前往。”

黄河以北地区失火，连着烧了千余家，汉武帝特派汲黯为钦差持符节前往视察。汲黯回来禀报：“家里人弄着了火，房子并排，所以连带烧了，不值得太过担忧。不过，臣经过黄河南面。那里的穷人有万余家受到水灾侵害，父子互相残食。臣以职务之便，拿着您给我的符节，以您的名义下令分发了黄河以南官仓的储粮来赈济灾民。臣现还回符节，请皇上治我假传圣旨的罪过。”明君汉武帝听后没有生气，反而认为他这是贤能的表现。

汲黯专门抓重点、抓大事的理念得到了后世赞誉，超级文豪赵孟頫为此十分恭敬地书写了《汲黯传》，这篇小楷名篇也成为书法史上不朽的范本。

矛盾是普遍存在的，是事物联系的实质内容和事物发展的根本动力。人的认识活动和实践活动，从根本上说就是不断认识矛盾、不断解决矛盾的过程。[22]

悟道即“不断认识矛盾、解决矛盾的过程”。一物向他物转化，就是旧矛盾统一体的分解和新矛盾统一体的建立。对立一方渐渐壮大，另一方渐渐减退，这是“渐悟”，至发生质变产生新事物，这时思想随之突然爆发，就是“顿悟”，新的矛盾又开始新的“渐悟”，如此，生生不息，运动不止。矛盾斗争性在事物发展中具有绝对的力量导向。

作为矛盾范畴的邪正关系，其运动的最佳结果不是正邪处于相对平衡稳定的状态，而是正胜邪的健康状态。

近代以来，对中医一直在争论，说中医是伪科学，中医最大的好处是能留个全尸。

如何看待中医？

中医的概念，官方解释是中国传统的医学医术。也有从其理论角度说，中医是指中庸之道，致中和，所以叫中医。中医的理论基础是阴阳五行，重点强调平衡，即中庸，“阴平阳秘，精神乃治。”而西医是实实在在根据人体生理结构来解释病理。从目前科学角度看，中医经络学在客观现实中不存在，是想象的思维，按照认识论讲是没有实践根据的认识，因此是不正确的思想，中医不属于科学的范畴。

实际上，中医从创立开始就属于哲学范畴，它由巫术演变而来，巫师是中医的祖师爷，也是我们最早的哲学家，虽以济世活人、沟通天人为职志，事实上掌握了生杀大权。

中医对生命的认识，即中国文化对生命的认识，中医就是运用这样一种中国文化最根本的精神来构建它的理论体系。

中医是一个唯象理论体系。人与天同构，天有四时、五行、九解、三百六十六日，人有四支、五藏、九窍、三百六十六节。人体是一个小宇宙，内部所有器官都相互联系、相互制约，讲究五行相生相克。在中医来看，精气是身体的精华，气在人在，它对生命的意义大大超越了血液，这也造成西方人恐惧吸血，而中国人则惧怕吸精。

中医把人的内脏分成脏和腑两大类。脏有五，包括心、肝、脾、肺、肾；五脏分五行，肝属木、心属火、脾属土、肺属金、肾属水，相生相克。腑有六，包括胆、胃、大肠、小肠、膀胱、三焦。脏指胸腔、腹腔中那些内部组织比较充实并且具有储存和分泌功能的器官。而腑指腹腔中那些中空的、有管道，具有传导和化解吸收功能的器官。

五脏是阴，六腑是阳，中医用阴阳来分析人的病理变化，如果阴太盛，阳就病；阳太盛，阴就病。阳盛表现为热，阴盛表现为寒。

中医认为，所有病都由阴阳失衡而来，所有病症都分以对立面再划分，发烧分为寒症和热症，发炎即上火也分为实火和虚火……分清阴阳，阳病治阴，阴病治阳，方可以对症下药，否则会起相反作用。

纯正中医诊断不需要化验什么细菌、微生物，更不需要磁共振，看着像赌石似的号脉，实则精深，用“阳生阴长，阳杀阴藏”来断病。正气和邪气互相斗争，互相排斥，呈现动态的对立统一。用一个器官抑制另一个器官，达到器官内部平衡，同时把连接各个器官的经络疏通开，这样通过人体自然产生的力量达到治病目的。所以，中医都是头晕不治头，可能去补脾，再晕还不治头，补肾去。

中药方和治国一样讲究君臣佐使，而且一定要用药引子方可有效，由“道”落实到最后治病的“器”，中间要有“象”来导引。

有时急病难症用药则以毒攻毒。我们现在常说的“五毒俱全”，就来自中药五毒散。五毒散实际是由石胆、丹砂、雄黄、礐石、慈石构成的一方良药，把这五种毒药材放到坩埚中，连续加热三天三夜，之后产生的粉末，即五毒散，据说外用可治皮癣，内服可治癌。

泱泱中华几千年，人口鼎盛，中医功不可没，实践证明中医确实能治病。现在很多人有病都是先去看西医，西医治不了，就死马当活马医去找中医。所谓中西医结合，基本成了西医吞并中医。西医理论固然科学，但真的也很欠缺中医的辩证思想，中医最有价值的就是这一点。

中医看人随时都有病，它是平衡身体以扶正气，不断地调整身体。中国哲学是中医的根本，所谓下医治病，中医治人，上医治国。西医的技术与中医的思维最好能够结合。

“对待矛盾的正确态度，应该是直面矛盾，并运用矛盾相辅相成的特性，在解决矛盾过程中推动事物发展。”[23]因此，要用矛盾辩证思维来看待中医。

5

一个关键技术就是逻辑。

逻辑是思维的规律、规则。源自古希腊，最初有语言、说明、尺度等多种含义，后来引申为思维或推理。

逻辑是通过概念、判断、推理、论证等思维形式和比较、分析、综合、抽象、概括等方法来理解和区分客观世界。逻辑是确定的，而不是模棱两可的；是前后一贯的，而不是自相矛盾的；是有条理、有根据的思维过程，有一定的顺序和规律性。掌握了正确逻辑，才会产生正确的结果。“中国特色社会主义政治发展道路，是近代以来中国人民长期奋斗历史逻辑、理论逻辑、实践逻辑的必然结果，是坚持党的本质属性、践行党的根本宗旨的必然要求。”[24]

最早把现代逻辑系统地介绍到中国的是自称“哲学动物”的逻辑大师金岳霖，无论什么地方、什么季节，包括上课他都戴着呢子帽，非常拉风，当时成为北大和清华的一道惹人风景。他与梁思成是情敌，因终生追求林徽因而未婚。同时与他同居女友的质量和数量也是令人惊讶。金岳霖很小就觉得“金钱如粪土，朋友值千金”这句俗语，在逻辑上有问题，因为把两句话作为前提，归类得出的结论是“朋友如粪土”。他曾对佛教的轮回报应从逻辑角度提出质疑，佛教主张不杀生，说杀什么，来世就变成什么；杀牛变牛，即使杀一只蝼蛄、蚂蚁，也是如此。金岳霖就说，那以后最好去杀好人。不是说杀什么变什么吗？那么今生杀好人，来世还变好人，不是好得很吗？

金岳霖认为，各种学问都有自己的系统。既为系统，就不能离开逻辑。就是说，各门学问要系统化，都必须运用逻辑工具。所以，正确的思维必须要有正确的逻辑，逻辑是思维的通用技术。

不同凡响的思维技术

1

理论一定要落实到应用才是真学问。从习总书记系列重要讲话中提炼了七种实用、具体的思维方法，也称为思维技术。它们是底线、中庸、抓本质、一分为二、打破、反向、整体。

2

第一种思维技术：底线思维。

> 底线思维能力，就是客观地设定最低目标，立足最低点，争取最大期望值的一种积极的思维能力。[25]

习总书记多次强调："要善于运用'底线思维'的方法，凡事从坏处准备，努力争取最好的结果，这样才能有备无患、遇事不慌，牢牢把握主动权。"[26]

底线思维适用性最广。大到国家军事、经济、外交、生态、土地，小到我们的日常生活和工作，都用得到底线思维，底线思维甚至影响着一个人做人做事的品行。

底线思维主要有两个要点：

首先是要有前瞻意识，设置好"底线"。

> 要见微知著、未雨绸缪，增强前瞻意识，把工作预案准备得更充分、更周详，做到心中有数、处变不惊。[27]

“未雨绸缪”乃老子大智慧之一，其曰：“其安易持，其未兆易谋。其脆易泮，其微易散。为之于未有，治之于未乱。”事情在平稳安定的时候，就容易把握；在没有发生变化先兆的时候，就容易筹谋；在脆弱的时候，就容易分析判断；在微弱的时候，就容易化解。在事情变化还没有发生的时候最好处理；在没有发生混乱之前最好制止。应对方法“知细”“见细”，从很小的端倪或征兆推测事物未来的发展趋势，做到“先见之明”，这样可以无声无息、不动声色地引导变化向着有利的方向发展。

前瞻意识就是预见能力。预见是能预测到那些由不可抗力作用，如果让时间倒流，完全可以避免的事。成功人士之所以得到幸运的垂青，在于他们比一般人多看了一眼，多想了一点，多走了一步而已，这多的一点就来自他们的预见能力。

预见能力当然不是特异功能，也不是神的启示，更不是异教徒的谶言。人无论多么敏锐，都很难直接透视事物的内部，预见能力是人各方面能力的综合反映，是带有感觉的审美思维。

1867年7月21日晚，曾国藩与他的幕僚赵烈文进行了一场有关大清国能存在多长时间的激烈争论。曾国藩认为帝国现在不是衰败期，良臣猛将尚在，只是暂时困难，雨后彩虹会更美好。而赵烈文最后得出大概不出50年王朝会有灭顶之灾，而后是军阀割据的结论。历史惊人准确地应验了赵烈文的预言，清王朝在1911年土崩瓦解，离预言44年。而且，接踵而来的也是长期“方州无主，人自为政”。赵烈文之所以能预测准确，就是因为赵烈文与曾国藩视角不同，思维的底线不一样。曾国藩身在局中，是大清重臣，不希望王朝灭亡，这是他的底线。赵烈文作为一个远离权力中心的幕客，从局外角度全面分析形势，把王朝灭亡作为底线在认真地对待。

可见，预见是一种前理解，以遵循客观规律为前提，深入体会事物的底蕴，用熟悉的符号来弄清新的符号以彻底理解它们，把握长远趋势。按照马克思主义观点，预见的公式是辩证加逻辑。

预见能力愈强，设置的底线就越准确。同时底线的设置还要考虑到个人风险承担能力，不在心理可控范围就属于风险。

当然，预测与底线实际设置也是根据情况变化而变化的。

想当年，国共内战全面爆发后，在敌军兵力强于我军九倍，武器是飞机大炮对小米步枪，力量悬殊得比巴西足球队对中国国足还要开方的情况下，毛泽东却做出了中国共产党必定战胜国民党并取得全面胜利的乐观预测。1945年，毛泽东预见了这会是一个长期斗争；两年以后，毛泽东认为需要五年时间取得胜利。但是，仅仅三个月后，毛泽东得出最后的精确预测：只需要三年就可以完全打败国民党了。

其次是要守好底线。这真不是件容易的事情，守不好底线就会打乱思维，只能重新再定底线。

> 要始终保持清醒坚定，保持强大前进定力，既不走封闭僵化的老路，也不走改旗易帜的邪路，不为任何风险所惧，不为任何干扰所惑，真正做到“千磨万击还坚劲，任尔东西南北风”。[28]

保持清醒坚定，关键是对欲望的把握，这也是守好底线重要条件。人的罪恶与成功都由欲望而引起。适当的欲望可以推动人去努力奋斗，欲望一强，那肯定就是一个“贪”字了。好比炒股，自己花费了大量精力好不容易确定了止损、止盈线，但真的涨过了止盈线，就经不起诱惑，想多挣点，不抛出；跌到了止损线，又不甘心赔钱，也舍不得卖出。最后的结果是永远等着解套。

《大学》里的名言：“大学之道，在明明德，在亲民，在止于至善。知止而后有定，定而后能静，静而后能安，安而后能虑，虑而后能得。”这里的“止”，既是一种理想目标，也是一种底线要求。

3

第二种技术是中庸。

中庸一词最早见于《论语·雍也》：“中庸之为德也，其至矣乎！民鲜久矣！”这里，孔子视中庸为最高道德，并感叹这一至德在人群中已久久不见了。

《中庸》是《四书》中最能显示中国哲学思辨的著作，史论结合，纵横交错，三十三章各有精彩。它提出中庸的本质即时中，最高境界是中和。“君子中庸，小人反中庸。君子之中庸也，君子而时中，小人之反中庸也，小人而无忌惮也。”

“坚持实事求是不是一劳永逸的，在一个时间一个地点做到了实事求是，并不等于在另外的时间另外的地点也能做到实事求是，在一个时间一个地点坚持实事求是得出的结论、取得的经验，并不等于在变化了的另外的时间另外的地点也能够适用。”[29]所以，“时中”要求人们处理事情能根据时间、空间等的变化，采取相应正确合理的行动，灵活处理事情，做到无时不中。孟子因此称赞孔子为“圣之时者”。当然这种时中的灵活性是有原则的，“随时变易以从道”。

毛泽东从辩证法角度来解释中庸：“‘过’的即是‘左’的东西，‘不及’的即是右的东西。依照现在我们的观点说来，过与不及乃指一定事物在时间与空间中运动，当其发展到一定状态时，应从量的关系上找出与确定其一定的质，这就是‘中’或‘中庸’，或‘时中’。”

这段话什么意思？中，是在矛盾中寻求真理；庸，是将真理运用于实践。中者天下之正道，庸者天下之定理。它的中心思想是要把握好度，度是量到质的关节点，把握关节点就是中庸。打个比方，酸碱中和实验，中点pH值7是关节点，pH高于7为碱，pH低于7为酸。俗话讲：“过头话少说，过头事少做。”这也是告诫人们说话做事要把握个度。人生像一个跷跷板，欲望不满足就痛苦，满足就无聊，高了低了都难受，而中间的平衡点是最佳状态。所以，人生的关键是要找到平衡点。中庸的存在表现出来的形态就是平常，一种相对的静，这也是事物的最佳状态。例如，善良，过了是愚蠢，不及则是伪善；吃自助餐也要适度，你不能扶墙进，扶墙出，撑着了还要搭上药费。就连打架，光动嘴不动手和光动手而不动嘴，让人感觉都没意思，最好的风景是连骂带打。

> 中华文化崇尚和谐，中国“和”文化源远流长，蕴涵着天人合一的宇宙观、协和万邦的国际观、和而不同的社会观、人心和善的道德观。[30]

“和”文化就是中庸最好的体现，天人合一，协和万邦，和而不同，人心和善都要求找到关节点，把握好度。

其实，西方的亚里士多德也提出了中庸思维，认为德是中庸的属性，本来是恶的东西就没有过和不及，比如偷盗，您说偷多少才算正好，偷一分钱也不行。所以，不属于德的东西不能中庸。

那么中西两种中庸思维有什么区别?

用中国的杆秤和西方的天平来区别和比喻中西两种中庸思维再恰当不过。杆秤支点在中间，秤砣能秤起比自身重百倍的东西，所谓“秤砣虽小，能压千斤”。而天平支点在中间，两边重量一样才可以平衡。从这方面看，杆秤的智慧高于天平。

正是这种隐秘的规则，很多时候使得中国人把“中庸”理解成了反面，成了投机钻营，总希望天上掉馅饼，其实都是陷阱。遇事以自保自利为主，很少站在公正一方。孔子把人分成圣贤君子、狂人狷士、乡愿小人等几类。圣贤少近于无，君子总是有点，狂狷不多，小人也少，大多还是乡愿。乡愿就是老好人、和事佬，说话模棱两可，保准没有错，但都是废话，原则可有可无，道德可上可下，在权贵面前，为衣食折腰；在比自己低的人面前，又清高自傲。

这种“中庸”在信仰方面也尽显其实用品质，对纯粹的精神性事业不会深入追问，也不相信自己的力量，总是期盼真正管用的“神”现身。“神”在很多中国人心中只是一件有用的工具。有些人念佛不是求净土，而是希望得到权力与金钱等实惠。所以，佛教、基督教可以传到我国，道教却不会传出去。西方科技如此发达，但在精神信仰上坚定唯一，至死不会改变。欧洲人信仰基督教，后来有了天主教、东正教、基督新教三大派别。天主教规定一夫一妻制，国王也不例外，只能娶一个王后。结婚离婚还要请示教皇。1152年，30岁的法国王后埃莉诺离婚，嫁给19岁的英国国王亨利成为英国王后。之后埃莉诺王后因涉嫌怂恿儿子反叛被软禁17年，期间亨利国王多次提出离婚，因为教皇不同意，竟然离不了。这在中国，今天听起来也像个笑话。中国古代君主可不信这些，抛头颅，洒热血好不容易当了皇帝，三宫六院七十二妃还嫌不过瘾呢，皇上就一个媳妇那还叫皇上吗？中国老百姓更这么认为。

中国人的信仰像万花筒，信什么主要看实际情况，见庙就磕头，见神就烧香，贫困时信道，富贵时信儒，什么也不信时就说“神神道道”。什么都信和什么都不信没有区别，都叫“迷信”。即使超凡脱俗的佛教，来到中国，也被世俗化、功利化，把原本安慰心灵普度众生的寺庙变成了世俗闹市。烧香拜佛本意是点燃了佛教徒的戒定真香，达到无私甚至燃烧自己的境界，同时表达对诸佛的恭敬，是一种精神洗礼。而我们变为了给佛上供的仪式。更有冒牌僧侣披上袈裟故作深奥，告诉你印堂发暗有灾降临，不烧高香就会在不期中倒霉，求运道、得财富，引诱世人通过万能佛祖获得超常的世俗欲望。很多人信教解决的不是灵魂，而是功利。尤其在当代，宗教又成为一个大名利场，不少宗教人士不是潜心修学和传道，而是不断追求自己在政治、经济上的地位，方丈也喜欢香车宝马，出行一套班子，前呼后拥。所以中国不会形成统一宗教信仰，只能分久必合、合久必分的态势发展延续。

中国本土国家级大神不下百位，各省、市、县、乡、村的神仙更难以统计。多烧香，多磕头，总是没有错，究竟归谁管，谁也说不清楚，只要能管事就行。如果不管事，中国人会断然采取措施，软的不吃就来硬的，胡萝卜还要加大棒。北魏名将奚康生担任相州刺史时，相州天旱，他率民众求雨久而无效，于是到西门豹祠把神像搬出来，掠其衣冠，拔了西门豹像的舌头，抬着它在骄阳底下游街，再无效，又施鞭刑。甚至连始皇大帝也是这样。史载，公元前219年，始皇向东方和南方巡行，在东方的琅琊和之罘拜神并刻石记功后，南下到达湘山祠。在渡河之时，狂风大作，江面白浪滔天。始皇问湘江神灵是谁？为何挡他过河？随行博士说，湘水神是湘君，就是尧帝的两个女儿，舜帝的爱妃。舜帝南巡驾崩九嶷山，葬于苍梧，二妃万分悲痛，即沉湘江，成为神灵（现在看实则是二妃殉葬或陪葬，后人又摄于舜帝仁义美名附强而已）。

始皇一听大怒：“妃子怎能挡朕？”一声令下，三千刑徒，把湘山的树木全部砍光。过不了江拿树木出气，看来湘君是两套房，不但在水里，树林也有别墅啊。因当地是红土，所以山就成了赭红色，于是“伐树赭山”的典故就出来了。

杆秤看似智慧，却感觉太势利。天平虽显弱智，却最公正。你看，就连我们中国的法院也使用天平而不用杆秤作为公平的象征。

所以，我们在考虑问题时，要用辩证法正确理解“中庸”，把握好度，即要有德的标准，也要掌握灵活性，真正做到“适中合度”。

4

第三个思维技术是抓本质，也被称为简单思维。其实就是抓住主要矛盾和矛盾的主要方面。

“解决问题就要抓主要矛盾和矛盾的主要方面”，[31]也就是习总书记反复提出的“抓住‘衣领子’‘牛鼻子’”。[32]

如何来抓本质呢?

习总书记讲：“要注重抓主要矛盾和矛盾的主要方面，注重抓重要领域和关键环节。重要领域‘牵一发而动全身’，关系到改革大局，是改革的重中之重；关键环节‘一子落而满盘活’，关系到改革成效，是改革的有力支点。”[33]他还强调：要透过现象看本质，从零乱的现象中发现事物内部存在的必然联系，从客观事物存在和发展的规律出发，在实践中按照客观规律办事。[34]就是说，面对一切复杂表象，用最简便方法，直指问题本质，即重要领域和关键环节。就像画肖像漫画，寥寥数笔抓住人的本质特点加以夸张，自然能够传神。

中国人自古喜欢由表及里，无论平时说话还是文学作品，都是先进行大量铺垫，最后才说出重要的东西，喜欢把原本简单的事情搞复杂，“天下本无事，庸人自扰之”。西方人则是由里到表，先把握内在属性，再说陪衬。

“圣人之道本易知而简能”，看待问题能抓到本质就是智者。《易经》提出“三易”，变易、简易、不易，中心是简易。“易简功夫终久大，支离事业竟浮沉。”人类智慧都先从简单开始，接着继以复杂，不断启发，最后又归于简单。

真正的大师不是依靠武器取胜。给你一支自动步枪，你左瞄右瞧，一梭子打上了天；而人家就地取材，摸出一角的钢镚，一甩手就嵌在你的靶心——前列腺。

复杂的理，简单的道，万法归一，一是最大的道。所以，最伟大的真理常常是最简单的。事物达到最简时，那就是这个事物的最高境界了。武术的最高境界是无招而制敌；战争的最高境界是不战而屈人之兵；管理的最高境界是无为而治。书法的最高境界是狂草，因为狂草已经把字的笔画减得不能再减了。

当年，国民党给农民讲“三民主义”，没人听，新三民、旧三民，太复杂了，农民听不懂。共产党海归派来讲马克思，农民更不懂了，老马哪个村的？毛主席派人来就喊了一嗓子：“打土豪分田地！”农民立马都精神了，举着拳头，跟着就来了，“土豪啊土豪让你有地有钱还任性，老子分你的田，分你的钱，分你的房，都给你分了，看你还敢欺负俺”。

多看本质，不受表面现象迷惑。[35]

解放战争中，被称为一根牙签决定东北战局的辽沈战役，说的也是这种思维技术。国民党在东北战场的部署影响着林彪的思维，他准备选择攻打沈阳或长春。而毛泽东则命令打锦州，锦州是整个东北的门户，拿下锦州，就像一根牙签插在东北的咽喉里，封住东北的嘴，形成关门打狗之势。果然，拿下锦州之后东北的敌军乱作一团，东北战局乃至整个解放战争的胜负就这样决定了。

这件事情正好验证了克里希那穆提的那句名言：“问题愈复杂，烦恼和困惑愈大，方法肯定愈简单。”再复杂的事情，本质只有一个，就看你能不能抓住。

5

第四个思维技术是一分为二。“一分为二”最早见于隋杨上善给《黄帝内经·太素》的撰注中：“一分为二，谓天地也。”在此前《庄子天下篇》里有：“一尺之棰，日取其半，万世不竭。”

朱熹解释得比较到位，“一分为二，节节如此，以至无穷，皆是一生两尔”。

我们讲的一分为二就是辩证法对立统一，即“两点论”。任何事物都可以分成相互对立的两个面，两个面既对立，又统一，在一定条件下相互转化。

习总书记讲：“坚持‘两点论’，一分为二看问题，既要看到有利一面，也要看到不利的一面，从坏处着想，做最充分的准备，争取较好的结果。”[36]

有个故事：一位方丈下山说法，在一家店铺里看到释迦牟尼铜像，店主要价5000元。方丈回到寺里与众僧谈起此事，众僧问打算以多少钱买下。方丈说：“500元。”众僧都摇头：“不可能。”方丈笑答：“人有贪心一面，也必有知足一面，让我们来度他一下。”

第一天，第一个弟子下山砍到4500元，回山。

第二天，第二个弟子下山砍到4000元，回山。

就这样，第九天，第九个弟子已经把价格砍到200元。眼见着一个个买主就像得了禽流感被传染了一样，出的价格一个比一个低。每一天店主都后悔为什么不卖给前一天的人，他深深地怨责自己太贪。第十天，店主想，今天有人来，无论多少钱也卖给他。

方丈到，出价500元，店主高兴得不得了，当即出手，高兴之余还要买一赠一。方丈谢绝，笑曰：“欲望有度，我心不可分啊！”

方丈运用一分为二的思维方法，把店主内心分为了对立两个面：贪心与知足，并依此制定了策略，不可思议地使店主的贪念转化为知足，既度化了店主又创造了生意上的奇迹，应该给方丈点赞。

6

第五个思维技术是打破思维。

一个新理念的确立，总是同旧理念的破除相伴随的，正所谓不破不立。[37]

关于破立，中国民间有个传说。佛祖释迦牟尼在成道的时候被凰的长子孔雀即孔宣吞入腹中，后来佛祖从其背上钻了出来，所谓“破而后立”，因此，孔宣也称佛母。

“冲破思想观念的障碍、突破利益固化的藩篱，解放思想是首要的。”[38]所以，这种打破思维的技术要点就是解放思想。“解放思想是我们适应新形势、应对新挑战、认识新事物、完成新任务的根本思想武器。”[39]

破的是思维定式，立的是一种新意。

人类头脑里塞满了很多概念，这些概念让每个人都形成了自己所惯用的、固定的、格式化的思考模型。当从事某项活动时，我们会像遇到惊吓时都喊妈妈一样，不假思索地顺着特定思维路径去处理。这就是思维定式，西方叫作朽木法则。

思维定式一经形成，人的脑袋就像被同一个门缝挤过，如影随形，看什么都是一样的感觉。说貂蝉，就美女；说书法，就老头。殊不知，貂蝉身高只有一米五一，是个残缺的美女；很多老头写了一辈子所谓书法，到老了连书法与写字的区别也没搞明白。

当你抓住一件东西不放时，你只能拥有这件东西，如果你肯放手，你就有机会选择别的，若死执自己的观念，如同“马嘉鱼思维”一样，前面纵是天罗地网也一条道地走，不肯停下，那会造成很惨烈的结果。

儒家理论都是建构，而道家观点都是解构。儒家建立了一些标准，来促进社会和人的发展，这些标准又逐渐变成了枷锁和桎梏。道家冲破牢笼，把被束缚的东西解放出来。因此，道家往往显得更智慧。

在对待自身学说的问题上，马克思主义同样坚持科学的世界观与方法论，依据实践发展和科学进步不断修正、丰富和发展自己的理论。这从根本上破除了因循守旧、思想僵化、形式主义和无所作为，因而要求人们转变思维习惯、突破思维定势，在把握事物发展客观规律的基础上实现变革和创新。[40]

文艺复兴三杰之一的达·芬奇就是突破思维定式的典范。他是文艺天才，《蒙娜丽莎》成为其不可逾越的高峰。同时他还成为音乐、医学、生物、地理、机械、建筑和军事领域的巨匠。虽然他的发明和设计仅限于图纸，但包括了自行车、坦克、潜水服、直升机、欧洲地图、蒸汽轮船、闹钟、照相机、温度计、烤肉机、纺织机、起重机、机器人等几十种近现代物品，极大超越了当时人类思维极限。以至现在很多人认为他是一名当代人，只是不知为何被禁锢在了15世纪。

要转变思维习惯、冲破惯性思维绝不是件容易的事情。

美国铁路两条轨道之间的标准距离是4.85英尺。这个标准是怎么来的？经过一番调查，得出了一个逗孙子的结论。

原来，美国铁路是由英国人设计的，英国铁路轨道是由电车轨道改造而来的。继续查下去，电车轨道是用马车的轮距做标准。最后找到答案，4.85英尺正是罗马战车的轮距。罗马人为什么定下这个标准呢？

终端更简单，4.85英尺就是拉战车的两匹马的屁股的宽度。

世界上最先进运输工具的设计，竟然由两千多年前随意定下的两匹马屁股来决定，这真应该叫“撅腚”了。

历史的惯性思维多么强大，最先进的科学中深深地刻印着最原始的痕迹，想冲破历史承袭的秩序，勇气和大脑要激烈碰撞方显可能。

“司马光砸缸”传颂着一个智慧：打破才能有生机！而哥伦布惊世的那个鸡蛋，更直接地告诉我们地球人：不破不立！

要继续推进改革，既要勇于“破”，又要善于“立”。[41]

打破不容易，立起来更需要智慧。破了如果立不好，那还不如不破。所谓立就是抹去旧思维，腾空大脑，用一种新的眼光从新的角度改变原来心智模式，成为第一个吃螃蟹的弄潮儿。同样是苹果，却引诱了夏娃，启发了牛顿，成就了乔布斯。

看段历史。大家熟悉的尧舜禹禅让制历代受到尊重，但是人们对尧舜的评价要高于禹，传统的说法是因为禹把帝位传给儿子，破坏了禅让制。实际上启接班与禹无关，启是依靠自己的大智慧而获得的帝位。

尧舜禹禅让的程序是，上一任死后，下一任都要先服丧三年，服丧期间帝位暂时由上一任的儿子担任，等三年满，上一任的儿子带领诸侯们前来朝拜，于是天意难违，民心所向，下一任接过权利登极。禹去世后，也是一样，禹的继承人益先服丧三年，帝位暂时由启担任。《天问》讲，大禹之妻涂山氏，也就是传说中的九尾狐狸精，春暖花开时，在桑林之中偶遇大禹，后来就怀孕了，生了启。因此，启属于半人半妖。还有传说启是从已经化为石头的母亲里面破裂而出。不管怎样，涂山氏生启没有错。启在音乐舞蹈上很有天赋，他的思维更是异于常人，是个像核桃一样的人，没有华丽的外表，却有充实的大脑，他运用“打破思维”，三年满后，不去朝拜了，就这样破掉了禅让制，立起了世袭制。

为什么说启这个看似简单的做法却是大智慧呢？一是启超前地看到了社会发展趋势，人们渴望一个保护私有制政权的建立；二是启看到了打破禅让制所依赖的力量是老百姓，因此他在群众中树立了崇高威望。启是顺道而思，破得有力，立得有理。所以是划时代的大智慧。

正所谓：不破不立，不立不破，相辅相成，殊途同归。[42]

7

第六种技术是反向思维。

反向思维就是逆向思维，是在运用矛盾对立统一规律基础上的一种创新思维，敢于从事物对立面提出问题、思索问题，“反其道而思之”，让思维逆向发展。

提高创新思维能力，就是要有敢为人先的锐气，打破迷信经验、迷信本本、迷信权威的惯性思维，摒弃不合时宜的旧观念，以思想认识的新飞跃打开工作的新局面。[43]

汉代的“和亲”政策就是一种逆向思维。大汉一统，匈奴不管，照常来犯，“马上皇帝”刘邦按照旧观念、老思路，想以武力解决，灭了匈奴。怎奈事与愿违，反而在白登差点被匈奴灭灯。于是，向娄敬问策，娄敬就从武力的对立面怀柔出了“和亲”大计，解决了几百年与匈奴的纷争，带来了安定的发展环境。他对刘邦讲：“武力解决不了，就只能送匈奴礼物，送多少不好掌握。送礼不如以嫁公主名义送美女。匈奴的土豪单于哪见过我大汉的大美女啊，必立她为阏氏。单于就成了大汉的女婿。如果生了儿子，八九不离十是太子。单于一死，您的外孙继位，匈奴不就是我们的了吗？只需一个假公主，不费一毛钱，两代就征服匈奴，这么划算的好事，您老还犹豫什么？”

有人问大作家萧伯纳，为什么写的剧情总是出人意料，他讲：“人们只看事物的一面，问‘为什么’，而我却想象事物的反面，我问‘为什么不’？”

从上可以看出。反向思维绝不是沿原路返回，那就没有什么意义了，而是跳跃到一条新的道路上反向超越。它提示人们解决问题并非总是需要一往无前，义无反顾，有时不妨换个角度看，也许钥匙就在你身边。我们常说的换位思考也是反向思维的一种。在革命实践中，毛泽东多次在大事上成功运用反向思维。

苏联通过攻打城市取得十月革命的胜利，而毛泽东反向思考，提出走农村包围城市武装夺取政权道路的正确思想，最终取得胜利。

1945年惊心动魄的重庆谈判，当所有人都认为毛泽东去重庆会像张学良一样被软禁，因此他不会到重庆的。毛泽东却逆向分析，认清蒋介石的目的不在诱捕他，而在于利用和谈争取备战时间，推卸内战责任。毛泽东依然亲临重庆，打乱了蒋介石的计划。

有个经典案例。著名的大英图书馆在近代搬迁过一次，但在搬迁过程中却遇到了大麻烦！请搬家公司需要350万英镑，上级只给了150万英镑。怎么办？大家集思广益，仍然一筹莫展。

这时，一个临时工出了一个主意，顺利地把图书馆给搬了。而且只用了50万英镑。什么主意呢？

其实很简单，图书馆在各大报纸上发出令人振奋的启示：为庆祝新馆落成，从即日起，将免费、无限量向社会借阅图书，并举办抽奖活动，鼓励多借书，条件是从老馆借出，到新馆还上。

这位临时工没有从搬迁这个思路去考虑，而是换位思考地跳跃到读者思路上逆袭成功，巧妙地解决了难题。

8

第七种思维技术是系统思维。

> 唯物辩证法认为，事物是普遍联系的，事物及事物各要素相互影响、相互制约，整个世界是相互联系的整体，也是相互作用的系统。坚持唯物辩证法，就要从客观事物的内在联系去把握事物，去认识问题、处理问题。[44]

宇宙间一切事物都是一个相互联系、相互作用的整体。一件事情也是一个系统，处理一件事情，要从全局的角度来处理，这就是系统思维，也称之为全局思维。

习总书记认为，局部与全局相互依存，处理好事情必须立足全局来统筹谋划，分析和解决局部的关系。

> 局部与全局相互依存，没有局部就无所谓全局，没有全局局部也不可能存在，既不能以局部代替全局，也不能以全局代替局部。

在全面深化改革过程中，每一项改革既要考虑局部的具体情况，更要从大局出发，从全局上来统筹谋划。要避免“只见树木，不见森林”，防止局部和眼前合理却不利于全局和长远的情况发生。[45]

这种全局思维也就是中国文化所讲的整体思维。“天人合一”宇宙观是诸子百家的共同理想。“四方上下谓之宇，古往今来谓之宙”，这种宇宙观整体思维模式营造的最高境界是大和，即太和，就是大和谐的意思。

古代中国人大量出口瓷器，不管海运还是陆运，路途都非常遥远，如何运输这些轻薄如纸的易碎品？中国商人表现了高超的智慧。他们先按照瓷器大小配好精雕细刻的樟木箱，里面填满好茶叶，把瓷器放入其中，再把这些樟木箱子装入钉于船舱地板上的大木箱子里，四周用次等茶叶塞满。这样内外两层茶叶紧密填充，无论多大颠簸，都可以高枕无忧。

等到了异国，把茶叶按照等级筛选分包，卖给茶商；大小樟木箱子被当成工艺实用品，卖给古玩店；大箱子当木料卖给家具厂；最后卖的才是瓷器。

出口的是瓷器，但通过整体思维，将相关商品一起运过去，实现利益最大化。

要坚持系统思维、辩证思维，搞好统筹，突出重点，全面做好工作。[46]

整体思维要求人们用系统眼光从结构与功能的角度来审视多样的世界，将相互割裂的单个元素和切片放在系统中进行有机链接，突出重点，搞好统筹，实现整体大于部分的综合效应。

整体、大局、长远、联系是整体思维的要点。

整体思维早已经成为中国人的一种文化习惯。比如名字，先整体后个人，代表家族的姓在前，代表辈分的字在中，最后才是个人的名。

写日期也是由大到小，年、月、日、时、分、秒。写地址由大到小，国、省、市、区、路、胡同、号。西方和我们正好都是反的。

整体思维在艺术领域表现的更是独树一帜。中国画要求画面内容丰富，画个牡丹要配上石头、蝴蝶等景物，还要书法、篆刻等相关艺术陪衬；中国画里面找不到西画那样画个向日葵就成为名品的情况。

中国的舞台艺术也是这样，京剧是唱、念、做、打，相声是说、学、逗、唱，西方的歌剧是歌者不舞，舞剧是舞者不歌，话剧是不歌不舞。

在社会关系上，先整体后个体的思维也很突出。紧密的家庭关系是大社会的基石，每一个人在家庭整体中都有自己的位置，也都有自己的称呼，伯父、叔父、姑父、姨夫等，西方不然，往往一个单词就打发所有关系。

中国人结婚，买房子、传宗接代是第一位的，纵使自立门户，也不会中断与家庭的联系，逢年过节，大家会不远千里回家聚首。像"国"字一样，一个家把大家围在里面，国和家两个字合起来就是我们整个民族，自古这个概念都没有变过。

秦以后是大一统，秦之前我们实际也是一个整体，分封制不就是现在的邦联制吗？若干小国家，组成一个大国家联合体。

走向社会，同乡、同窗、同事都会形成不同的圈子。"停船借相问，或恐是同乡"，乡音就是最强有力的联系，中国人习惯依赖群体之中，无论如何也要找到组织。

在中国的江湖，单打独奏的蝙蝠侠、蜘蛛侠没有生存空间，无论多厉害的人物，不进入组织的大文化体系，就永远是游兵散勇。只有加入了少林、武当等门派，哪怕是丐帮，才会大有作为。即便死了也要加入阴曹地府，升天也必须找玉皇大帝报到才算正寝。所以，我们党建立健全了党领导之下的群团组织，科技工作者温暖的家是科协，吹口哨的可以到音协，玩“三仙归洞”的也说自己是杂协的，各个行业的人都能找到属于自己的组织。

个人服从集体，要不惜克制甚至牺牲小我去顾全大我。“我”在甲骨文中通“杀”，是用来杀戮的武器，而西方的“I”却永远大写。

所以，“要坚持发展地而不是静止地、全面地而不是片面地、系统地而不是零散地、普遍联系地而不是单一孤立地观察事物，准确把握客观实际，真正掌握规律”[47]。

结　语

中国人以神秘来命名自己的哲学思维，把它叫作“玄”，像旋涡一样的“玄”，并赋予“玄”黑的颜色。进入“玄”世界，一片漆黑，什么也看不见。在无限深入的内在世界后面隐藏着一个幽深莫测而富于变化的苍穹，这里恰恰是万物的源泉，万动的根本，生生不已的创造力所在。

生活在我们这样一个太古老的民族，光荣是无上的，同时负担也是无比沉重。孔老夫子已经把这个民族层层捆绑了两千多年，其中不合时宜的旧意识把我们侵蚀得贫弱苍白，直到今天。

> 要摒弃不合时宜的旧观念，冲破制约发展的旧框框，让各种发展活力充分迸发出来。[48]

当下社会需要继承，更需要能冲破制约发展旧框框的新思维。思维方式就是这个民族异常宝贵的文化资源，也是人类长久受益、价值无法计量的精神财富。

世界上本来没有路，走的人多了就有了路。然而大家都来走这条路了，便又没有了路。通往罗马的路遍地都是，就看你能不能找到。

习近平新时代中国特色社会主义思想里面充满智慧的思维方式教给了我们如何选择通往梦想的人生之路。

不破不立
不立不破
相輔相成
殊途同歸

敬錄習總書記語
歲在丙申春月寫集

习近平总书记语　68cm×68cm　殷昌军书

领导智慧

导语
领导的头等大事
把脉用人关
不可缺少的思想政治工作
高效实用的领导工具
结语

导　语

领是管，管住自己，引领大家；导是理，梳理问题，导向合理。领导与管理相辅相成。高明领导者，领导的是人的思维而不是行为。

> 一个国家选择什么样的治理体系，是由这个国家的历史传承、文化传统、经济社会发展水平决定的，是由这个国家的人民决定的。[1]

美国式领导的思想基础是个人主义；日本式领导的思想基础是集体主义；犹太人眼中没有主义只有主意，认为领导就是管人，目的一个，那就是高效。

中国传统领导术的思维基石是儒家思想，但历代统治者都采用王道与霸道并用，挂孔子招牌，实练法家功夫的“儒表法里”权术模式。所谓“常之谓经，变之为权”。能熟看中华四大名著，也自然就明白中国领导之术。

中国共产党经过血与火的锤炼，出现了许多卓越而才华横溢的领导者，古为今用、洋为中用，集百家之长逐步形成了高深而实用的红色领导艺术。

习近平总书记更是以凸显个性的高超领导艺术让世人不断点赞。

他认为：一个高明的领导，讲究领导艺术，知关节，得要领，把握规律，掌握节奏，举重若轻。[2]

习总书记系列重要讲话和著作中对领导艺术都有着深刻而具体的阐述，以此把领导艺术总结成四个部分。第一部分，决策；第二部分，用人；第三部分，思想政治工作；第四部分，高效的工作方法。

领导的头等大事

1

领导艺术第一部分：决策问题，这是领导的头等大事。“决策是一个提出问题、分析问题、解决问题的过程。”[3]概括为“三定”：目标确定、路线制定、策略决定。

先树立可行的目标，再确定到达目标的途径和措施。路线是途径，政策和策略就是措施。“要坚持和完善先调研后决策的重要决策调研论证制度，把调查研究贯穿于决策的全过程，真正成为决策的必经程序，提高决策的科学化水平。”[4]可见，决策最根本方法是调查研究，要走群众路线，决策后制定计划要留有余地。总的来看，决策是以目标确定为主的整体系统的全息思维。

不要认为目标容易制定。只要能确定好合理目标，那就等于成功了一半！

当一个人的行动有了明确目标，清楚地知道自己行进的速度及与目标的距离时，行动的动机就会得到维持和加强，人会自觉地克服困难，努力达到目的。

一个正确目标包括这样四个条件：具体、可衡量、可实现、有时限。

一个时期的总目标就是一个。新中国成立前我们的总目标是取得新民主主义革命胜利，具体是“打土豪，分田地”。新中国成立后总目标则是社会主义建设，具体就是实现四个现代化。人生也是一样，总目标应该着眼于人生整体价值的实现，根据自己志趣和禀赋确定一个努力方向，成为寄托自己理想的事业。有时候，因为客观情势限制，你可能不得已偏离了这个方向，但不要忘记你的总目标，要积聚能量，随时准备回到自己的路上来。当年刘邦一句“大丈夫生当如此”，造就西汉二百年。他的老孙子刘秀也是一句“娶妻当得阴丽华”，树立了一个美丽的目标，使大汉失而复得，开创东汉又二百。

“对提出的目标，都要分清轻重缓急，从实际出发进行细化和量化。”[5]就是说大目标定下来后必须进行细化和量化，根据实际情形分层分解确定好每一个子目标，使之成为总目标的步骤和环节。我们现在的总目标是全面建设社会主义现代化强国。经过综合分析国际国内形势和我国发展条件，确定了子目标，即两个阶段。“第一个阶段，从二〇二〇年到二〇三五年，在全面建成小康社会的基础上，再奋斗十五年，基本实现社会主义现代化。”“第二个阶段，从二〇三五年到本世纪中叶，在基本实现现代化的基础上，再奋斗十五年，把我国建成富强民主文明和谐美丽的社会主义现代化强国。”[6]

目标是一个组织的共同愿景，那么制定目标一定要由单位上级和组织成员共同探讨、反复研究。

“确定目标必须实事求是、切实可行，不能把胃口吊得太高，更不能提出难以兑现的承诺。”[7]目标要符合实际而且必须使成员感到可实现，这就必须根据自身条件制定。你是麻雀就不要立展翅扶摇九万里的目标，老鼠再增肥也不可能成为大象，驴吃再好的料也变不成骏马，“恐龙”再美容也成不了“香草美人”。

抗旱英雄夸父追日是为打击旱灾的炮制者——太阳。人们无不赞美夸父逐日的执着精神，却忽视了《山海经》描写夸父的一个词：“不量力”。不切实际，一开始就定错了目标，选错了方向，为一个不可能的目标追求，这样的结果只能是浪费生命。

作为企业制定目标，公司目标由高层管理团队确定；副总的目标由老总和副总共同确定；部门经理目标由上级副总和部门经理讨论决定，以此下推。

“如果没有足够战略定力，就容易随波逐流、进退失据，乃至丧失行动能力，错失发展机遇。”[8] 目标一旦确定就要像向日葵咬定太阳一样，不能随意改变，这就是“足够战略定力”。但可以不断完善，使它更加符合现实。对目标游移不定，只能让人前功尽弃、一无所获！

2

道路问题是关系党的事业兴衰成败第一位的问题，道路就是党的生命。[9]

虽说条条大路通罗马，但有的路布满荆棘，有的险峰林立，有的如同八卦阵走不出来……因此，目标确定后，选择什么样的道路就显得至关重要。

没有正确的道路，再美好的愿景、再伟大的梦想，都不能实现。[10]

道路正确与否关乎事业成败。当年陈独秀选择机会主义路线，放弃无产阶级领导权。失败后，毛泽东首先看到了武装夺取政权的道路。后来在党内以攻占大城市思想指导下，革命又遭受挫折。这时他又提出农村包围城市的正确路线，最终达到了人民共和国成立的目标。

路线制定千万不要局限于一种思维，不能像我们足球土教练的土鳖思想，领先时忙防守，落后时换前锋，这样迎接他的只有下课。

“找到一条好的道路不容易，走好这条道路更不容易。”[11] 目标确定、路线制定以后，如何来走好这条路就需要策略决定。这也是决策最后最重要的环节，是领导者的根本任务。

3

我们党对于决策有一个公式，就是群众——领导——群众。美国兰德公司1964年创立德尔菲法，所采用的调查方法“分散、集中、分散”，正好是这个公式的最佳解释。把群众分散的意见集中到领导这里，由领导决策，再分散到群众中实施。以此循环往复，使决策越来越完善。

习总书记强调：“制定政策时冷静观察、谨慎从事、谋定后动。”[12]策略的制定主要有四个步骤：

第一步调查研究，“调查研究是一门致力于求真的学问，一种见诸实践的科学，也是一项讲求方法的艺术”[13]。

人有两只耳朵和一双眼睛却只有一张嘴巴，这意味着人应该多听多看少讲话。只有深入群众才能获得合理判断，深入“裙中”只能等待苦果。很多领导和专家宁愿开几天会议论菜价，却不愿意到门口菜场问一下菜价到底是多少。

1947年秋，刘邓大军千里跃进大别山，来到淮河边，正值雨季，水情变化无常。只有十几只小木船，大军被阻北岸。此时，敌人先头部队与刘邓已经接上了火，形势紧急。前方某旅政委向刘伯承汇报，经过侦查河水已涨，不能过河。刘伯承向旅政委发出一连串问题：河水真的不能徒涉吗？到处都一样深吗？你们实地侦察过没有？是不是亲自找向导调查了？能不能架桥呢？得到的回答都是肯定的。第二天黎明，刘伯承来到渡口，手里拿着一根很长的竹竿，登上渡船，不停地用竹竿试探着河水，当行至河中央时，发觉水并不很深，就命令部队立即架桥。后来一位掉队饲养员嫌桥拥挤，直接牵马过河，刘伯承发现后又立即命令部队徒涉。当敌军赶到北岸时，河水真的涨了起来，国民党追兵只得望河兴叹。事后了解，侦察排长失恋，有些情绪，忘带测水工具，在河边扔石子探水深。后来听老乡说很深不能过河，就回来报告，而旅政委完全相信了。刘伯承严厉批评这位政委："粗枝大叶害死人、害死人！越是紧要关头，领导干部越要亲自调查研究！"

调查研究不是打水球，半天不入门，而且还带很多水分，它是发现问题和分析问题的过程。现在有些领导调查研究经常这样做，手拿跳蚤，喊一声"跳"，跳起来了，剪掉双腿，再喊，不跳了，于是得出结论，跳蚤剪掉腿就没听力了。

所以，习总书记说："调查研究不仅是一种工作方法，而且是关系党和人民事业得失成败的大问题。"[14]

如何去搞调查研究？

习总书记提出：我们担负领导工作的干部，在对重大问题进行决策之前，一定要有眼睛向下的决心和甘当小学生的精神，迈开步子，走出院子，去车间码头，到田间地头，进行实地调研，同真正明了实情的各方面人士沟通讨论，通过"交换、比较、反复"，取得真实可信、扎实有效的调研成果，从而得到正确的结论。调查研究就像"十月怀胎"，决策就像"一朝分娩"。调查研究的过程就是科学决策的过程，千万省略不得、马虎不得。[15]

归纳了一下，调查研究主要有四个方法：

一是"走马观花"方法，这是一种面上的调查，可以在短时间内对事物有总体了解。

二是"下马看花"方法，也称之为"蹲点调研"。

"要深入实际，抓住典型，解剖麻雀，举一反三，总结基层创造的好做法、好经验，不断完善提高，并予以推广。"[16]可以看出，这是深入实际做典型调查的方法，从个别中总结出本质性结论。

1988年春，35岁的习近平被调到贫困地区宁德当地委书记，刚上任就下基层搞调研。习近平跑遍了闽东9个县，进村入户和农民交谈。寿宁县下党乡是最边远的贫困山乡之一，具有一定代表性。习近平就带领相关部门负责人乘车5个小时，步行4个半小时，有的地方路险坡陡，且荆棘杂草丛生，习近平一行拿着柴刀将挡在路面的荆棘、苇秆劈除前行，开会座谈访贫2个小时后又步行10多公里，晚上8点才回到寿宁城关。习近平之后将下党乡作为一个点又多次来到那里，找到并解决了当地的建设发展难题。

三是开调查会。调查会有三样技术，先定好调查纲目；再选择好到会人员；然后确定讨论方式。开调查会每次人不必多，七八人即够，但尽可能照顾到各层次，年龄方面以老为主兼顾中青年。

四是调查法。通过发放调查表或电话、网络等方式收集有关情况。尤其是互联网更要引起重视，“网民来自老百姓，老百姓上了网，民意也就上了网。”[17]

“调查研究是谋事之基、成事之道，没有调查就没有发言权，没有调查就没有决策权。”[18]一定要收集实际公正的信息，没有正确信息的调查同样没有发言权。

习总书记十分重视调查法，当年在正定县，他经常亲自到集市上发“民意调查表”。《中国青年报》通讯报道这件事时评价：县委书记在街头搞民意测验，这不也是令人振奋的创新之举吗？[19]

第二步提出可行方案。方案应该广泛且有选择性，尽可能周全。这是个扩展的过程，是向深度和广度的扩展。

第三步是分析比较，择优定案。组织有关专家、群众代表等不同群体分析，然后再进行多方面比较，与现在横向比，与过去纵向比，也可以跳出来与外国或外单位比较，分析每种选择的风险和后果，确定临界条件。就像我们吃自助餐，先绕桌一周，看看哪些是自己喜欢的，然后再下手，不要一上来就夹菜，肚子提前填饱，后面的美味就无法享用。

当下称这个步骤是智囊会、头脑风暴法。智囊源于秦国樗里子，他滑稽多智，秦人称他为智囊。真正意义的智囊是从汉代晁错开始，因他颈下有一个肉瘤式赘生物，像袋子一样，所以汉景帝称他为“智囊”。孙子提出“校以七计”，“主孰有道？将孰有能？天地孰得？法令孰行？兵众孰强？士卒孰练？赏罚孰明？”意思也是要在主客观、用人、制度等方面全面比较。

这是个缩小的过程，合并和浓缩的提炼。

最后由领导班子按照民主集中制原则，共同做出决策。“要发扬党内民主，营造民主讨论的良好氛围，鼓励讲真话、讲实话、讲心里话，允许不同意见碰撞和争论，同时善于进行正确集中，防止议而不决、决而不行。”[20]

有人讲，民主和集中相对立，应该完全按照民主来，要什么集中？

实际上民主是相对的，阶级、国家存在一天就不会有所谓真正的民主，只有共产主义这样的极乐世界才能实行民主。古代看问题讲“三远”。“黄云万里动风色，白波九道流雪山。”乃高远；“群山万壑赴荆门，生长明妃尚有村。”此深远；“采菊东篱下，悠然见南山。”为平远。我们大部分人都是睁着眼平远，所以经常看错；聪明永远属于少数人，他们在高处向下看，虽然闭着眼却用心在看，是深远，是高远。因此，最好的决策是在大家民主碰撞和争论基础上，最后集中，由领导班子来决定。

策略决定有两个要点，第一个要点是必须确定具体的落实者。实作中，我们经常遇到方案很令人激动，但最终不明确谁去落实？往往造成干活找不到人，有利有功大家都来抢，出事又玩推手的现象。

> 制定出一个好文件，只是万里长征走完了第一步，关键还在于落实文件。[21]

所以要“严格执行责任制，分解责任要明确，检查考核要严格，责任追究要到位，让责任制落到实处”[22]。

策略决定的第二个要点是决策必须包含制度。

中国人的规矩很多但有原则性的不多，所谓“规矩都是人定的，人是活的”。这种规矩文化基因造成了中国人不喜欢死制度。比如中国式过马路就是这种文化意识的反映，小孩问他的父亲：“为什么没车了还不过路口？”父亲回答：“现在是红灯。”孩子却反问：“可现在没警察叔叔啊。”

领导学所讲的制度就是有原则的规矩。制度最终解决让想干坏事的人干不了。如同看守后宫、成日在美女堆里厮混的太监，虽有机会，却无法下手。

自律固然重要，但人无论怎么教育，仍然无法保证其不受感情冲动的诱惑。所以，建立制度体制的他律是关键。

习总书记讲：“要把制度建设摆在突出位置，充分发挥我国社会主义政治制度优越性。我们要坚持以实践基础上的理论创新推动制度创新，坚持和完善现有制度，从实际出发，及时制定一些新的制度，构建系统完备、科学规范、运行有效的制度体系，使各方面制度更加成熟更加定型，为夺取中国特色社会主义新胜利提供更加有效的制度保障。”[23]

解决了他律，自律问题就迎刃而解。

为什么腐败问题主要出在一把手身上？因为我们赋予一把手的权利太大了。想想把人放到金钱美色中，如果不加约束，又有几人能抵挡得住？你不能要求每个男人到了女儿国走上一遭不被俘虏，那只能是唐僧他师父。有时候想想应该让制定政策的同志先到这样环境中体验一下，看他自己能否经得起这些糖衣炮弹。明太祖朱元璋得知安庆公主的驸马欧阳伦携四个妓女喝酒，怒不可遏。家丑不可外扬，亲自过问，按照规矩，驸马来20棍，四个狐狸精乱棍打死。左右上前脱了四个妓女的衣服，朱元璋见她们的服装由外到内都十分艳丽，肌肤光滑如玉，香气远远就能闻到，急令住手，说道："这些小妮子，朕见了都有点把持不住，那厮更别说了，罢了罢了。"下令将她们放了。

人类有占有冲动和创造冲动，合理的制度应该激发人的创造冲动，而不是占有冲动。权力没有受到约束，有谁不会羡慕权力？如果那些以公谋私的人露头一个抓一个，还会有谁会羡慕贪官？

所以，"必须把权力关进制度的笼子里，坚持用制度管权管事管人。要建立决策科学、执行坚决、监督有力的权力运行体系，把笼子扎得紧一点，严防'牛栏关猫'，使权力运行守边界、有约束、受监督"[24]。有了笼子才能谈权力分配的问题，用政策、制度来约束行为。

> 要强化权力运行公开。阳光是最好的防腐剂。权力只有公开运行，才能防止被滥用。[25]

有七个人住在一起，每天分一桶粥。要命的是粥每天都不够。

一开始，他们抓阄决定谁来分粥，每天轮一个。有人就在抓阄环节做文章，让自己能多抓上。因为只有自己分粥的那一天能吃饱。

后来他们推选一个道德高尚的人出来分。强权产生腐败，大家开始挖空心思去讨好他，贿赂他，搞得小团体乌烟瘴气。

最后大家想出了一个公开公平的制度：每人一天轮流分粥，但分粥的人要等其他人挑完后拿最后一碗。为了不让自己吃到最少的，每人都尽量分得平均，就算略有不平，也只能认了。大家快快乐乐，和和气气，日子越过越好。

同样七个人，制度科学、公平，权力公开、透明，就会有不同风气，产生不同结果。

"要做好顶层设计，合理分解权力，科学配置权力，形成科学的权力结构和运行机制。"[26]制度一定要结合实际情况制定，再好的制度不适合自己的特点，注定没有效果。“任何科学理论和制度，必须本土化才能真正起到作用。”[27]

明朝官吏的工资历代最低，兵部尚书年薪152两银，士兵一年10两银，相当于农民打短工收入。思想工作做得再好，这么低的工资，谁也不会卖命。

威震中华的戚继光是出了名的“妻管严”，他所有工资全部上缴，老婆只给他零花钱，但在打胜仗等为国为家争光的事上却发给他高额奖金，刺激戚继光不断立功升迁。戚继光因此悟出了一种很符合现代管理的按岗发放奖金的制度。他给士兵开出极高赏金：每一小队每杀死一个倭寇，赏银30两。每一小队为12个人，钱由这些人来分。冲杀在前的一线岗和殿后的二线岗分法不同，一线岗除队长外有8名士兵，2名持牌手、4名长枪手、2名狼筅手。仗主要由这8个人来打，因此他们拿大头，得30两赏银中的20两（以杀一名倭寇计）。二线岗有短刀手2名，伙夫1名，砍下倭寇首级的那名短刀手得2两，另一短刀手得1两，伙夫半两。如果有鸟铳手配合小队作战，鸟铳手也分2两。余下的钱全归队长，他拿的最多。

这样的奖金制度意味着，全队如果一年累计打死60个倭寇，一线士兵每人能拿到150两银，相当于当时部长的工资。

赏银之外还偶有其他收入，比如倭寇丢弃在战场的财宝、金银、布帛、器械，士兵平分（队长拿双份）。

戚继光没触动王朝工资大机制，但他所设的奖赏制度瞬间把一项人人厌恶的工作变为发财之路，把一班人马打造成了令倭寇胆战、威名远扬的“戚家军”。

“不管建立和完善什么制度，都要本着于法周延、于事简便的原则。”[28]制度的制定应遵循精简、具体的原则。很多单位都有很多制度，很多制度又是很多单位互相抄的，越抄越多。有个基层政法部门印了一本制度汇编，2000页，同志们看都看不过来，怎么去执行呢？基层单位喜欢中央定大框，然后开始层层加肉，越来越变味。如果中央制定的政策本身就很具体，下面能做的文章就少。顶层设计需要接地气。这次的“八项规定”就是很好例证，详细而且能直接操作。

所以，习总书记指出：制度不在多，而在于精，在于务实管用，突出针对性和指导性。如果空洞乏力，起不到应有的作用，再多的制度也会流于形式。[29]

这一点上，刘邦的“约法三章”，毛泽东制定的“三大纪律八项注意”都堪称不朽样本。不识字的战士也能铭记在心，时刻提醒自己自觉遵守。看似简单的训令，却体现了教育和凝聚的合力，统一着军心、民心及组织的言行。

习总书记的名字让人联想到“平易近人”这个成语，它指的就是制度要通俗简易让百姓明白。此源于《史记·鲁周公世家》：“平易近民，民必归之。”唐朝，为避李世民讳，“民”改为“人”。

周初，周公的儿子伯禽封于鲁，姜子牙封于齐，周公摄政辅佐周成王。三年后，伯禽入朝向周公汇报政务，周公问：“为何来得这么晚？”伯禽说：“我变革礼俗，很费事。比如服丧，必得服满三年方得去除。”而姜子牙到齐，五个月即来汇报，周公问：“为什么来得这么快？”姜子牙答：“我大大简化了烦琐礼仪，一切依从平和易行。”周公长叹：“鲁国后世必定会臣服于齐国。政令如果不简要平易，民众就不愿意接近。平易近民，民众才会归附。”

除了前边提出的方法外，还有一个特别重要提示，计划太满，人们跟不上节奏，会产生悲观情绪，造成计划落空。如同古人讲的，张弓有度，过满则折。领导不给下面的人留余地，就是不给自己留余地；要考虑到万一的时候，做到有备无患。

把增速调整到合适的“挡位”，留下余地和空间，确保经济行稳致远。[30]

苏联著名撑竿跳运动员布勃卡曾经雄霸体坛10余年，连续20多次破自己创造的世界纪录，他的诀窍就是每次定计划都比上次只多跳1厘米，而实际他自身实力很强，向上空间很大，他的目的是每破一次世界纪录就可以得到一笔巨额奖金。

把脉用人关

1

领导艺术第二部分：用人。

> “人才资源是第一资源”，要做到求贤若渴，爱才如命，惜才如金，唯才是用。[31]

路线方针确定之后，人才就是决定的因素。“‘为政之要，莫先于用人。’建设中国特色社会主义，关键在于建设一支宏大的高素质干部队伍。”[32]

什么是干部？干部就是领着干活的那部分人。领导艺术说白了就是用人的艺术，决策再好，没人去执行或执行不力，等于白忙活。

饮料放在大酒店和小店价格不一样，人也一样，不同位置价值不一样。“垃圾是放错位置的人才”，把人放在合适位置，让普通人发挥不寻常的效能。战略与执行是理论和实践的关系，最终靠人去实现。

这就是用人的诀窍。

“当今世界的综合国力竞争，说到底是人才竞争。”[33]企业的企字上边是人，下边是止，没有了人，业就停止了。古今中外杰出领导者，都把用人看作最重要的事。习总书记非常爱才，求贤若渴。当年正定县流传最广的是“扯开嗓门喊人才”故事。习近平决定吸引某医用化妆品发明者到正定。他带着县长来到石家庄市谈固小区，找了几十栋楼，没有人知道那位发明者住在哪里。习近平扯开嗓门在小区楼下大声喊了起来那个人的名字，那人听到后赶紧跑了出来，当场答应了习近平的邀请。

做事如同打麻将，你得有一手好牌才能赢得牌局。如果能人你不用，他们就会跑到对手阵营中，成为你的反作用，甚至将来会像韩信一样完全颠覆你。当年咸丰皇帝被太平军搅得焦头烂额时就感叹：从道光八年到道光二十三年这15年的广州知府和广东学政都应该砍头。洪秀全这样一个人才怎么看不出来，就是给他个秀才也不会有这场绵延14年、兵连18省的大祸。

“实行更加积极、更加开放、更加有效的人才政策，以识才的慧眼、爱才的诚意、用才的胆识、容才的雅量、聚才的良方，把党内和党外、国内和国外各方面优秀人才集聚到党和人民的伟大奋斗中来。”[34]

用人分为识才、用才、培养人才三个方面。

2

第一方面，识才。

“用人得当，首先要知人。”[35]自古秀才常有，难找的是伯乐。

历史上第一个打破贵族门第任用官员的伯乐帝王是殷纣王，因此得罪了宗族势力，当时比干就是殷氏宗族代表，反对纣王族外用才，被纣王杀掉。

一匹马因为伯乐赏识，就会身价百倍。刘邦“鹰眼”认英才，让混饭吃的小吏萧何成了千古宰相楷模，让落魄江湖的贵三代张良成了智慧化身，更让钻裤裆的韩信成了一代战神。意大利人哥伦布，先分别向其祖国、葡萄牙、英国、法国表达航海意愿，都没有被批准，最后找到西班牙。西班牙女王头发长，见识也长，慧眼识英雄，使哥伦布成就了惊天伟业，也使西班牙一跃成为海上新霸主。第一位登上月球的美国宇航员阿姆斯特朗站在月球上面对人类说了一句名言：个人一小步，人类一大步。实际后面还有一句：高斯基先生，祝你好运！原来，高斯基是阿姆斯特朗小时候的邻居，高斯基夫妇经常吵架，一吵架他的妻子总是狮吼那一句话："除非隔壁家的小男孩能登上月亮，我才肯原谅你。"阿姆斯特朗是幽默地向他这个加了引号的伯乐致意。所以，人的一生不在于你干什么，而在于你遇没遇到伯乐。

习总书记选才有两条原则。

第一条原则是"要学会辩证、动态、全面地看一个人：看一个人的精神，不仅要看他在顺境时的状态，也要看他在逆境中的意志；看一个人的能力，不仅要看他在顺境基础上的表现，也要看他在困境中的作为；看一个干部的政绩，不仅要看他的工作业绩，也要看他的工作态度，不仅要看他这一任留下什么局面，也要看他当初是在什么样的基础和条件下创造这一局面的"[36]。就是说"要坚持全面、历史、辩证看干部，注重一贯表现和全部工作"[37]的观点来识才。

宋高宗赵构因受惊吓而失去了生育能力，无奈，就在赵氏家族"伯"字辈里挑出一胖一瘦两个男孩，胖的叫伯玖，瘦的叫伯琮。两个小孩很优秀，经过再三审看，高宗决定留胖去瘦。在伯琮要回家的时候，高宗又犹豫起来，叫两个孩子站在一起，反复打量，这时窜出一只猫，从两个孩子脚边走过。伯琮好像没看到，仍然目不斜视，伯玖则不同，飞起一脚向猫踢去。高宗心想，伯玖这孩子太轻狂，怎能担当社稷重任！于是改变了先前的决定。这样伯琮以储君候选人身份留在宫中，由张婕妤抚养。同时伯玖也留下，由吴才人抚养。又采纳左仆射赵鼎的建议，在宫中设立书院让两个孩子上学。绍兴十二年，高宗封伯琮为普安郡王，伯玖为恩平郡王。经过十年培养，两个孩子都已长大。为了最终确定立谁为太子，赵构想出一个办法，用女色测试他们的品质。分别赐给伯琮、伯玖十名宫女，几天之后，将宫女召回，让稳婆检验。结果，赐给伯琮的仍是处女，赐给伯玖的全部破身。宋高宗由此立伯琮为皇储，为了保险，迟至绍兴三十年才将伯琮立为皇子。最后经过全面、动态的综合考察，两年后，终于正式册立伯琮为太子。伯琮顺利登上皇位，称孝宗。历史上对南宋孝宗评价还是很高的，与北宋仁宗并列。

第二条原则是“正确处理德与才的关系。才为德之基，德为才之帅”[38]。习总书记强调：坚持党管干部原则，坚持德才兼备、以德为先，坚持五湖四海、任人唯贤，坚持事业为上、公道正派，把好干部标准落到实处。[39]

德为先，先求忠诚再求能力，这比什么都重要！德性是人的共性，是可以通过教育来达到的，人人可学，但才的差异却永远无法抹平。所以古人说“人人可以成尧舜，人人可以成佛”，但不说“人人可以成李白，人人可以成杜甫”。李、杜之才，不可复制。曹操曾经搞过唯才是举，取得一定效果，那是在战争年代，后来曹丕还是用九品中正制代替了“唯才是举”。

康熙说：“论才则必以德为本，故德胜才谓之君子，才胜德谓之小人。”“观人必先心术，次才学，心术不善，纵有才学何用？”有德无才虽近乎废物，但不会有大的影响，最可怕的是有才无德，危害最大。有德有才是精品——提拔重用；有德无才是次品——培养再用；无德无才是废品——慎重使用；无德有才是毒品——坚决不用。

宁要有缺点的蜜蜂，也不要完美的苍蝇。

3

第二方面，用才。

习总书记指出：“寻觅人才求贤若渴，发现人才如获至宝，举荐人才不拘一格，使用人才各尽其能。要下决心改变任人唯亲、任人唯利的问题，使用人之风真正纯洁起来。”[40]同时提出好干部的五条标准：信念坚定、为民服务、勤政务实、敢于担当、清正廉洁。[41]他还强调：党委把好用人关，就是要把握大节、抓住主流、注重品德，及时发现、肯定默默无闻、埋头苦干、不事张扬、德才兼备的人，提拔、任用真正坚持立党为公、执政为民，敢负责、能干事的人。[42]

任人唯贤与任人唯亲相对立。任人唯亲经典的故事却是“岳父泰山”的来历。唐玄宗到泰山举行封禅仪式，宰相张说担任封禅使。张说的女婿郑镒，本是九品小官。按照惯例，封禅后，三公以下官员可升一级，但张说却把郑镒直接提拔到五品并赐给绯服。

宴会时，玄宗察觉此事，对张说徇私大为不悦，当面质问郑镒。玄宗最欣赏的“戏曲表演艺术家”黄幡绰添油加醋地说：“这是泰山的功劳啊！”这样，玄宗又把郑镒降回九品。这件事传到民间却产生了新意，人们对张说舞弊提拔郑镒感觉是很不对，但另一个方面看，却体现了张说对自己女婿的深厚感情，浓浓父爱跃入眼前。从此人们就称妻父为“泰山”，又因泰山为五岳之首，又称“岳父”，妻母也跟着叫“泰水”“岳母”了。

同时任人唯贤与任人唯亲又有联系。实际上贤中也包括亲，如果亲确实是才为何要避嫌，只要贤能都可以任用。晋悼公三年，中军尉祁奚因年老请求退休。悼公在谁可继任问题上征询祁奚意见。祁奚推荐解狐，悼公问：“解狐不是你的仇家吗？”祁奚答：“君主问的是谁可胜任，而不是问谁是我的仇家。”刚要任命解狐，不料他却病死了。晋悼公又问祁奚谁可继任，祁奚回答：“午也可。”午即祁午，祁奚的儿子。晋悼公问：“祁午不是你的儿子吗？”祁奚说：“君主问的是谁可继任，而不是问我的儿子。”

晋公对祁奚的高风亮节大为赞赏并任命祁午为中军尉。这就有了

“外举不隐仇，内举不隐子”。

用才有五点。

一要容人。

十全十美的圣人只不过是一个遥远的传说，十恶不赦的恶魔也不过是一个恐惧的幻觉。只有天衣才无缝，是人就有缺点。维纳斯也证明了适度的缺少会更加美丽。据学者分析，维纳斯实际是一名妓女。西方妓女的起源是圣女，中国的妓女起源巫女。中外妓女最早都是在庙堂之上的，是来启发信徒神性的。

“锄禾日当午，汗滴禾下土。谁知盘中餐，粒粒皆辛苦”这首诗的作者李绅因此被奉为“悯农圣人”，但事实上李绅并不是真正悯农的人，当官以后生活很奢侈，他特别爱吃鸡舌，为此一餐要杀300多只活鸡！

人有些东西无法改变，像智商、性格，所谓“本性难移”。有些却可以改变，如知识、习惯。所以，看人要看长处，要有“容人之气度、纳谏之雅量”[43]。

解放军中有位传奇人物，这就是许世友，他7岁入少林寺，为红拳弟子。为人忠诚。

许世友原是张国焘领导的红四方面军第四军军长。1937年，他对批判张国焘的方式有意见，发展到密谋逃跑，这就是著名的“许世友反革命集团”案件，后败露，被抓了回来。

毛泽东很喜欢许世友的忠诚，亲自到窑洞来看他。没想到一见面许世友跳起来就给毛泽东来了一记黑虎掏心，幸亏红军第一高手保卫局长罗瑞卿一招童子拜佛挡开，几名“大内卫士”把许世友摁住捆了起来。就这样许世友还破口大骂：“毛泽东，老子要有枪，非毙了你。”

很快，一些有“左”倾思想和有私仇的人，纷纷要求杀掉许世友。

这时，许世友提出了一个极度挑衅的要求，行刑前要带枪面见毛泽东。

毛泽东听后说："可以，枪里还可以上子弹。"罗瑞卿当着许世友的面将子弹上膛，惯对枪林弹雨的许世友此时却内心震动，接枪的手抖动起来，扑通一声，好男儿铁膝跪地，一刻之间毛许二人成为生死之交。后来经过陕甘宁边区高等法院公审判决，6位被告"组织拖枪逃跑"罪名成立（未遂），许世友被判有期徒刑1年半（所见判决上未写明）。显然这对在革命时期极其严重的罪名而言，是极为宽大的。理由是，许世友等人曾有革命功绩。这与毛泽东的惜才容人有很大关系。被判刑的6个人，后来几乎都在抗日战争和解放战争中立下战功，并在新中国成立后荣膺高级军衔。许世友更自称是毛泽东的"匣中宝剑"，毛主席指向哪他就毫不犹豫杀向哪，剑为知己者而明。

这就是容人之效。

用才的第二点是要量才使用。

> 用人得当，就要科学合理使用干部，用当其时、用其所长，树立强烈的人才意识。[44]

毛泽东很擅长用人，他的手下来自五湖四海，什么人都有，比当年水泊梁山复杂得多。而他，却能量才使用，让昔日的小矿工、小乞丐成为战功赫赫的将军。

他的岗位设计非常到位。

> 用人如用器，用其长，而不强其短。[45]

长戟可拒敌十米，短匕能顷刻毙敌。每一个人的优点和缺点如同一枚硬币的两面，看你把哪一面翻出来。让人的长处与任务相匹配，而不是刻意去改正人的短处，这就是"量才使用"的诀窍。

接着上面事例，再讲讲毛泽东是如何量才使用许世友的。

1948年，济南战役即将打响，这是华东野战军第一次向大城市发动攻击，意义重大。

固守济南的王耀武，黄埔高才生，抗战期间曾率精锐74军南征北战，令日本人闻风丧胆。大家都猜想毛泽东肯定把此重任交由常胜将军粟裕。粟裕是个传奇，打遍敌军，几乎没有对手。在粟裕眼里，有一位国民党将领让他尊敬，这就是第七兵团司令黄百韬。粟裕是在豫东战役中认识黄百韬的，黄率部苦战八昼夜，带伤仍死战不退，创造了国民党兵团司令带队冲锋之唯一战例。

粟裕到西柏坡汇报工作，从来不出门迎客的毛泽东，却破例站在门口等候，见到粟裕，毛泽东高兴地说："我们的英雄回来了。"毛泽东评价粟裕的优势是：指挥艺术高明，擅长打歼灭战、大规模的运动战、攻坚战。

但出人所料，毛泽东亲点山东兵团司令员许世友为攻城主帅。许世友率领他的胶东老兵，仅八天时间就把固若金汤的济南城拿下。

为什么用许世友？毛泽东说出原因，王耀武与粟裕都是儒将，打仗路子也正规，他们斗法，需要一些时间才能分胜负。而许世友乃猛将，不按常规出牌，正对王耀武的弱点。

果然，许世友自开始攻城，什么也不顾，既不休整，也不顾及背后援敌，他不分虚实、轻重，持续不断地猛打，根本不给对方一丝调整的时间。把王耀武打傻了，没见过这么打仗的，也太不正规了，没别的，就像看到大海的感觉，晕，很晕，很想吐。

这就是量才使用之效。

用才的第三点是要大胆起用年轻干部和基层干部。

> 青年兴则国家兴，青年强则国家强。青年一代有理想、有本领、有担当，国家就有前途，民族就有希望。中国梦是历史的、现实的，也是未来的；是我们这一代的，更是青年一代的。中华民族伟大复兴的中国梦终将在一代代青年的接力奋斗中变为现实。[46]

如何用好年轻干部，习总书记指出："全党要关心和爱护青年，为他们实现人生出彩搭建舞台。"[47]"大力发现储备年轻干部，注重在基层一线和困难艰苦的地方培养锻炼年轻干部，源源不断选拔使用经过实践考验的优秀年轻干部。”[48]

习总书记曾经指出年轻干部特别要注意四忌：一忌急于求成。二忌自以为是。三忌朝令夕改。四忌眼高手低。[49]年轻干部善于尝新却不善判断，有热情但短处也不少，这就导致了他们经常犯一些错误，所以对年轻干部更要多一分宽容。

这里习总书记又讲了领导学中一个重要问题，那就是如何对待犯错误？“要从严管理干部，坚持从严教育、从严管理、从严监督，对干部身上出现的苗头性、倾向性问题，要及时‘咬咬’耳朵、扯扯袖子，早提醒、早纠正。”[50]

有个出版社的社长，平时员工犯一点小错，他要训上两个小时。

一天，发行部年轻主管发错了书，出版社为此要失去很多客户。大家都侧耳等着听社长怎么爆批加爆炒。但此时社长却带着久违的笑容与主管一起，从大客户开始拨通电话逐一道歉，这样失去的客户基本被挽回。

社长道出缘由，我平时小事发火，是为了随时提醒、纠正大家少出错。真的出大错时，最重要的是如何面对错误，改正错误。

> 坚持严管和厚爱结合、激励和约束并重，完善干部考核评价机制，建立激励机制和容错纠错机制，旗帜鲜明为那些敢于担当、踏实做事、不谋私利的干部撑腰鼓劲。[51]

平时，要小题大做；战时，要大题小做。这就是对待犯错误的处理原则，也是扶持年轻人的好方法。

有些领导压制有才华的年轻人，害怕他们将来超过自己，实际上，你压和不压，好玉在那里价都高，最好还是扶持一把，这样对事业对自己都有好处。

崇拜名家、看重资历是中国人世代相承的旧习，“家人说话耳旁风，外人说话金字经。”很多人感觉身边的人都不起眼，对远方的人却不胜思慕，就像婚姻中的丈夫总是看到妻子的平装本和其他女人的精装本。孔祥熙在重庆是行政院长，有下属针对电力不足提议采取日光节约时间，每年4月1日起将钟表拨快一小时，孔祥熙马上反对，训斥胡闹。不久，美国顾问提出相同建议，他却马上接受了。

有的人不重视基层，看不起基层干部，认为是老粗没文化，而习总书记却认为：基础不牢，地动山摇。[52]所以，“要把基层干部队伍建设作为党的执政能力建设的一大着力点，真正重视、真情关怀、真心爱护广大基层干部”[53]。

关键看怎么用，基层的事情你用绅士的办法来解决，还就是办不了。鸿门宴上只有樊哙这个大老粗才能拔剑将生猪肘子切而啖之，上演那历史最精彩节目。

习总书记讲：“以实际能力为衡量标准，不唯学历，不唯论文，不唯资历，突出专业性、创新性、实用性。”[54]

纵观中国历史，历代状元很出色的并不多。自唐高祖开试，从第一位状元孙伏加到清光绪最后一位状元刘春霖，在这1283年间共产生文武状元777人，其中还出现了17位“连中三元”和两个连中六元的状元，明代的黄观，清代的钱棨。连续考中乡试、会试、殿试第一名者称为“连中三元”。乡试第一名称为“解元”，会试第一名称为“会元”，殿试第一名称为“状元”或“殿元”。在乡试也就是秀才前有县、府、院试，称“小三元”。大小三元连续都是第一名的才是连中六元。但这些状元绝大部分了无政绩，平庸者居多，仅有王维、柳公权、文天祥、翁同和等少数人流芳。“中状元当驸马”好像理所应当，而实际上有据可考唯一被皇帝招为驸马的状元就一位，状元郑颢娶了唐宣宗女儿万寿公主。

唐宋八大家无一是状元。文学四大名著及《聊斋》《西厢记》等传世名作的作者也几乎没一个是状元写的。有名的大战役也找不出几场是武状元打的。岳飞不是武状元，而是靠自己的军功一点一滴地积累成为元帅。那时所有当兵的都要被刺字，他身上的刺字：精忠报国，也证明了曾经是个士兵。

当年玉皇大帝就是没重视花果山的那位“基层干部”，才酿成天宫大乱。澶渊城下无名基层老班长一箭射死战无不胜辽军主帅萧达兰，带来宋辽几十年的和平。被称为“绞肉机”的凡尔登战役，德法双方投入了近200万兵力，伤亡人数达75万，历时10个月，最后却因为一位无名法国士兵随意一炮，不歪不斜恰好击中了隐藏绝密的德军弹药库，造成惊天大爆炸，使法军扭转战局。基层干部改变历史的故事举不胜举。老鹰和蜗牛都能站到金字塔顶，但人们只赞美老鹰，却很少在意蜗牛。

用才的第四点是要合理搭配。

人中之王为全，可惜世界上从来就没有全才。我们需要的是把“全”字下的“王”拿掉的人才。凡人才就一定有其所长，也有其所短。所以要“对号入座，做到‘才’得其所”[55]。还要注意不同人才搭配，“选优配强各级领导班子”[56]。

在四大名著中，班子搭配最好的就是《西游记》的“取经委员会”。主任唐僧，虽然降妖除魔的业务是外行，但意志坚定，坐有坐相，言谈高深，举止得当，不贪色财，不耍酒性，而且又精于权术，对下属恩威并施，能合理利用，堪为领导楷模。二把手孙悟空，站得直，行得正，业务一流，能稳做老二位置，全凭自己真本事，但他不善逢迎。三把手猪八戒，业务和品质虽不高，嘴巴却会说，关键是能主动替一把手监督二把手。四把手沙悟净，本事不大，品德却很好，忠诚不贰，让人放心。最末一位，小白龙，只知低头跟着领导走，从无一句怨言，关键时刻还能暗中救领导一把。吴老前辈在五百年前就为我们提供了一个班子最佳模式，一把手要稳，二把手要能，三把手配合一把手，其他的要听话，与领导一条心。

在用人大师的眼里，没有废人，关键看如何运用，两个强人加在一起未必就等于二，搞不好等于零。三国演义里有句名言："卧龙、凤雏，二者得一，可安天下。"可这二人尽为刘备所得，而刘备却不能统一天下。这是为什么呢？其实不难回答，刘备的本领只能驾驭一人，要是给用人大师曹操，恐怕就能应了水镜先生的话了。

搭配不好的结果看看中国足球队就知道了，我们国家队的球员在各自俱乐部都是一条龙，威风八面，但为什么一堆龙合起来却总是虫一样的队伍。

五要充分信任。

"该管的事一定要管好、管到位，该放的权一定要放足、放到位。"[57]对下级的信任就是要收放自如地放心、放手、放权。

子曰："人而无信，不知其可。"守信用才能取得信任。

一代明君唐太宗曾与390名死囚有过死亡之约。贞观七年腊月太宗视察大狱，那里有390名被判处死刑的囚犯。面对皇帝，死刑犯们表达了想回家看望父母妻子的强烈愿望，不同一般皇帝的太宗宣布了令人吃惊的决定：你们可以回家度过人生最后的时光，但必须遵守一个约定，来年九月初四准时返狱伏法！

很多大臣劝阻太宗不能这样。但他说：用诚心才能换忠心，我信任他们。

贞观八年九月初四，长安城150米宽的朱雀大街被堵得水泄不通，大家都注视着大理寺司衙大门。死囚们真的一个一个地回来了，约定的时辰到，数一下，389名，就差一个。狱吏们查点花名册为徐福林。

35岁的杰出皇帝仍然镇定自若，胸有成竹地说了三个字："再等等！"

远处传来车轮转动的嘎吱声，一辆牛车走进人们的视野，车篷里探出一个人的头，正是徐福林。原来，他在路上病倒，只好雇牛车，晚了半个时辰赶到。

太宗脸上露出欣慰的笑容，铿锵有力地又说了三个字：“全赦免！”

这是世界上绝无仅有的承诺，死囚因他们的信用而重新获得了新生。

信任是相互的，领导者自身要言行一致，说话算数，以真正平等的态度对待下属。所谓“革命工作只有分工不同，没有工作高低贵贱之分”。把部属当白痴用的领导，智商一定不高；把部属当贼看的领导，心中一定有贼。如果让下属感觉天天在过愚人节，这样的单位肯定没有希望。

放权就是我们现在说的授权。《战国策》里有个故事，中山国宰相乐池率领百辆车的队伍出使赵国，他挑选了一个有智谋的门客带这支队伍，结果走到一半阵容大乱。乐池问门客：“我以为您有才干，所以让您带队，现在乱了，这是为什么？”不料，门客听了竟要辞职而去，他说：“看来您不懂管理之道，有权威才能使人听命服从，运用利益才能让人受鼓励前行，有这两样才能指挥队伍。现在的我，只是一个年轻而又地位低下的门客。您让年轻的管理年长的，地位低下的管理地位尊贵的，又不给我权柄用来制约，此是队伍散乱的原因。假如您能授权于我，封为卿相，哪有管理不好的道理！”

“要信任他们，不能委之以事权之后，又滥加猜疑，否则，会导致上下离心离德，无法工作。”[58]信是相信下属，任就是授权，给他权力让他去做能做的事情。这个世界上，没有绝对值得信任的人，只要有信任就伴随着一定程度的风险，信任是一种健康的冒险。信任不是一种态度，而是一种能力，看你如何把握。

信任不等于放任，“有权就有责，权责要对等”[59]。越信任越要加强监督。如果他辜负了你，你可以从容地撤换他，授权和收权尽在你的掌控之中。“努力形成科学有效的权力运行制约和监督体系，增强监督合力和实效，做到有权必有责、用权受监督、违法必追究。”[60]

汉武帝乃旷世明君，但在对匈奴战役用人方面就犯了信任有余而监察不力的错误。他任用李广利，大宛一仗，李广利丧师十余万、马三万匹，已经显示出庸将之嫌，而武帝还是继续重用他，命其第二次讨伐匈奴，这次与中国足球队征战世界杯一样惨，颗粒无收。很多大臣上书历数李广利在战法、军法以及廉政等方面的不良做法。但武帝还是不以为然，扣下李广利的家眷让他三次出征，这次李将军干脆带着部队投降匈奴了。匈奴单于因此给汉武帝写了那封著名的信：“南有大汉，北有强胡。胡者，天之骄子也！”“天之骄子”由此而来。所以司马迁发出了：“欲兴圣统，唯在择任将相哉！”的感叹。

先授责再授权，这样可以有效控制权柄。被神化的诸葛亮失败的原因之一就是不善于授权，他当军师，只管用智，不需做笼络人心的大事，顺顺当当；独揽国政做主帅，不肯放权于人，最后累死五丈原。

4

用人的第三个方面：培养人才。

诸葛亮失败还有个重要原因是他没有重视人才的培养，使蜀汉出现了“蜀中无大将，廖化为先锋”这样捉襟见肘、青黄不接的局面。

“成长为一个好干部，一靠自身努力，二靠组织培养。”[61]组织如何来培养？就要“强化干部实践锻炼，积极为干部锻炼成长搭建平台”[62]。

平台对人才的成长至关重要。著名的战国四公子都喜爱人才，他们每人养士三千，但最后结局都是失败，所养的一万二千士中有名者不过几人耳。这是因为养士的方法不对。

晏子出使晋国，看见做奴已经三年的越石父。相谈之下，发现是人才，于是晏子解下左边拉车的马，以此赎出越石父，并坐自己的车回齐国。

后来越石父表示要同晏子绝交，说："您了解我才把我赎出来，您知道我的才能又不用我，所以绝交。"就这样，晏子开始倾听越石父的见解并给他安排工作。

人才储备的方法不是供养而是培养。搭建一个平台，给他合适的工作，不断提高他的能力。

培就是训练，养是给一个舞台。日本有一种叫锦鲤的鱼，它生长的大小和鱼缸的大小成正比。舞台有时在成功路上至关重要。

> 好钢要用在刀刃上，"千里马"要在大风大浪中经受考验，后备干部不能放在"温室"里去刻意培养。"天将降大任于斯人也"，必先以磨难历练他，这样才能"增益其所不能"。不经历风雨，怎能见彩虹？[63]选"千里马"，要在竞赛中挑选。对后备干部要注重在艰苦岗位、复杂的环境中去锻炼、识别。铺"路子"不如压"担子"，这才是培养干部的好办法。[64]

家庭主妇与厨师比较，主妇做了一辈子饭，但她的菜总没有长进，尤其家人更不欢迎；而厨师学艺三个月，出徒操勺可以顾客盈门。两者区别就是一个没有接受过训练也没有锻炼平台更没有压力，另一个接受过训练而且还有施展机会，关键是还有老板的批评和顾客上帝的评价，压力山大。

人才培养就像牡蛎肚中一粒沙子，这本是一块病，要经过多么久的滋润涵养才能磨炼孕育成一颗明珠。破茧成蝶的过程很痛苦，但化蝶后翩翩起舞的美丽也是赏心悦目。

毛泽东对习仲勋的培养就是很好的例证。

习仲勋同刘志丹等创建了陕北红军和革命根据地。1935年9月，思想极“左”的中央代表来到陕北，搞起“肃反”运动，把刘志丹、习仲勋等定为“反革命”，准备镇压。恰在此时，毛泽东率领中央红军到达吴起镇。毛泽东听说这件事以后立刻指示，停止审查，停止杀人，一切听候中央解决。

接着，毛泽东派王首道用最快速度赶到瓦窑堡，释放了刘志丹、习仲勋等人。

毛泽东到瓦窑堡后在窑洞里第一次与习仲勋见面，十分惊讶：“原来你这么年轻。”那一年，习仲勋刚好23岁，绝对的年轻干部，毛泽东从此注意到了习仲勋。毛泽东不断调换习仲勋的职务，让他在各方面得到锻炼。

经过血与火的考验，年轻的习仲勋已经成为在党政军都有着丰富经验的高级领导干部。延安期间，毛泽东曾挥笔为习仲勋写下：“党的利益在第一位。”上款是“赠给习仲勋同志”，下署“毛泽东”。“党的利益在第一位”，正是对习仲勋的准确概括和总结。

1945年在中央会议上毛泽东明确说：我们要选一个年轻的担任西北局书记，他就是习仲勋同志。他是群众领袖，是一个从群众中走出来的群众领袖。就这样，33岁的习仲勋担任了中央西北局书记。

1952年7月，习仲勋受毛泽东之命，赴新疆妥善解决了一起严重民族纠纷，稳定了新疆局势，毛泽东给出了最高评价“你比诸葛亮还厉害”。

习总书记认为领导艺术的最高境界是：眼光敏锐，见微知著，“为之于未有，治之于未乱”，防患于未然，化解于无形，开展工作有板有眼，纵横捭阖，张弛有度，谈笑间，“樯橹灰飞烟灭”。[65]这也正是老子所向往的“无为而治”。

领导艺术的第三部分思想政治工作和第四部分高效的工作方法，就是达到“无为而治”的途径。

不可缺少的思想政治工作

1

领导艺术的第三部分：思想政治工作。

习总书记讲："磨刀不误砍柴工，思想是行动的先导。在思想认识上的收获，比我们在发展上的收获更有长远意义。"[66]习总书记强调："加强和改进思想政治工作，深化群众性精神文明创建活动。"[67]

思想政治工作分为两部分，一部分是思想，针对组织成员；另一部分是政治，指组织价值观。说到底最终还是解决人精神层面的问题，把组织价值观具体化到人，达到一致性。

思想政治工作的本质是以人性为根本，以信仰为核心。抗战期间，记者采访国民党军队问："抗战胜利了，你打算干什么？"士兵回答："那时我早就死了。"而八路军战士会很豪气地说："跟着毛主席建设新中国！"

老子把领导者分为四类："太上，不知有之；其次，亲而誉之；其次，畏之；其次，侮之。"最高境界是大舜焚香弹琴而使天下安和，通过启发和激励解决思想问题，让大家自觉有序地工作，这一层自然不需要用言行来表达，这就是所谓的"无为而治"。

> 心正心灵，则业勤业精。思想上有更深刻、更高尚的理念，工作质量和效果就不一样。[68]

思想是个奇怪的东西，控制着人们的情绪、行动、生活、工作，甚至生死。所以，要先处理心情，再处理事情，思想政治工作不是魔兽游戏，充一管血就可以杀敌无数；不是研究人的内分泌，而是研究人最复杂的内心。占领了哪里，都可能再丢掉，只有占领了人心，才叫真正的占领。

美国管理学家赫茨伯格受到启发而提出著名的激励因素和保健因素理论。

《说苑》中有个“春风化雨”的典故。梁国宰相孟简子因罪逃亡到齐国，管仲发现跟随孟简子的只有三个人，就问：“阁下在梁国只有这三位门客吗？”孟简子答：“岂止三人，有客三千。”管仲很迷惑：“那他们为什么不像其他人一样离开你呢？”孟简子介绍：“一个父亡，我安葬的；二是母亡，我安葬的；第三个其兄坐牢，我营救的。因为我对他们有恩德，所以他们才追随着我同患难。”

管仲闻言，感悟很深，说了这句有名的话：“吾不能以春风风人，吾不能以夏雨雨人，吾穷必矣。”

思想政治工作就是要像春风一样吹拂人心，像夏雨一样滋润人们，从而达到“我要干”而不是“我要你干”的效果；实现一种“团结紧张、严肃活泼”的氛围，形成“春风杨柳万千条，六亿神州尽舜尧”的高境界。

习总书记认为：干工作必须虚实结合，尤其是虚功一定要实做。精神文明建设特别是思想道德建设一定要通过看得见、摸得着的方式，创造实实在在的载体，寓教于乐，入耳入脑，深入人心，潜移默化。道理要说清楚讲明白，但任何道理要深入人心，都不能光靠说教，要有一个好的载体，通过积极探索和创造更多更加贴近实际、贴近群众、贴近生活的有效载体，使精神文明建设活动开展得有声有色、富有实效。[69]

红军和敌军任务都是打仗，敌军不但装备好，而且每次打仗还有丰厚物质奖励。我们在荧屏上经常看到敌军军官对着士兵们喊："弟兄们，冲啊，拿下山头每人大洋十块。"为什么没钱没炮的红军总是表现得英勇无畏、不可战胜呢？原因很明了，红军虚功实做，综合的思想政治工作持续不断地为每位红军充电。长征就是红军思想政治工作的一个强有力载体，它是中国共产党和红军灵魂的真实写照。我们的一切胜利，都可以在信仰和精神这里找到源头！

毛人凤向蒋介石汇报陈布雷的女儿是共产党时，蒋介石感叹："我们这样抓，这样杀，怎么还有那么多人提着脑袋进来？"可以讲国民党除了失去民心外，内部思想政治工作薄弱也是一个重要原因。这里又谈到了我们党的一个领导体制，党委与行政领导双主官体制。单从管理角度看，这也是个绝好的体制。一个单位两个主官，一个抓业务，一个抓人，在用人、用权、用财上相互配合、相互监督，很大程度上避免了一言堂和腐败。而现在往往单位都是书记和行政主官一身挑，没有牵制，形成了"霸权主义"。这个体制在解放军中执行得一直很到位，"政治建军是我军的立军之本。在长期实践中，实行革命的政治工作，保证了我军战胜强大敌人和艰难险阻提供了不竭力量，使我军始终保持了人民军队的本色和作风"[70]。虽然说中国的军队不直接指挥打仗的将军要多一些，但解放军是世界上思想最统一、最稳固的军队，绝不会出现叛变情况。

良好的党建工作是我们党克敌制胜的法宝。建立健全各级党组织，目的是为了加强党的思想控制，维护党的领导地位；哪里人气最集聚，哪里矛盾最复杂，哪里思想最激荡，就把思想工作延伸到哪里。我们党的领导至今稳如泰山，和这个制度密不可分。

战争年代，敌军攻入一个地区，跟进的是政府人员，最后才是国民党的地方党部，如果失败了，党部先撤离。而我军却是党的力量总是先于军队进入控制区，即便是被迫撤离这个地区或被击退了，"党支部”仍然屹立不摇。共产党与国民党在党建上最大区别是共产党有党魂，国民党只有形式。

因此，习总书记讲：“伟大斗争，伟大工程，伟大事业，伟大梦想，紧密联系、相互贯通、相互作用，其中起决定性作用的是党的建设新的伟大工程。”[71]他还十分重视基层党组织建设，强调：“党的基层组织是确保党的路线方针政策和决策部署贯彻落实的基础。”[72]“基层党支部是党的全部工作的基础。希望抓好支部工作法的提炼、交流、推广和运用。”[73]

实际古代也十分重视思想的控制。除了“独尊儒术”等强压外，还设立专门机构加以调控。比如佛教传入中国，产生了很大影响。那时的中央机关称为寺，寺的长官叫卿，自古为九寺九卿。为了控制日益增长的佛教信徒，汉明帝敕令九寺之外再设一寺，仿天竺式样修建寺院，记白马驮经之功，取名“白马寺”，以讲经编译来管理佛教事宜。因此，以后中国所有的佛教道场都称为寺。

组织在，思想就在，事业就在！

2

思想政治工作常用的方法有四个：以理服人、以情动人、榜样激励、整风固制。

优秀的思想工作者就像按摩师一样，通过拍打、按压、揉搓，最后全面整理，使人浑身上下舒适至极。所谓“风波肆险，以虚舟震撼，浪静风恬；矛盾相残，以柔指解分，兵销戈倒”。我们党可以把封建皇帝改造成自食其力的劳动者，也可以让杀人如麻的日本兵成为国际主义战士，靠的就是这些思想政治工作的方法。

以理服人是思想政治工作最主要的方法，这相当于“拍打”手法。

以理服人说了两个办法，一是民主，二是批评和自我批评。正如习总书记指出：坚持民主集中制，开展批评和自我批评，严格党内生活，加强党的团结统一，是其中很重要的法宝。[74]

首先要讲民主，切实保障党员的民主权利，加强党内民主建设，实行有效的民主监督。[75]

民主方法就是摆事实讲道理。讲道理即不把自己的意见强加于别人，也不轻易否定别人意见，以民主平等的心态解决内部矛盾，养成讨论、说理的习惯。摆事实就是实事求是，只有掌握事实才有话语权。但在选择事例的时候要注意说服力。我们一些领导很喜欢拿苏联垮台后一些部长、州长为生活所迫到街头卖报纸为生，或者讲自己微服到劳务市场去应聘，可根本没有人要等事例，一次次警戒下属。这种例子虽然真实却不能让人服气，仔细想想，这些领导也就这点本事，怎么还能在那么高的岗位工作？

嘉靖帝迷信丹药方术并钻研房中术，喜欢炼制“红铅丹”，这实际是一种春药。为满足自己修道和淫乐，嘉靖帝遴选数百民女入宫。因为红铅丹最主要的成分是露水和“首经”，露水必须由少女清早所采，“首经”则要少女服食催经下血药物。此工作既辛苦又危险，关键是精神上受到折磨。而嘉靖帝不理会这些，继续强迫她们工作。少女们实在忍受不了，嘉靖二十一年（公元1542）10月21日深夜，以杨金英为首的16名宫女趁嘉靖帝熟睡之时，潜入寝室，用绳子勒住他的脖子，由于紧张将绳子系成死扣，收不紧。这时一个胆小的宫女因害怕，跑出去报告皇后，皇后领人救驾，这样嘉靖帝才大难不死。

这就是中国历史上罕见的壬寅宫变。逆来顺受的封建社会妇女却也能做出如此强烈反抗，这表明强压不可行，后果很严重。

批评和自我批评相结合，批评别人，先自我批评一下，这是一种非常行之有效的双向疏导法，有利于全面地认识自己，审视自己，鞭策自己，让自己尽量趋善避恶，从而变得高尚一点，清澈一点，大气一点。

“见贤思齐焉，见不贤而内自省也。”批评与自我批评就是揭开一块伤疤，用往事为它洗礼，省悟自己。像沉香树一样，只有有伤疤的地方才积累出贵如黄金的沉香。

世间只有两种人没有错误，一是圣人级别的，二是凡夫愚人。圣人是真没缺点，而愚人是满身过失却不承认。现在真正能接受“拍砖”的，尤其是领导同志，真的可以用列宁说的“大海里的一滴水”来形容了。研讨会变成吹牛会，代表会成了代表赞歌会，“欢迎大家批评”像是反着说。然而作为以理服人，批评与自我批评的确是光明智慧的最好法器。

阳对阳，阴对阴，称为正对；阳对阴，阴对阳，称为反对。正对仅是同类元素处在相反位置而构成对称，是一种简单的对称。而反对不仅位置相反，方向也相反，这种对称给人一种张力，有强烈的动感美。

> 批评与自我批评是党内思想斗争的锐利武器，也是领导干部管好自己的有效方法。现在，党内批评总是要在一定的场合内进行，而“吾日三省吾身”，自我批评则与我们个人如影随形，是最及时、最管用的思想武器。我们常讲，领导干部要自重、自省、自警、自励，这“四自”要求，就是对自我批评的要求尤其是省级领导干部受党教育多年，在党性修养上更应有“响鼓不用重锤敲”的自觉性。[76]
>
> 批评是为了团结，连批评都不敢开展了，团结也是不牢固的。[77]

习总书记把以理服人用“团结—批评—团结。”这个公式具体化。他讲：“‘团结—批评—团结。’意思就是从团结的愿望出发，经过批评或者斗争使矛盾得到解决，从而在新的基础上达到新的团结，也就是我们通常所讲的惩前毖后、治病救人。”[78]

以情动人，相当于“按压”手法，找准穴位，点到虚处，让人有畅快淋漓的感受。这也是我们所说的“情商”。老板不是“老板着脸”，经理更不能“经常不讲理”。

> 要以诚感人、以心暖人、以情动人……使彼此更友善、更亲近、更认同、更支持。[78]

筷子的长度为什么是7寸6分？就是因为人有七情六欲，以此显示与动物的不同。“感，动人心也”，通情达理，只有在感情沟通基础上才有达理的可能。

用智慧可以刺激对方的思想，而用感情却能够刺激对方的行为。

三国里有个让曹操、曹丕、曹植父子三人同时青睐的超级美女，那就是袁熙的老婆甄宓。曹军占领冀州后，曹丕首先下手抢到甄氏。老爸曹操只能感叹青确实青于蓝。曹操对两个儿子都很喜欢，偏向于让曹植继位。曹操要出征，哥俩去送行，曹植给父亲朗诵了自己连夜写的诗，文采飞扬，曹操赞赏不已。没想到，曹丕什么也不说，上前抱住老爹的腿就哭，哽咽中冒出几句，老爸要注意头疼病，儿子想替老爸出征的话。曹操感动不已，这是实在感情啊！于是，曹丕接班。而这时，痴情的曹植还对甄宓抱有幻想。曹丕就给曹植来了个“七步诗”，警告曹植不要再想入非非。甄氏为曹丕生下一子一女。但后来曹丕被郭氏所迷，竟然赐死了倾城的甄宓，立郭氏为后。得到甄宓去世消息，“才高八斗”的曹植挥泪写下了中国文学史上的绝唱《洛神赋》，来表达他们的叔嫂恋。

曹丕根本不打算让甄氏所生的曹叡接班，甚至不允许曹叡与大臣来往。一次偶然机会，曹丕与曹叡一起打猎，曹丕射死一只母鹿，让儿子射小鹿，曹叡拒绝，曰：“陛下已杀其母，臣不忍复杀其子。”说完泪如雨下。曹丕听后顿时想起甄氏，情感大动，感觉很对不起她，眼睛一热，扔掉弓箭。回去后确立曹叡为太子。曹叡比他老爸更会“以情动人”。

风没有颜色，但拂过之后却是绿意一片。仁爱比任何方式更易于改变人的心意。感情是爱的基础，爱是奉献的美德。

只有富有爱心的财富才是真正有意义的财富。[80]

这种爱心绝不是恋爱的小爱，这是一种宽泛之爱，是一种有标准的综合之爱，是一种无条件的无我之爱，是能发挥到“博爱”的大爱，是人类最珍贵的体验。

有些问题并不是光靠说理就能够解决，要看你一点一滴如何去做。困难时温暖的双手，失败时热情的鼓励，困惑时耐心的引导，犯错时善意的批评……这都是具体而实在的关心。习近平在担任梁家河大队党支部书记时，上到老人，下到娃娃，他都用真情给予具体而实在的关心。

当习近平离开梁家河时，全村人都排着长队为他送行，一直送出十多里也不愿意离去。老婆婆拉着他的手说：“你在这儿受罪了，到了好地方，可别忘了我们呀……”从小被习近平哄着玩的六岁张彩云（第一个房东张青远的女儿）紧紧拉着他的衣服，哭着不让习叔叔走。

情感是思想政治工作的润滑剂，情“动人”有助于理“服人”。感人的爱不是空洞的表白，更不是一时作秀，一片真情胜过千言万语。

什么叫激励？给一个梦想叫激，送一束鲜花叫励。激励是精神和物质结合的艺术。一味给钱，人们未必快乐，有的人给多少也不会满足，“薪甘”反而不情愿。只有体现自身价值，才会使人力量无穷地去加班。法国的龚古尔文学奖奖金只有10欧元，但丝毫不影响其权威性，人们早已认可它是法国久负盛名的文学大奖了，这不是金钱可以做到的。

树一个灵魂的标杆，让大家都来模仿秀，就是榜样激励，这确实是一个既高大尚又省钱的好方法。

习总书记讲：“伟大时代呼唤伟大精神，崇高事业需要榜样引领。”[81]

做好榜样激励要把握两点。

第一点是领导的示范带头作用。

“打铁还需自身硬。”[82]论语也讲“其身正，不令则行；其身不正，虽令不从”。

《吕氏春秋》记载，殷汤时期，发生了一场七年旱灾。殷汤选桑林设立祭坛，亲率大臣们祈雨。但是依然无果。问其原因，巫说：“要用人牺牲才管用。”殷汤看看各位大臣，大家都面面相觑，有人提议，摊派下去。殷汤很生气，说：“决不能拿无辜黎民当牺牲，我是一国之君，我不入地狱谁入？”于是，殷汤命令把祭祀的柴火烧起来，然后将自己的头发和指甲剪掉，沐浴洁身，向上天祷告：“我有罪，就惩罚我一个人吧，不要惩罚我的臣民。”然后毅然走向燃烧的柴火。恰在此时，天忽降倾盆大雨。殷汤自我牺牲的崇高精神，感动了上天，感动了苍生。殷人们都用赞歌来表达对伟大君主的热烈拥戴。

一个领导者将自己的理念和主意灌输给大家，最好的办法就是以实际行动为大家做出表率。“领导干部既要严格要求自己，也要严格要求他人，要求别人做到的，自己首先要做到；禁止别人做的，自己坚决不能做。”[83]你说金钱是罪恶，却在捞；你说美女是祸水，却想要；你说高处不胜寒，却在爬；你说天堂最美好，却不去。你说和做两回事，那就不可能有什么领导力。这种表率所起到的作用也就是孔子最为重视的“信”，领导树威的前提必须得到大家的信任，信自然就生威，所谓“威信”。

习近平在正定县担任县委书记期间处处严格要求自己，率先垂范，言传身教，带动了县委办作风的转变和水平的提高。一次，习近平自己拿钱请客，要晚上和值班的同志一块聊聊。谁知到了晚上，办公室的同志准备好饭菜，还把钱退给习近平。他们给习近平解释，用的是卖旧报纸的钱。习近平一听就恼了：“个人吃饭怎么能用公款报账呢，就算是卖旧报纸的钱也是大家伙的，同样不能用。”最后用的还是习近平的钱。大家都很怀念与习近平一起满怀激情干事创业的那段岁月，称之为正定县的“延安时代”。

一瞬间榜样的目睹，胜似一千条真理的说教。什么叫润物细无声？领导带头就能起到这样的作用。当然是带好头！面对金钱，总有瓜而分之的欲望；面对名誉，总有跟而从之的冲动，这也是“榜样”造成的。

第二点是要认真负责地选出好榜样。

> 榜样的力量是无穷的。善于抓典型，让典型引路和发挥示范作用，历来是我们党重要的工作方法。实践证明，抓什么样的典型，就能体现什么样的导向，就会收到什么样的效果。[84]

跟着鸭子学，早晚罗圈腿；跟着老虎学，最少能抓米老鼠。因此抓典型、树榜样是件很严肃的事情，不能有半点私心，要把最能体现组织价值观的模范人物选出来。

> 劳动模范是民族的精英、人民的楷模。长期以来，广大劳模以平凡的劳动创造了不平凡的业绩，铸就了“爱岗敬业、争创一流，艰苦奋斗、勇于创新，淡泊名利、甘于奉献”的劳模精神，丰富了民族精神和时代精神的内涵，是我们极为宝贵的精神财富。[85]

我们党选出来的劳模榜样都是千锤百炼的过硬钢。毛泽东一句“向雷锋同志学习”让一个伟大战士的光辉形象深深刻印在所有中国人心中，新中国工人的代表铁人王进喜、中国农民的典范陈永贵、党的好干部焦裕禄等，他们都是新时代让人敬仰的“大侠”。他们的肉体，已经化为了尘埃，但他们的精神超越了本身，一个个鲜活形象早就成为震颤心灵、流芳千古的民族文化品牌。

从社会学角度讲，树立榜样就是传递正能量；从领导学角度讲，树立榜样是一种刺激人自尊心的激励机制，尤其是对“擦粉进棺材——死了也要面子”的中国人十分管用。

整风精神是我们党严肃纲纪的重要法宝。整风不是“整疯”，是纠正歪风，树立正风。风气看不见摸不着，一旦形成气候，会产生不同结果。好的风气所至，如春风化雨，循循无声；坏的风气所至，如污泥浊水，不堪收拾。

> 如果不坚决纠正不良风气，任其发展下去，就会像一座无形的墙把我们党和人民群众隔开，我们党就会失去根基、失去血脉、失去力量。[86]

整风要有持续性，“这是我们加强党的自身建设的规律，若干年搞一次全党性活动，就像一个肌体需要不断修复、康复、治疗、锻炼一样，一间房间需要经常打扫一样，党内政治生活和教育活动也需要经常性、长期性开展”[87]。

党的群众路线教育实践活动、“三严三实”专题教育、“两学一做”学习教育就是一个系列整风活动。

> 要紧紧盯住作风领域出现的新变化新问题，及时跟进相应的对策措施，既治标更治本，使党员干部不仅不敢沾染歪风邪气，而且不能、不想沾染歪风邪气，使党的作风全面纯洁起来。[88]

整风的两大工具：惩前毖后、治病救人。

> 惩前毖后、治病救人是我们党的一贯方针，也是我们党加强自身建设的历史经验。日常工作中发现了问题就要真管真严。惩治，治是根本，惩是为了治。[89]

整风的目的是要组织和成员始终沐浴在祥和的春风之中。“着力从思想上正本清源、立根固本。”[90]通过整风清除不良思想，统一认识，同时不断地固化制度，以完备的制度体系来巩固思想工作的成效。通过严格执行制度去保证人们思想和行为遵循正确轨道，这就是整风固制。用全面整理手法，可以起到固本强身的效果。

高效实用的领导工具

1

领导艺术的第四部分：高效的工作方法。

工作有方法，方法总比困难多。工作方法在领导学上称之为领导工具。

习总书记讲："'工欲善其事，必先利其器'。正确的方法是做好工作的重要保证。掌握了正确的工作方法，往往能收到事半功倍的效果。实际工作中，很多同志由于没有掌握正确的方法，容易出现两种倾向：一种是瞎子摸象，对工作没有全面的把握；一种是纸上谈兵，眼高而手低，遇到具体事情不知何处着手。"[91]

习近平总书记就学习毛泽东同志《党委会的工作方法》作出重要批示，对各级党委（党组）领导班子成员特别是主要负责同志重温这篇著作提出明确要求。[92]

管理工具不但要会使用，而且还应不断去磨炼，才能发挥更大作用。

有个小故事，一个伐木工人为完成任务，定下每天伐十棵树，第一天八个小时伐十棵，第二天八个小时伐九棵，没办法加班一个小时，第三天八小时伐八棵，加班两个小时，以后加班时间越来越多，完成任务几乎不可能。

一位老农民看出其中缘由，就问："年轻人，为什么不停下来，磨一下斧头？”伐木工人回答：“我没时间啊，停下来就完不成任务了。”

我们很多领导、企业家很勤奋，每天都忙，很忙，非常忙。忙得就是没有时间打磨工具，这样做的结果很可怕，忙字结构是心和亡，这明确地告诉我们忙的结局就是心灵死亡，不但任务完不成，还有可能搭上老命。

习总书记系列重要讲话里面总结了很多正确的工作方法。在这些宝贵利器中筛选了六种领导工具作为“神器”来与大家分享。这就是“当班长”、“弹钢琴”、会议、报告、“抓紧”、胸中有数。

2

第一种工具：“当班长”。

一个单位的好坏领导班子是关键，而一个班子的好坏一把手起到主要作用。

> “一把手”是党政领导集体的“班长”，是一个地方和部门贯彻中央大政方针、省委省政府重大决策的第一责任人。把方向、抓大事、谋全局，是“一把手”的根本职责。[93]

> “羊群走路靠头羊。”带头人关键是“带头”二字。[94]

当好“班长”有三点。

第一点，集体领导。

> “一把手”的领导艺术，就在于有容人之气度、纳谏之雅量，充分发扬党内民主，确保决策的民主化和科学化，确保党委班子认识上的统一和行动上的一致。[95]

不能谁官大谁就说了算，要实行民主集中制。在决定事情时，“班长”与其他成员是平等关系，都是一票，要少数服从多数。

第二点，友谊第一。

在一个班子中共事，是一种缘分，更是一种责任。我们要始终牢记毛泽东同志关于书记和委员之间“谅解、支援和友谊，比什么都重要”的教导，正确对待自己，正确对待同志，正确对待组织，用真诚赢得大家的理解和信任，在合作中加深了解，在共事中增进团结，以坚强的党性、良好的作风、规范的制度和人格的魅力抓好班子自身建设。[96]

石春阳接替习近平担任梁家河大队党支部书记，虽然经历三起三落，但是他一直坚持习近平离别时的嘱咐：“多动脑筋”“一碗水端平”，得到了支部班子成员的信任和支持。有问题要摆到桌面上，不在背后搞小动作。不能违规的事就集体拍板，对自己有利的事就自己说了算。当班长不求事事公平，但求处处公心。

习总书记在河北省正定县当过“班长”，他与班子成员友谊很深。班子里面有位副书记就是赫赫有名的全国劳动模范吕玉兰，曾经担任过河北省委书记（当时设第一书记）。习近平十分尊重她，吕玉兰为此也很感动，全力支持这位“年轻班长”的工作。在吕玉兰逝世一周年之际习近平专门撰文《高风昭日月，亮节启后人》表达了深切怀念，其中特意说道：“玉兰同志逝世已经一年多了，但我的脑海里，时常还浮现着她的音容笑貌。我在正定与玉兰同志一起工作了3年，建立了深厚的同志姐弟情谊。”[97]

第三点互通情况。

大事讲原则，小事讲风格，遇事多通气，多交心，多谅解，真正做到讲团结、会团结。[98]

班子成员之间要把自己知道的情况互相通知、互相交流，“多通气，多交心”，以便达成共识。不能像老子说的那样“鸡犬之声相闻，老死不相往来”，那样的结果是彼此之间缺乏了解，从而产生各种矛盾。

有个领导学经典小案例。说观音一心要为凡间多做好事，可凡间事情实在太多，她两只手忙不过来，就找如来，如来给了她一百只手。但还是不够，于是就给了她一千只手。可这一千只手也不够用。观音又来了。如来就问："怎么一千只手还不够？"观音回答："不是我贪多，确实太忙啊！"

"好，我倒要看看究竟为什么一千只手还忙不过来？"如来与观音一起向宝殿走去。

宝殿前，弥勒佛笑嘻嘻地斜靠着，没事数着炉中香火玩；宝殿内，十八罗汉懒散地分立两旁，有的抓耳挠腮、有的揉眼打哈欠，个个闲得发慌。

如来感慨地对观音说："你调动不了这一班大仙，就是给你一万只手，也无济于事啊！"

所以，"当班长"的关键就是如何团结和发挥一班人的作用。正如习总书记所讲："县委书记是领导班子的一班之长，要带头执行民主集中制，不把'班长'当成家长；要按程序决策、不搞个人专权，善于增进团结、集中智慧；要总揽不包揽、分工不分家、放手不撒手，讲团结不是搞一团和气，讲和谐不是要'和稀泥'。"[99]最终"在领导班子成员中形成一种坚持原则、与人为善、平等融洽、相互帮助的良好氛围"[100]。

3

领导的第二种工具："弹钢琴"。

钢琴是乐器之王，弹好钢琴不是件容易事情。有多少县太爷，连钢琴都没摸过，怎么努力也是吹口琴的水平，还常常吹得荷兰和河南分不清。

领导干部一定要学会全面辩证地看问题，在认识论上要有辩证统一的思想，在方法论上要学会统筹兼顾，在具体工作中要学会

“十指弹琴”。[101]

习总书记具体指出：作为党委书记，要总揽而不包揽，学会“弹钢琴”，善于抓重点，充分发挥党委的领导核心作用，发挥各个班子的职能作用，而不能事必躬亲，专权武断，干预具体政务。[102]

“弹钢琴”就是要避免像男人洗脸那样，专洗本部，边疆一概不管。

2000多年前，邹忌以弹琴之道为那个“不鸣则已，一鸣惊人”的齐威王讲领导之策。

他讲：昔日伏羲制琴，长三尺六寸五分，象征一年的三百六十五天；琴宽六寸，暗含六合；前宽后窄，寓意尊卑；上圆下方，代表天地；琴有五弦，是为五行。大弦急弹似春风浩荡，犹如君也；小弦音如山涧溪水，像似臣也；哪个手指该把哪根弦以及松紧的程度，如同国家政令；和谐的声音，大小相辅相成，曲折而不相干扰，象征四时；声音往复而不乱，代表昌明；十指弹七弦，必须配合协调才能弹奏出美妙乐曲，能将琴音调理好，天下就能治平！

习近平总书记讲：“必须在把情况搞清楚的基础上，统筹兼顾、综合平衡，突出重点、带动全局，有的时候要抓大放小、以大兼小，有的时候又要以小带大、小中见大，形象地说，就是要十个指头弹钢琴。”[103]

可见，弹钢琴要把握两个技术环节。

第一个技术是明确主旋律。什么是主旋律？“突出重点”就是主旋律。抓住了主要矛盾，一切问题就迎刃而解了。足球队的重点是训练比赛，而不是在裁判身上；医生关注的是乳腺疾病治疗，而不是对乳房感兴趣。

弹钢琴的第二个技术：掌握节奏。掌握节奏就是“统筹兼顾”，这是一种辩证法，事物发展总是从不平衡到平衡、再到不平衡这样循环往复，“平衡是相对的，不平衡是绝对的”[104]。这就要求我们做事情要处理好平衡与不平衡的关系。当事物不平衡的时候，我们在有问题的地方都点一下，这样就达到相对的平衡。

> 抓住重点带动面上工作，推动事物发展不断从不平衡到平衡，是唯物辩证法的要求，也是我们党在革命、建设、改革历史进程中一贯倡导和坚持的重要方法论。[105]

所以，要在抓工作重点的同时，做好兼顾文章，认识重点和一般的内在联系，反对顾此失彼“单打一”。既保持速度，又保持稳定，既抓住主要矛盾、实现重点突破，又实现全面、协调和可持续发展。

4

领导的第三种工具：会议。

会议是个有效的沟通工具。会开得好是一种效率，开得不好则是一种浪费。

无论什么单位，各级领导都会承认一半的时间在开会，其中一半的会议没有效果，纯属浪费生命。尤其在党政机关，提起开会大家都头疼，中途不打哈欠不打瞌睡的好同志找不到几位，那稀稀拉拉的掌声也是昧着良心拍出来的。最害怕不用稿、脱稿和上台先声明只讲几句话的领导。所以，中央八项规定中关于会议提出：要精简会议活动，切实改进会风……提高会议实效，开短会、讲短话，力戒空话、套话。[106]

> 要改进会风，能不开的会尽可能不开，没准备好的会坚决不开，能合并的会最好合并开，必须开的会也要能短则短，对会议的时限、数量、质量、规格等加以规范，提出明确要求。[107]

开会关键是会开，按照习总书记对会议的要求总结了一下，会开会主要有三个方面。

一方面是分清会议的种类，取消无效会议。通常是先按照会议规模进行分类，分为大型会议、中型会议和小型会议，然后再从中按照重要程度分清主次，来确定会议的次数与时间。

习总书记在正定县曾经规定：每周二、三为县直机关无会日。[108] 县直各部门、各单位召开的大型会议要严格控制，一般一年不得超过两次，用于部署年度性工作。[109]

第二个方面是会议的准备，所谓先要出“安民告示”。

会议之前都要做好哪些准备工作呢？至少要做好五点准备：第一，会议主题是什么，要解决什么事情。第二，哪些人参与，哪些人讲话。第三，明确需要哪些有关材料。第四，会议的时间如何安排？第五，要列出详细的议程。总之，会前准备越充分，会议成效就越好。

第三个方面是会议的过程。过程一定要紧凑，时间尽量缩短。“开半小时会能解决的问题，就不要开一小时的会。”[110]

会议过程主要注意两点。

第一点是防止三种情况。一是跑题，偏离会议主题，言不及义。二是“一言堂”，话语权被领导和少数人垄断，一开口，老鼠都没有空叫。三是野蛮争论，抓住其他人言语中的一词一句争论不休，甚至打起嘴仗。

第二点，限制发言时间。我们为什么会议时间长？原因是大家尤其是领导的口才都太好，喜欢表达，一讲起话来就忘了赶末班车的时间。有些领导在台下的时候抱怨台上讲得时间太长，可一旦自己到了台上，比谁说的都多。所以，发言必须限制时间。泰勒最早提出著名的“裙长理论”：女人的裙长可以反映经济兴衰荣枯，裙子愈短，经济愈好；裙子愈长，经济愈是艰险。开会也是如此，就像女人穿裙子，越短越好。公认的最长会议不要超过两个小时，一般会议半小时为宜。（习总书记在正定县曾经规定：大会报告一般不准超过两小时，小会发言一般不准超过20分钟。[111]）现在时间最长的是视频会议，如果是中央部委这一级开的会，要经过省、市、区三级贯彻，也就是说，一样的会议内容要重复四遍。

所以，“各级领导干部要把改进文风作为一项工作要求，带头讲短话、讲实话、讲新话，通过自己以身作则带出好文风来”[112]。

5

领导的第四种工具：报告。

阅读一分钟比倾听一分钟所获得的信息多得多，所以，报告能节约很多时间。

习总书记指出：改进文风，在三个方面下功夫、见成效很重要。一是短。力求简短精炼、直截了当，要言不烦、意尽言止，观点鲜明、重点突出。坚持内容决定形式，宜短则短，宜长则长。二是实。讲符合实际的话不讲脱离实际的话，讲管用的话不讲虚话，讲反映自己判断的话不讲照本宣科的话。三是新。在研究新情况、解决新问题上有新思路、新举措、新语言，力求思想深刻、富有新意。[113]

这正好就是一个合格报告的要求：一是报告篇幅，尽量短。要学习甲骨文的语言风格，由于刻字费力，所以甲骨文的内容都是秉笔直书，直言不讳。经常看到殷王与大臣直截了当地对答，王问：有祸患？臣答：“土方国从东来攻。”就连恐吓威胁也是赤裸裸不加修饰：“弗用命，戮于社，予则孥戮汝”——如果不听话，不仅杀了你，还要灭你全家。一般报告字数一千字为宜，不超过两千字。（习总书记在正定县曾经规定：各单位发文是什么问题就讲什么问题，直截了当，不准“穿靴戴帽”，一般以千字左右为限。[114]）二是报告内容，要求实和新。要说实话，并且提出新的思路。

所以，中央八项规定第四条直接指出：要精简文件简报，切实改进文风，没有实质内容、可发可不发的文件、简报一律不发。[115]还有一点就是亲自写。“这里很重要的是自己要亲自参与重要文稿的起草。”[116]

古代的章奏制度就属于报告这个工具类型。其中最为先进的是奏折制度，其始于清朝顺治年间，康熙年间形成固定制度。雍正的秘书长张廷玉创新了奏折制度并使之规范化，大大地提高了行政效率。奏折分奏事折、密折、请安折、谢恩折等。规定各部主官及地方大员，每月要给皇上呈一次折子，汇报这个月发生了什么，做了什么，怎么处理的。四品以上官员的奏折皇帝都会批阅。四品以下官员的奏折，先送到相关职能部门，然后由部门长官挑出重要事项的奏折呈给皇帝。朝廷各部都建立了奏折档案。奏折处理渠道非常畅通。

奏折格式也有严格规定，奏折内容要求直接叙事，不可有华丽辞藻；奏折书体规定用章草，楷书也可以。

皇帝批过的奏折均要存档并设立备注，上面记录皇帝看奏折时说过什么、问过什么、大臣是如何回答的。一般性奏折要存档到皇二代即位再销毁，重要奏折比如军事、人事任免等要永久存档。

古代官员一般是十天休一天，但帝王却一天也不能休息，帝王们除了早朝、活动、大朝和必要的休息，其他时间都在批奏折，也就是说皇帝一生都在看报告。

6

领导的第五种工具：“抓紧”。

习总书记讲：“实践表明，抓而不紧，等于不抓；抓而不实，等于白抓。抓好落实，我们的事业就能充满生机；不抓落实，再好的蓝图也是空中楼阁。”[117]

可以看出，“抓紧”是一种抓工作态度的工作方法，其关键词是认真。

习总书记强调：讲认真是我们党的根本工作态度，必须做到无私无畏、敢于担当，把认真精神体现到党内生活和干事创业方方面面。[118]

提起讲认真，大家会想起毛泽东在莫斯科会见我国留学生时的名言："世界上怕就怕认真二字，共产党就最讲认真。"而这句名言还是来自一个有趣的小故事。

有一天，几个卫士准备把毛泽东书房里的大沙发搬到另一个房间，门小沙发大，试过几次搬不出门，只好放回原处。

毛泽东在沙发前左右踱步。时而望沙发，时而环顾书房，时而瞥一眼门，然后慢条斯理地问："有件事我始终想不通。你们说说，是先盖这间房子后搬来沙发呢？还是先摆好沙发再盖这所房子？"

有人小声说："盖这所房子的时候，中国大概还没有沙发呢。"

说着，大家又动手搬沙发，这次动了脑筋，不时变换方式，终于将沙发搬出了门。

毛泽东在院子里散步，见沙发一出门，他便走过来问："怎么样啊，有什么感想？"

卫士们说："没错，是先盖房子后搬来沙发。"

毛泽东笑着说："我也受到一个启发，有一点感想。世界上干什么事都怕认真两个字，共产党就最讲究认真。"

许多人眼里，认真代表呆板，代表不识时务。实际不认真才是对工作和生活的不负责任，玩世不恭或能带来一时快乐，但烟云过后留下的却只能是那无尽的空虚与惆怅。

德国人工作节奏不快，但效率却很高，为什么呢？德国人在处理事务时非常认真，对细枝末节的处理一次到位，而且中间不能被打扰中断。中国人喜欢"贼不走空"，捎带着的事越多越好。最后结果是，中国人一天做50件事，成功10件；而德国人一天只做20件事，成功20件。反而德国人效率比我们高了。

训练一个德国人，让他每天擦六遍桌子，他一定会这样做；而训练一个中国人，他开始会擦六遍，慢慢会觉得五遍、四遍也可以，到最后索性一遍也不擦了。做事不认真是中国人的顽症，每天缺少一点点，积累起来就成了落后。

所以，我们“以真抓的实劲、敢抓的狠劲、善抓的巧劲、常抓的韧劲”[119]“要以钉钉子精神抓下去，一抓到底，绝不能半途而废”[120]。

7

领导的第六种工具：胸中有“数”。

事情结果的好坏程度关键是胸中的这个“数”。

那么怎样才能做到胸中有数呢？调查研究是唯一正确途径。

> 大兴调查研究之风，各级领导干部在调研工作中，一定要保持求真务实的作风，努力在求深、求实、求细、求准、求效上下工夫。“深”，就是要深入群众，深入基层，善于与工人、农民、知识分子和社会各界人士交朋友，到田间、厂矿、群众和社会各层面中去解决问题。“实”，就是作风要实，做到轻车简从，简化公务接待，真正做到听实话、摸实情、办实事。“细”，就是要认真听取各方面的意见，深入分析问题，掌握全面情况。“准”，就是不仅要全面深入细致地了解实际情况，更要善于分析矛盾、发现问题，透过现象看本质，把握规律性的东西。“效”，就是提出解决问题的办法要切实可行，制定的政策措施要有较强操作性，做到出实招，见实效。[121]

这种调查研究重点是习总书记经常说到的一个词：精准。只有精准的“数”的计算才能制定出正确的方案，同时还要“正确处理数量与质量的关系”[122]。

粟裕被称常胜将军，他作战时精于“数”的计算。有一次，侦查参谋向他报告地形情况，报告完毕，他问道：“少了一座桥，村南边的石桥现在没有了吗？”参谋原来讲漏了，惊问：“首长没去，怎么知道？”他说：“地图上有。”

1947年，粟裕协助陈毅指挥孟良崮战役。我军攻下孟良崮，各部队纷纷汇报战果，大家都以为战斗已经结束。而粟裕却在自己统计报上来的歼俘敌人数字，他反复审核几遍，发现相差了七千人，他立即命令部队继续搜查。不出所料，我军在一条隐蔽的山沟里发现了这批敌人，立即予以全歼，这才获得了战役的彻底胜利。

8

领导的第七种工具：总结。

> 善于对思想和工作情况进行总结，对一个领导干部的进步和提高很重要。[123]

无论顺境还是逆境，都要多看看窗外，弄明白什么原因让我们有了现在的成绩；同时也多“照镜子、正衣冠、洗洗澡、治治病”[124]，出问题先从自身找原因，不能一便秘就怪地球没引力。

三国中最成功的女性是哪位？就是没有留下名字的吴夫人，孙权的老妈。她是孙坚的贤内助，又培养大儿子孙策打下江东一片天地，二儿子孙权更是历代都夸奖的全才君主。吴夫人成功的最大秘密是每天早上的晨训，老公是吃早饭的时候，儿子都是吃饭以前，要总结一下昨天事情的对错和认识，有则改之无则加勉。

检查总结是常用的监督反馈绩效工具，也是我们把自己的外部经历转化成内在财富最有效的武器。检查总结是对前一段时间的工作进行系统回顾，是个再认识过程。

总结有三个功效：

一是找出成绩，归纳经验。

> 工作中的经验是财富，工作中的教训也是财富，关键在于是否善于总结。[125]

做总结可使人思考在过去一段时间里取得了什么成果，如何取得的？有哪些教训？通过对这些成果和经验教训分析，对过去的工作有正确的认识和评价。

二是查找问题，及时改正。

> 由“堑”到“智”的转化，是通过总结实现的，总结是这种转化的认识之桥，没有这座桥，“堑”就无法转化为“智”。[126]

通过总结找出问题所在，保证以后不再错误，这就是“吃一堑长一智”。德国人喜欢在没有问题的地方凿出问题，中国人总是在有问题的地方擦掉问题。凿出问题是为了分辨事物，擦掉问题不等于就没有问题了。

在事情还没有发生变化的时候最好处理；在没有发生混乱之前最好制止。西方的破窗理论讲了这个道理，没修复的破窗，可以导致更多窗户被打破。俗语也讲“针大的眼，斗大的风。”

所以要“自觉做到防微杜渐，努力避免摔大跤、栽跟头”[127]。

三是对工作进行绩效评估，以便及时调整方案和决策。

评估应该实事求是，评价成绩不能用乘法，检查错误不能用除法。地板上的污渍，用一块脏布去擦，虽然污渍没了，但结果是更大面积上均匀地沾染上一层薄薄的污面；表面看起来要比原来干净了，实际上却造成问题扩大化、隐性化，需要更大气力去清洁。如果评估不深刻彻底，那么就可将小事变大，大事变得不可收拾。

结　语

亚马孙河中有一种非常小的鱼，但却是名副其实的河中小霸主，因为它们成千上万地一起行动。一个200斤胖子掉进河里，一会儿工夫，就会有一具干净完整的人体骨架展现。这就是著名的食人鱼，这就是它们可怕的组织。高水平的领导力会产生令人不可思议的力量。

科学家失败99次，1次成功，也能获得诺贝尔奖；政治家成功99次，1次失败，也许就身败名裂。所谓“一着不慎满盘皆输”。

领导很像一个处理人事的“牧场主”。养好草原，骏马自然会来奔腾；拥有蓝天，雄鹰自然会来翱翔。对待这些“骏马”和“雄鹰”，要做的是让反对你的理解你，让理解你的支持你，让支持你的忠于你，允许有不喜欢你的，但不能让他恨你，万一他要恨你，也要让他怕你。

人民是我们党的工作的最高裁决者和最终评判者。[128]

领导是否合格，主要看下层的点赞而不是高层的点头。

领导之学是“万人敌”的本领。红色领导智慧就是要打造一个不断地超越着今日，憧憬着明日，不断地跳过终结，启动着新开端，无往而不胜的战队，“努力造成又有集中又有民主，又有纪律又有自由，又有统一意志又有个人心情舒畅生动活泼的政治局面”[129]。最终使战队以及每位战士都能梦想成真。

眼光敏銳見微知著為之于未有治之於未亂防患於未然化解於無形開展工作有板有眼縱橫捭闔張弛有度談笑間檣櫓灰飛煙滅

敬錄習總書記之江新語句 丙申春月 昌軍書

习近平总书记句　136cm×68cm　殷昌军书

文化智慧

导　语

文化的力量，或者我们称之为构成综合竞争力的文化软实力，总是“润物细无声”地融入经济力量、政治力量、社会力量之中，成为经济发展的“助推器”、政治文明的“导航灯”、社会和谐的“黏合剂”。[1]

文化力量究竟有多大?

三国不过是中国历史上出现乱局的短浅溪流，春秋战国、魏晋南北朝、五代十国，都是比三国更为波澜壮阔的风云时代，但又有几个人能把这些大时代中的大人物大故事说出一二。宋江的水泊梁山在黄巾军、黄巢等无数大起义面前，确实太渺小。可是每个中国人包括很多外国人都能把三国、梁山中哪怕是很小的人物和故事记得清清楚楚，家喻户晓。

《三国演义》《水浒传》的情节百分之八十是虚构的，但人们早已当真。那些已经被神化了的经天纬地的无双国士奇才和气拔山河的盖世猛将英雄将永远被中国人所传唱。

中国历史上有两次外族一统的经历。第一次的结果是曾经以屠城方式入侵的蒙古族被汉唐文化融合。第二次更彻底，满族宫廷直接任命汉儒来教育皇子，康、乾两位盛世君主更是醉心于汉文化的临摹，不仅通晓汉人政治谋略，而且精擅琴棋书画，心甘情愿地成为汉文化的传播使者。

这就是文学的力量，文化的力量!

历史和现实都证明，中华民族有着强大的文化创造力。每到重大历史关头，文化都能感国运之变化、立时代之潮头、发时代之先声，为亿万人民、为伟大祖国鼓与呼。中华文化既坚守本根又不断与时俱进，使中华民族保持了坚定的民族自信和强大的修复能力，培育了共同的情感和价值、共同的理想和精神。[2]

习近平新时代中国特色社会主义思想关于文化建设的重要论述就像灯塔一样指明了当代新文化发展方向。

新文化思想的路径

1

一切生命都寄存在特定的物质上，所以生命在时空中都是有限的，渺小而短促，有生便有死。然而人类却把自己的生命从特定的物质中，因于心的觉知而放射出去，寄放在其他人的心中，于是生命得到扩张，绵延不断。这一切就是文化的作用。

文化在中国语言中是两个不同意思字的合并。甲骨文的“文”像一个立身袒胸有花纹文饰的人，指巫师;《易经·系辞下传》:“物相杂，故曰文”;“文”与“纹”相通，“纹”为最美，引申为人文修养。

“化”表示人的匕首或折服人的匕首，为一种武器。可以看出，我们祖先把文化视为改造和发展自然，图造人类精神家园的主要武器。

“文”与“化”使用最早见于《易·贲卦·象传》:“刚柔交错，天文也。文明以止，人文也。观乎天文，以察时变；观乎人文，以化成天下。”天文是关乎事物变化的学问，人文则是精神的学问。“文”最终在于“化”即“人化”。文化的载体是人，“文”中被人接受的才算文化。文是因，化是果，无文肯定不能化，有文却不能化，两个结果都叫文盲。

文化的实质是创造人与世界、与他人的交往形式，这种交往的凝固就是文化产品，即文本，这是文化的唯一现实，每一个文本都由不同符号构成。

> 虚与实是相比较而言的。比较之下，在两个文明建设中，物质文明建设实一点，精神文明建设虚一点……实的比较好把握，虚的相对难以把握。[3]

文化相对实物来说是虚的，就好像空气，不如金钱货真价实，容易被人轻视。可相比于金钱，空气对生命更重要，这种虚大过实。没有它我们无法用自己的概念去描绘世界，无法用自己的价值去判断大千图景，纵有千钧之力也无处使。

> 坚定中国特色社会主义道路自信、理论自信、制度自信，说到底是要坚定文化自信，文化自信是更基本、更深沉、更持久的力量。[4]

许许多多文化元素在一个漫长时间里同时发挥作用，浸润到人的灵魂深处，从而形成一种价值标准、审美取向和思维方式，最后演化成潜意识，潜移默化地支配人的行为，让人从浮躁中安静，从愚昧中走出，让尘封冰冷的心柔软，成熟，从而变得博大、明白而自主！

在缤纷多彩的精神花园里，有很多华而不实的伪文化，有着文化的标签而无文化的精神，文化花瓶对生活没有实质性作用。习近平新时代中国特色社会主义思想充分展现了新时期文化的别样魅力。

2

我们现在的中国特色社会主义文化范式是把在革命实践中形成的文化观上升到文化哲学的高度，从而让文化走向现实层面，形成新的价值体系，并且沉淀于大众心理素质之中，成为人们日常生活所秉持的准则和核心价值取向，是中华民族精神重新凝结和走向世界的理论出发点。

> 核心价值观是文化软实力的灵魂、文化软实力建设的重点。这是决定文化性质和方向的最深层次要素。一个国家的文化软实力，从根本上说，取决于其核心价值观的生命力、凝聚力、感召力。[5]

几年前，追求艺术而至今未婚的旅法美女油画家将宋祖英、陈数、范冰冰、柳岩入画《新四大美女图》，引发网络热议。近年她又将刘翔、李玉刚、莫言和陈光标入画《新四大美男图》并于2014年3月在长沙展出，引来观众不满，被当场砸破画框。老百姓肯定不会接受与自己价值观有冲突的东西。

价值观是人类在认识、改造自然和社会的过程中产生与发挥作用的。不同民族、不同国家由于其自然条件和发展历程不同，产生和形成的核心价值观也各有特点。一个民族、一个国家的核心价值观必须同这个民族、这个国家的历史文化相契合，同这个民族、这个国家的人民正在进行的奋斗相结合，同这个民族、这个国家需要解决的时代问题相适应。世界上没有两片完全相同的树叶。一个民族、一个国家，必须知道自己是谁，是从哪里来的，要到哪里去，想明白了、想对了，就要坚定不移朝着目标前进。[6]

为什么中央提出了社会主义核心价值观？就是因为在当下改革时期，人们会产生各种各样的价值观，错综复杂。物质的强烈追求占据了精神的空间，当贪婪像貔貅一样，只进不出，想吞咽所有的物件却装不下良知与正义时，有些人就陷入了信仰危机，狂慧盛行，精神的素质在缓缓消退。一些正面的东西被解构，被平视，被轻描淡写。物质的追求达到一定程度如果不能及时转化为精神元素，则会使价值体系扭曲，使人们是非混肴，形成人最高层面的虚空。

所以，中央结合民族文化提出了社会主义核心价值观，用来统一人们的认识，使我们摆脱金钱和权力以及市侩主义等异化力量对心灵的败坏和消极影响，客观地面对现实，捍卫内心的尊严和自由。

社会主义核心价值观是当代中国精神的集中体现，凝结着全体人民共同的价值追求。[7]

什么是核心价值观？“核心价值观，其实就是一种德，既是个人的德，也是一种大德，就是国家的德、社会的德。国无德不兴，人无德不立。”[8]因此讲，核心价值观与传统德文化是有相承关系的。

习总书记就是践行社会主义核心价值观和道德的光辉典范。2017年11月17日，习总书记亲切会见全国道德模范代表。在准备合影时，总书记见到后排两位道德模范代表年事已高，就拉着他们的手，请两位老人坐到自己身旁来，现场道德模范代表们十分感动，报以长时间热烈的掌声。这个暖心感人的瞬间彰显了大德大爱，将永远铭记在全国人民心中。

3

人类在远古时代的文化观没有区别，崇拜上天是共同思想。中华文明发源，东中西有三个省意义突出，山东、河南、陕西。河南古称中原，被认为是天地的中心。山东在东部，古代是东夷民族，发明了文字，孔孟之乡，圣人辈出。陕西居西，其文明地位就不用说了，黄帝陵在那里呢。

公元前6世纪，人类史上发生了不可思议的巧合。在古希腊、中国、印度三个相隔很远的地方同时出现了左右世界灵魂的高山，高得神圣而不可攀。三座高山突然凶猛、激烈喷发出至今支配我们精神的原浆。

东方中国发生了一次极其重要的思想解放运动：百家争鸣。

春秋战国时期，仇雠之国在军事上杀得你死我活，但却不妨碍思想和哲学方面的交流，产生了“三教九流十家”和一大堆的“子”，数量远多于西方，但最终结果却弱化了墨子的兼爱非攻和韩非子的法制利导而强化了出身巫师的儒道，强化了古已有之的“天人合一”观念，依然相信“天命”，所谓“死生有命，富贵在天”，过着“靠天吃饭”的日子。

而西边则唤醒了人的“自我意识”“合理性精神”，将人从对自然崇拜中解放出来，希腊人“昂昂然，若千里之驹。自视甚尊，怜人而不为人怜，奴人而不为人奴。”

中西方文化走上不同发展方向。西方文化的要义在战胜自然，所以产生了科学；中国文化的要义在与自然调谐，所以产生了“仁”。

在中国，无论儒家，道学，还是禅宗，实际追求的东西都一样，即所谓“道”，各家对“道”的阐释和运用不同，本质却毫无二致，“道”即物即灵，即天即人，即现象即本性。道法自然，抱一不散，万物归宗，秉持操练这“道”的法则，一以贯之。

阴阳和五行是中国文化基本构架。阴阳讲平衡，五行讲整体，所有东方文化都摆脱不了阴阳五行的影响。“五四运动”以来，人们一直以科学标准批判它们，认为是迷信，事实上，阴阳五行本来就不属于科学范畴，是一种中国文化符号。

阳指太阳照到的地方，没照到的为阴，是对自然现象最简单的描述。随着认识深入，阴阳内涵越来越抽象化。阴阳被上升到统领天地万物的“气”，形成了与人们行为相连接的规律——“道”。“道生一，一生二，二生三，三生万物，万物负阴而抱阳，冲气以为和。”

先民最早关心的不是宇宙大事，而是生命本身，所以就用男女的生殖器作为阳和阴的符号。

什么是太极？“极”终端也，太极就是极大和极小的相对统一。这极大极小感应了运动之道，寓意变化之理。恒久不变的是变化，变化无常却有其规律，沉着灵动的流行，以毫不犹豫的顺达直指自如的圆融，这便是盈虚有象的大写意。

观太极图，两仪相抱，相反相成，有始有终，有起有落。圆线是内的界限，也是外的边界，以有限诠释无限。观内圆，两个阴阳眼，演绎着物我合一的境界，你我在此神遇和迹化，在此唤起那个无所不在、无所不包、无所不通、无所不至的“道”，得“道”就有灵气，失“道”就会消亡。落实到治国大道，武力、经济是阳，没有它们，国不会强大；政治、文化就是阴，没有它们，国不会昌明。

中国古代最喜欢哪个数？出乎现代人意料，最喜欢五。

汉承秦制，贾谊为汉拟定了一套让刘邦称道的措施，其中就有：色尚黄，数用五。这是历史上第一次官方宣布“五”为最吉利数字。

中国人把世界物质归纳为五种“金木水火土”，即五行。行在甲骨文中写法像一个十字路口，所以行强调了道路和行走的意思。

五行的含义可以解释为构成物质的五种元素按照道的规律不断地运动。

先人们由此推演天有五方，五方有五宫，五宫住五星，东岁星，南荧惑，西太白，北辰星，中填星；五星生五帝，东青帝，南赤帝即炎帝，西白帝，北黑帝，中黄帝；五帝推五族，东夷、西戎、北狄、南蛮、中华夏；五族推五仙，天、地、人、神、鬼。天子有五官，司徒、司马、司空、司士、司寇；司寇有五刑，墨、劓、腓、宫、大辟；司马有五旗，前朱鸟后玄武，左青龙右白虎，中招摇；天有五征：雨旸燠寒风，山有五岳，儒家有五经。对人就是五常，五德，五事，五伦，五脏，五色，五味，五音。

中国人认为五行相生相克是系统平衡的最佳构成，能保持最稳定的发展。

为什么选择五种元素？因为古人认为事物最高境界是阴阳中和，中间为最圆满。

中国个位数字只有九个，一到九，中间的数正好是五。易经以九五为主爻，高了低了都不利，所谓“九五，飞龙在天，利见大人。”古代皇帝喜欢被称为九五之尊，九五的位置最稳当。

“五”代表了稳定，代表了中正。

最喜欢的数字是五，最重要的字是哪个？是“中”。

说文解字解释，“中”像旗杆，上下有旌旗和飘带，旗杆正中竖立。但旗子飘扬时飘带和旗面都摆到一边了，让人不信服。近年在山东寿光出土了一儿童抽打陀螺的骨刻图，表达了东夷人将重心作为中心而称为“中”字，甲骨文和金文“中”字的形状与骨刻文图几乎一样，所以“中”字原型出于陀螺。

“中”被视为天下万物之大本，由中而和，“致中和、天地位焉，万物育焉。”被朱熹推崇为尧舜道统传承的“正眼法藏”十六字心法“人心惟危，道心惟微；惟精惟一，允执厥中。”更是把“中”推到极致。

“中”为“和谐”，讲事物的关系，让它们各得其位，井然有序，用“和为贵”的方式来处理各方矛盾。因此，“中和”也成为中国人行动标准。

> 祈盼和顺、崇尚和美、追求和谐，是中华民族的优良传统和高尚品德。[9]

“中”又为“一”，是源出和归宿，所谓持中守一。圆要以中间那个点才能画圆画完，那个点就是中心。我们如果能从圆周深入达到圆心，那就叫通达了。

“中”还为“正”。易经讲：“艮其辅，以中正也。”代表公正、正义、正气，坚持原则，反对极端，“正义是最强的力量。”[10]这是中国人理论上的最高价值追求。

“中”也为“大”。“大”为人一，是专门给男人的字，指男人中间的生殖器。后寓意为，普天之下莫非王土，居中为大，大而巍巍然。我们为什么称自己为“中国”，起因是周武王封太伯之后国为虞，居中，即中央的国家，而后用大国之意。

儒家是“天行健”崇天，道家是“人法地”敬地。古代皇帝天地都拜，祭天称“封”，祭地叫“禅”，“封禅”是最大的事。“天理”将伦理纲常与政治权威紧紧结合于一体。中国社会进入了这样十分稳固的体系。这也是中华文化一直延续的原因。

西方文化发展，有两条线索，一条是科学即理性的，另一条是宗教即信仰的。两条线索虽独立发展，但又常常缠绕在一起，共同支配着西方人的生活。

理性源自古希腊，是西方文化的发端，认为世界本质由数决定。通过国家、政治系统，看护着人性，宗教源自希伯来人即犹太人的信仰精神，通过道德、信仰系统，追求着神性。古希腊和希伯来是西方文化的两个源头。

希腊精神就是尺度、明晰、目的。当普罗泰戈拉喊出那句影响西方2500年的“人是万物的尺度”后，不断有文化斗士为此奋战。在经历中世纪一千年后，终于转身回来，再去跑那正当的第一条路。

席卷欧洲，延绵三百年，冲击传统、呼唤人性解放的伟大文艺复兴运动，以女胸运动作为语义转换，让在衣襟里昏睡的乳房苏醒，从禁欲的教规中夺回意识形态权力。真正复兴了原来那个时代的理性精神与人的尊严，再次发现了人，提升了人。

18世纪思想启蒙运动以比文艺复兴更彻底更自觉的革命，对封建神权进行猛烈抨击，彻底打破了神本主义思想。

人们不再借助上帝，而是通过对人自身特点和活动探讨来说明人及其文化。觉醒了对个人地位、利益与自由平等的追求。主张“自由、平等、博爱”，主张建立民主共和政体。个人主义，成为一种时尚，那时候贵妇们喊出著名口号：“鲸骨裙里面可以藏一个情人”，找情人已经自由到无视道德。自由竞争，成为资本主义生产方式的代名词，建构了资产阶级民主思想体系。

卢梭、伏尔泰、亚当·斯密、孟德斯鸠无疑是这个时期的巨人，而在文化哲学研究方面两位先驱维科和赫尔德也值得我们崇仰。

维科的《新科学》提出了一个具有转折意义的思想，肯定人对文化的主体地位，哲学家应该去研究和认识人所创造的文化世界。赫尔德则提出“历史就是人类的文化史”的著名论断。他们开启了西方文化哲学研究的思潮，进化论、相对主义、动能主义、结构主义、新文化等学派后浪推前浪，浪浪逐高。

希腊崇尚理性，中世纪崇尚灵魂，文艺复兴崇尚肉欲，近代崇尚自由，现代崇尚人文关怀。这就是西方文化的脉络。

马克思在晚年开始注意文化问题研究，写了《人类学笔记》，提出文化要以实践为范畴展开的核心观点。

“中国特色社会主义文化，源自于中华民族五千多年文明历史所孕育的中华优秀传统文化，熔铸于党领导人民在革命、建设、改革中创造的革命文化和社会主义先进文化，植根于中国特色社会主义伟大实践。”[11]在双重文化演进中建构的具有民族特色的中国特色社会主义文化思想，唤醒了沉睡的古老民族，引导它走向民族伟大复兴的中国梦。

学习文化的辩证法

1

如何学习文化？一个陈旧的热门话题，人们到现在还在争论不休，而每一次文化探讨达到高潮时，形成的问题和意见却是一样。一切可能的主张都提出过了，出路依然迷茫。

处于精神迷惘却又自作聪明的中国人，一边嚷着改变观念，一边却原地两千年也不曾挪动，总是在儒家文化体系的经史子集“酱缸”里复兴“国学”。

“全盘西化”与“复古”的拉锯，正是中国内忧外患绵延不绝的文化祸根。早在20世纪20年代，我党早期创建者之一的张申府就提出过将“孔子、罗素、列宁”合而为一，即将传统文化、西方文化、马克思主义相结合。这个设想对如何建构中国自己的新文化还是很有深度的，但它在文化系统的解析和重构以及文化要素的可离和相容等实践操作性让人质疑。新民主主义文化观却给予了合理具体的解释，既反对“中学为体、西学为用”，以期用儒家文化对传统文化重振和光大来抵制西方文化冲击，也反对以全盘西化对中国传统文化进行重建的激进观点。

中西文化是性质完全不同的两种文化体系。农耕生活决定了中国文化是以注重宗法、血缘的家族主义来观察生命，而商业性质决定了西方文化的基石是建立在国家主义基础上。

中华民族自古以来就重视家庭、重视亲情。家和万事兴、天伦之乐、尊老爱幼、贤妻良母、相夫教子、勤俭持家等，都体现了中国人的这种观念。[12]

家族观念是中国社会几千年的基础构造。

母系氏族时生育后代最强的女性为首领，称为“后”，“后”字形在甲骨文中近于一个有双乳的女性。让中华民族在这个世界上绵延永续，长袖翩翩保护我们的超级母亲女娲就是这个时期无数“后”的综合代表。最早先民都是知其母不知其父，每一个氏族，都有一个以始祖母为宗的名称，这就是姓。姓即女生。中国姓氏由女字旁的字开始，黄帝姓姬，神农姓姜，少昊姓嬴，虞舜姓姚，夏禹姓姒……后来父系氏族强化了性的独占观念，形成更加牢固的宗族。

在先秦，姓氏是分开的，姓不能变，氏可以常变。比如孔子，其实不姓孔，他的先祖是殷朝皇族，殷王姓子，所以，孔子也姓子，孔只是他的氏。姓代表了老祖宗。何谓“祖”，“祖”从“示”即享受后代祭祀之意，祭祀的是“且”，“且”即男根。拜天的祭司为巫或觋，尊祖的祭司叫宗。因此，我们叫自己先辈是祖宗。天子祭祀规格是猪牛羊全的“太牢”，诸侯只能用猪羊，叫“少牢”。过去皇家都建宗庙，按照昭穆次序排列。昭为双数，在左，穆为单数，在右。社会虽经改朝换代的迭变，但家长制度亘古不变，即使死了也是家里的鬼，无家可归是最悲惨的事情。

“同居共爨”是标准一个家，分家后“同居异爨”，“异居异爨”，这就形成了家族。

家族有内外区分，“亲”为内，“戚”为外，“亲”永远高于“戚”。那时择婿最理想身高为一丈，约相当现在一米七，所以叫“丈夫”；《礼记·曲礼下》载：“天子之妃曰后，诸侯曰夫人，大夫曰孺人，庶人曰妻。”“妻”当时指平民的配偶。“太太”原为老一辈王室夫人的尊称，是个贵族符号，后来随着朝代越来越降低身份，到现在成为遍地都用的通称了。结发夫妻组成了家。中国最传统的理想婚姻范本是大舜帝以身开创的“一夫一妻一妾”三位一体的结构。

古代“婚”指新娘的老爸，“姻”是新郎的老爸。婚姻，结来结去，不是两个人，而是两家人。那时候还时兴“亲上加亲”也即亲戚之间的婚姻，“姑”与岳母、婆婆，“舅”与岳父、公公是一样的意思。所以古代对“亲”的认定很严格，尤其能与皇上和高官挂上点关系那是不得了的梦想。比如李白，就曾经效仿刘备称自己是汉中山靖王刘胜九代孙，精心策划炒作他自己是凉武昭王李暠九世孙。刘胜和李暠都是历史上出名的“生子猛王”，子女不计其数，连他们自己也记不住孩子叫什么，至于九代的子孙确实难以辨认。李白的父亲叫李客，没有什么记载，只知道因事从关内跑到关外，不曾入仕。虽然很难考究，但基于李白的名气与社会影响力，皇上还是特批隶于宗正寺并被编入皇族户籍管理，可李白始终没因此纳入皇亲行列，因为皇亲都是来路清楚的。

一个人发迹了，可以光耀九族，如果犯了大逆，那要株连九族。九族即指父族四、母族三、妻族二。父族四指自己一族外加出嫁的姑母及其儿子、出嫁的姐妹及外甥、出嫁的女儿及外孙。母族三指外祖父一家、外祖母的娘家、姨母及其儿子。妻族二指岳父一家、岳母的娘家。家族在中国人心中根深蒂固。

无论家还是家族，完全是以父系为中心，家长制的精神就是重秩序之道，男人说了算，是家长，家无二主，“始于一人”。什么是妇？女从帚为妇，理想的妇是手里拿把帚打扫家。“三从四德”，未嫁从父、既嫁从夫、夫死从子；妇德、妇言、妇容、妇功。

第一个为贞洁女人筑台立碑的皇帝是始皇。巴郡有一个叫清的寡妇，由于婆家没有男丁，她继承了祖上的丹砂矿，兢兢业业地工作，疏通各方面关系，自己从中一直保持清白，作为当时全国最闻名的“财”

貌两全的富婆终身未再嫁。她的事迹传到皇帝那里，始皇认为这是不可多得的榜样。为她建了一座“女怀清台”，永留青史。明末诗人金俊明诗赞：“丹穴传赀世莫争，用财卫国能守贞。龙祖势力倾天下，犹筑高台怀妇清。”当时妇女几乎没有自己名字，未婚女子是在姓前冠以孟（伯）、仲、叔、季，用以表示老大、老二、老三、老幺排行。如孟姜，即姜家的大闺女，所以，哭倒长城的不姓孟。女子嫁出去以后，一般用丈夫和娘家的姓并列称某某氏，孟姜女嫁给范喜良，就应该改称范姜氏了。实际上一直到中国第一女人武则天，也不知道她到底叫什么？武媚娘的名字是唐太宗赐的，武曌是她自己造字起了一个名，死后尊为“则天大圣皇帝”。

虽然没有名字，但一直到汉唐之时，对妇女也还是很宽松，不仅不限制改嫁，也不避讳娶再嫁之女。汉文帝的母亲薄太后，汉景帝的王皇后也都是再嫁之身，陈平的妻子在嫁给他之前居然嫁了五次，这放之当下也是让人目瞪口呆的事。裹脚据说是南唐李煜发明的。到了宋代儒学复兴，尤其程颐说了那句“饿死事极小，失节事极大”后才开始束缚广大妇女，裹脚正式开始。1368年，朱元璋下达“贞洁诏令”等于给所有妇女套上了枷锁，从那以后，裹脚成了规矩，官方对外宣传裹脚好处是可以使妇女走起路来，莲步姗姗，袅娜娉婷，是一种绝美之态。实际上这是男人源于自私而出的坏主意，妇女缠脚后不能狂奔乱跑，被限制于闺房之中，可以避免她们出门引起狂蜂浪蝶的垂涎或者与人私奔。从文字里面也看到封建社会对女人评价不高，生男孩叫“弄璋”，生女孩成了“弄瓦”，差距太大了。一女做事为“奸”；两个女，“奻”代表愚、争吵；最贬义的就是“姦”，三个女人一台戏，可想而知。

中国的国家观就是一种天下观，先秦古籍里，家、国、天下连称，意思是积家成国、积国成天下。由家庭推及社会，移孝作忠，成为帝国规训其政治顺民的逻辑起点。当然也有这大家庭一直解决不了的难题，那就是婆媳之间鲜明的矛盾。

“国”的意思是国都，也即皇帝的家，其他地方叫“鄙”。所以古代中国不是一个国家组织，而是一个家族组织，不是一个社会，而是一个部落。皇帝就是家长，天下是他们家的，但老百姓也没感觉有什么不应该的。

西方文化则强调国家的重要，国的要素是土地、人民和主权。自卢梭创立“唯有道德的自由才能使人真正成为自己的主人”的社会契约论，天赋人权成为国家主义的核心。

不以家族为本位，而以国家为本位；不以群体为本位，而以个人为本位；个人在社会、国家中有无上地位；人人是公民，公民组成国家，国家为国民服务，国民为国家负责，国家前程和个人命运相联系。国家是西方文化中最重要的概念。

每一次思想解放运动都要进行灵魂的碰撞和融合，这样才能将一些兽的、恶的、污的东西挤走，让心灵充满阳光和清凉。一次次的撞击，一次次的融合，虽然过程很惨烈，但一旦经历了，那么将会拥有另一个崭新的生命。

两场相互关联的著名运动——始于1915年的“新文化运动”和爆发于1919年的“五四运动”最终成就了中国历史上伟大的文化运动，打破了中国人已经僵化的思维模式，让孔家圣殿轰然倒塌。陈独秀、胡适、鲁迅是新文化运动的先锋，而广大妇女却不该忘记那个“只手痛打孔家店”的老英雄吴虞，是他揭露了吃人的“礼教”，发出了解放中国妇女的呐喊。

2

一个民族的文明进步，是在一代又一代人的传承和发展中形成的。[13]

传承和发展需要不断地学习。学习文化主要工具有，“古为今用”“辩证取舍”“洋为中用”“推陈出新”等。

古为今用，是一个纵向认识，是研究自身如何演进的问题。

为什么中华民族能够在几千年的历史长河中顽强生存和不断发展呢？很重要的一个原因，是我们民族有一脉相承的精神追求、精神特质、精神脉络。今天我们使用的汉字同甲骨文没有根本区别，老子、孔子、孟子、庄子等先哲归纳的一些观念也一直延续到现在。这种几千年连贯发展至今的文明，在世界各民族中是不多见的。[14]

同时，习总书记还指出：传承中华文化，绝不是简单复古，也不是盲目排外，而是古为今用、洋为中用，辩证取舍、推陈出新，摒弃消极因素，继承积极思想，“以古人之规矩，开自己之生面”，实现中华文化的创造性转化和创新性发展。[15]

习总书记比前辈领导多用了四个字“辩证取舍”。

传承有传和承两部分，古籍和古代艺术品即为“传”，今天的人们去学习研究则为“承”。“传”就像家中储藏物，是多年聚积的成绩，看着内容丰富，但无用废物也不少。到搬家时，势必要扔掉一些破烂，这时却发现总有三五人对这些垃圾感兴趣，埋头苦干地发掘。有的明显是糟粕，就像男人的脚，但偏偏有夫喜欢对这蹄上藏垢纳污之处往复抠挖，然后把满是真菌的手指在通天鼻处反复嗅之，以此为乐。

如何“承”是文化进步的关键。《圣经》上讲，我们应当立足于古道，然后环顾四周，见到正直的大道后再行于其上。中国文化的“承”离不开“礼”，“礼”最早是宗教仪式的重要部分，是为了取得彼岸世界力量的支持所特设的行为展示。而在中国，宗教仪式被精心地、有意识地、智慧地同其宗教基础分离出来，经过改头换面系统地与宇宙形式相一致，利用这种文饰对尊卑等级和名位做了严格规定并用于日常行为，这就是儒家。

“礼”是其核心内容，以礼作为管理手段。法是维持秩序的一套方法，但法律也有触及不到的地方，为了使人更像人，使生活更像生活，礼便应运而生。对国家施礼治，对国民讲礼数，这对社会稳定起了重要作用。

“礼”有官方的成分在内，亦有世代沿袭的成分在其中，基本上还是约定俗成的精神，行之既久，便成为大家公认共守规则。同时还以乐作为辅助，通过音乐使不同等级的人产生共鸣，达到人与人之间的妥协中和，让人们不因礼而过于拘泥、生疏。

礼用来区分贵贱，乐用来缓和上下矛盾；礼要人尊敬，乐要人亲爱。“和”字最早出现在音乐中，5个音根据不同的序列和节奏组成的音乐就是“谐和”。常用黄钟律吕来体现天地宇宙整体谐和，又用琴瑟和合来比喻人间婚姻幸福，这两件乐器，恰可以作中国早期礼乐谐和文化精神的象征。

礼在外表现为仪，在内体现为仁。

儒家主张用人的品行和自觉进行礼治，取得了巨大成功，一种意识形态能够根深蒂固地统治两千多年，至今还有着生命力，放眼世界，独一无二。所以，其中诸多好思想应当不断传承下去。

继承了精髓，同时也要去掉不合时宜的糟粕，这才是“辩证取舍”。

我们可以清楚地看到，礼治也带来了烦琐的规矩，随着时间的累计，越来越烦琐，像不断加重的包袱把人的脊梁压弯。有了这些概念，心就不是真心了，人也不真实了，扮演着种种角色，没有真我，我成了一个工具，在命运的大海里沉浮、颠簸。

这样的结果是束缚了人们的创新思想，造成普遍虚伪，人们将自己的七情六欲隐藏在深处，装出一副无欲无情的面孔，去适应社会，教化后人。明明打一个直拳，非要叫追星赶月；明明上一盘黄瓜，非要叫青龙相聚；中国人最难吃三碗面：脸面、情面、场面。有些人请吃饭不在于吃，而是看花了多少钱；买东西不在乎质量，而是看是不是名牌。面子文化让我们苦不堪言，但许多人依然要打肿脸充胖子。

伪善被叫作了教养，人们都成了扮作被追求者的角色的追求者。名人会讲："唉，我真不想领这个奖，可推不掉啊！"文人和商人也常常把"淡泊名利"挂在嘴边，但名和利最终让他们占了；中国人从来就羞于淡色，可孩子比哪国生的都多。

庄子曾经以儒家五常，加"至"来解构，反对繁文琐礼、矫揉造作。最高的礼就是视人若己，毫不见外，不用凡事行礼；最高的义就是物我各得其宜，不必区别彼此是非；最高的智是自然流出、发自天性，不必用尽心机；最高的仁是不讲亲爱，彼此间本来就亲密无比，不必表面做出亲爱的样子；最高的信无须以金玉做抵押，因为彼此诚信是心的约定。这些解构的本质是追求仁、义、礼、智、信的内在精神，所谓本于人情，率性而动之意，是对儒家道德体系的反拨。人与人之间"以天属"而不要"以利合"。

所以，"古为今用"绝不是简单复古，需要"辩证取舍"。一些消极因素必须摒弃，传承与时俱进的积极思想，只有这样，才能实现中华文化的创造性转化和创新性发展。

3

洋为中用，是一个横向认识，是讲如何接受外界事物的问题。

> 我们社会主义文艺要繁荣发展起来，必须认真学习借鉴世界各国人民创造的优秀文艺。只有坚持洋为中用、开拓创新，做到中西合璧、融会贯通，我国文艺才能更好发展繁荣起来。[16]

中国接受西方文化是很尴尬的，它伴随着殖民主义的大炮一块进来，对外来先进文化像一个没有了牙齿的老人被迫地吞食，这口饭吃起来确实难以消化。

学习借鉴、融会贯通是洋为中用的方法，在借鉴过程中要使用批判继承这个通用工具。剔除粗糟内容，剥去无价值外表，从而获得净化和扩充。批判继承是一种超越的融会，不是要把文化这棵大树连根拔除，而是摇断它的枯枝，吹走它的败叶，或者给它嫁接上合适的枝条，使它更加壮美。

> 对我国传统文化，对国外的东西，要坚持古为今用、洋为中用，去粗取精、去伪存真，经过科学的扬弃后使之为我所用。[17]

民族文化异常复杂，不能把自己的文化视为绝对的、纯粹的，我们不是思想和真理的唯一和无可争议的体现者。

> 中外文明交流互鉴更是频繁展开，这其中有冲突、矛盾、疑惑、拒绝，但更多是学习、消化、融合、创新。[18]

中国人对英雄的标准之一是“英雄难过美人关”，过了才是英雄。周穆王以冒险和浪漫色彩的暴走去寻找传说中的西域美艳女王，而相见后，面对西王母以歌咏来表达的情感，最终还是为了社稷断然掉头离去。而西方认为，英雄与美人都是上天赋予人类的传奇角色，英雄的强力必须要有美的迷醉和情的动荡才更有异样光彩，才是完美英雄。所以，西方经常出现无数英雄为一位美女不惜生命，老百姓也认为夺回美人是事关国家和城邦荣誉攸关的大事。

“烽火戏诸侯”的周幽王、“乞还马小怜”的北齐后主高纬在西方人眼里不但不是昏君而且是模范大丈夫，这以长城、烽火和铁血为背景的情调肯定会成为最动人的爱情故事。

爱美人还是江山？答案就是不同民族文化的基石！

老妈和老婆掉河里先救谁？中国人孝道为先，回答上一定要先救老妈，而西方则是谁近先救谁。

任何文化都是在与其他文化的对话和交锋中发展丰富，我们给别人的文化提出了新问题，同时也在他人的文化中寻找我们需要的答案，从而展现出自己新的层面，新的含义。

> 文明是多彩的，文明是平等的，文明是包容的。文明因交流而多彩，文明因互鉴而丰富。文明交流互鉴，是推动人类文明进步和世界和平发展的重要动力。[19]

任何民族在接受一种外来文化或新文化，都受到原有文化的影响。同样，任何一种文化，想在另一文化圈里找到生长点，也必须改变自己的某些内容和形式。把触角伸向外部来展现优点，在大文化圈中实现自我。另一方面，通过交流互鉴，吸收其他文化的长处，完善自己。

> 中华民族是一个兼容并蓄、海纳百川的民族，在漫长历史进程中，不断学习他人的好东西，把他人的好东西化成我们自己的东西，这才形成我们的民族特色。[20]

文字是文化最基本元素。汉字是最能体现我们民族特色的文化符号，但汉字复杂难懂，降低了对外交流的频率。新文化运动中钱玄同、鲁迅等大学者把中国的落后归结于烦琐的汉字，很多人要走拼音化道路。“延安五老”吴玉章是其中之一。新中国成立后，他担任中国文字改革委员会主任，依据毛泽东“利用草书”的建议，主张“草书楷化”；还通过简化偏旁，形成一些偏旁类推简化字。但拼音化改革引起了争论。很多学者认为中华文明之所以延续至今，汉字起了决定作用，中国文化的信息都在汉字里面，汉字已经成为黏合汉民族共同体的文化胶水，人们通过汉字实现彼此身份的认同。追求效率不是拼音化的理由，丢了汉字我们还能称得上中华民族吗？毛泽东支持汉字拼音化，但他又深知文字改革的利害关系。所以，对“汉字可以立即用拼音文字来代替”的看法不予赞同，强调“有计划、有步骤地推行文字改革”。这样就形成了我们现在的拼音和简化汉字并列使用的局面。

对待不同文明，不能只满足于欣赏它们产生的精美物件，更应该去领略其中包含的人文精神；不能只满足于领略它们对以往人们生活的艺术表现，更应该让其中蕴藏的精神鲜活起来。[21]

历史中的文化冲突，最后结局不是一种文化吞噬另一种文化，而是不同文化体系之间的相互融合，不同的人文精神在平等基础上合作和共同发展。

对于文化遗产，只批判不继承，叫文化虚无主义；只继承不批判，叫文化保守主义。

我们要虚心学习借鉴人类社会创造的一切文明成果，但我们不能数典忘祖，不能照抄照搬别国的发展模式，也绝不会接受任何外国颐指气使的说教。[22]

4

苏东坡是中国历史上少有的全才文人，尤其是他有个其他文人更没有的绝活，就是大师级的美食家，东坡菜鼻祖。令人闻香流涎不止的东坡肉，至今是舌尖上的超级杀手。苏东坡对美食有着独特品位和见解，他发明的美味带有浓厚的哲理性文化元素，而且与传统养生结合，堪为“全能营养餐”，做个广告：多吃东坡菜，美味养生长学问。

苏东坡有个书帖：夜饥甚，吴子野劝食白粥，云能推陈致新，利膈益胃。粥既快美，粥后一觉，妙不可言。可见，由花生仁、黄豆、栗子、粳米组成的著名美食“东坡粥”起先创意来自白粥。最为关键的是这碗粥还喝出了一个大大有名的哲学词汇，“推陈致新”。这就是“推陈出新”的出处了。

要注重“推陈出新”，传承历史优秀文化，赋予时代发展内涵。[23]

“推陈出新”不是不择手段地刻意求新，而是具有鲜明立场观点，在道德规范内富有新意。

正如习总书记所讲："新就是力求思想深刻、富有新意，正所谓'领异标新二月花'。……需要指出的是，讲出新意，并不是要去刻意求新，甚至搞文字游戏。更不能背离马克思主义立场观点方法，背离党的路线方针政策去标新立异。"[24]

日常生活中我们常常关注事物共同不变的特征，这些稳定构成了熟悉而亲近的世界。如果我们想展示生命的无限和不可穷尽，就要以全新目光寻求周围世界中那些陌生和新颖的东西。每个时代每个领域，在特殊背景、特殊因素下都会出现一些特别现象。个体思想只有与其他思想发生深刻的重要对话之后，才能寻找和更新自己，衍生出新思想。

文化是自然的花卉，大自然为各种质料创造新形式，让它具备了新的生存意味，让创作者享受到了新的乐趣。

模仿他人不是创新，模仿自然才有新意。

> 文艺创作是观念和手段相结合、内容和形式相融合的深度创新，是各种艺术要素和技术要素的集成，是胸怀和创意的对接。要把创新精神贯穿文艺创作生产全过程，增强文艺原创能力。[25]

文化创新都是把客体转移到另一个价值层面上，给它带来形式的恩赐。如同全世界古代王子的鸡尾酒会，你全然不会注意到高贵英俊的英、法等国的王子，因为他们只是相互模仿，太类似了。而身上只披着几乎没有重量羽毛的印度王子却可以摄取我们全部的注意力。

"推陈出新"关键之处在于推出符合时代道德精神而思想深刻的独创。

文化诊断的标尺

1

如何诊断文化？这就要始终掌握着人性和历史这两种基本尺度。主要有三个标尺：文化是民族的、大众的、科学的。

2

第一个标尺：文化是民族的。

“文化是民族生存和发展的重要力量。”[26]而“民族文化是一个民族区别于其他民族的独特标识”[27]。

中国的民族观是世界文化史上特有的，这就是国家与民族统一观念，国家和民族水乳交融地一致发展。《尔雅·释地》讲：“东至于泰远，西至于邠国，南至于濮铅，北至于祝栗，谓之四极。觚竹、北户、西王母、日下，谓之四荒。九夷、八狄、七戎、六蛮，谓之四海。”四海之内皆兄弟。

任何文化的内容都必须通过一定形式显示出来，而只有适合中华民族实际和特点的形式，才能使新文化的内容为中国人所理解和接受。无论怎么讲中国文化，孔二圣人和关二老爷都是绕不过去的，这就是文化民族性的特殊现象。

京剧也好，国画也好，书法也好，武术也好，传统文化艺术的每一种形式都饱含着中国人的民族心。最普通大众的人生观、荣辱观、责任感、民族意识都融在一出戏、一幅画里面了。它的背后都有沉甸甸的历史沧桑，有血浓于水的家国亲情，有盛衰兴亡的今古浮沉。这一唱一作，乃出人间百态；那一按一抹，便是远山一片。

传统的记忆，鲜活的传说，正邪的较量，朝野的分合，都具有震撼人心的力量。正是这不离不弃的民族感，才使得我们这个民族代代激昂，无休无尽。

看任何事物，必须跳出这个事物，站在高的位置上才会有广阔的视野，才看得清它的全貌。看民族文化也是如此！

站在本民族立场上看本民族文化，必定好坏不分。只有站在世界和人性立场上，才能看清本民族文化中哪些是具有普世价值的精华，哪些是违背人性的糟粕。

尽管儒家在传统文化中占了绝对优势，但道家的自然无为思想却是中国文化最终归宿。因为只有在这里，人们的人格才真正是“不辨而自白”，才能从自我中心意识中解脱出来，做到“无我”和“物我”同化，让心灵脱离一切局限，去追求大自由和大解放。所以，道家是根，是隐学，儒家是干，是显学。中国文化特点造就了中国人所谓的内柔外刚。内柔来自道家，外刚源于儒家，实际儒家这种刚是掺了面的软钢。“君子动口不动手”“干打雷不下雨”就是所谓的刚。“主子”和“奴才”经常统一在一个人身上，阿Q在赵太爷面前是十足奴才，但到了小D和小尼姑面前，他又要耍主子的威风。

奴性文化、等级制度、灭九族等各种自相残杀的软硬礼数曾使中国人变成了彬彬有礼的绵羊，即使外辱提刀来犯依然会很有礼地伸出脑袋：请砍好。这就不难怪抗日时期，两个日本兵就能押解几百个壮汉去处决，而国人丝毫没有反抗之意。

西游记里面，佛祖翻掌一扑，将五指化作金、木、水、火、土五座联山，唤名“五行山”，把猴王压住。实际上佛家构成物质的基本元素有四种，地、水、火、风。佛教开始在中国很难与儒道相争，只有把释迦牟尼变为中国面孔，才被接受。所以，中国禅宗不过是些任性逍遥、玩习老庄的知识分子，借佛家对道家思想重新整合以大众化地阐扬。

节日文化最能代表民族特点。中西方最初节日大多与神灵有关，节日实际是老百姓的文化，它处在时间运动的分界线上，时间上它是庆日，空间上它是众人的聚集地，聚拢了不同位置、不同身份的人们进行交往对话。

中国节日神话色彩浓重，由此延伸出来的民俗也是神话的演变；而西方节日以宗教信仰为主。中国节日其实就是两个字，拜和吃。活人向死人拜，希望被祭祀的对象给祭拜者带来私下的利益。西方节日很轻松，是给活人过的，落实到世俗生活的彼此关爱。

中国的鬼节，人们是祭奠鬼魂；西方的鬼节，人们却带着开玩笑的心理，穿着各种服饰戴上面具参加万圣节舞会，巧了还能领个女鬼回家。

西方情人节是纪念青年男女为争取厮守机会来抗衡权威的上帝；而中国的七夕，则为庆祝被权威分开的牛郎织女一年一次的相会。于是，在老外捧鲜花送巧克力的时候，我们的靓男倩女还在对着天空发呆，乞求月老开眼，用红线把他（她）牵到心爱的她（他）身边。

中国所特有的立国重器“鼎”同时也是烹饪美味食物的器物。所以，中国节日吃文化是一大景观，中国人好吃，中国人敢吃，中国人会吃，世界有名。春秋战国、汉代过节的时候，政府不送福字而喜欢给有造诣的老人送一根棍头造型是鸠的棍子，取名“鸠杖”。传说鸠的食道从来不堵，以此祝福寿星继续能吃。

通过吃与自然进行愉快亲切的交流，把自然吸纳到肚子里，享受得到自然的快乐，同时在这种快乐中使自己变得强大。人吞食了世界，就等于战胜了世界。

虽然现在年轻人感觉西方节日好像比中国节日文明，越来越喜欢过洋节，这实际是异国情调的新奇所致。每个民族文化深层次基因是改不了的。有时看着抱着鲜花的少年和老来俏，总感别扭，把这异国情调生吞活剥搬到自己家里，往往不伦不类。

3

文化诊断的第二个标尺：文化是科学的。

> 科技是国之利器，国家赖之以强，企业赖之以赢，人民生活赖之以好。中国要强，中国人民生活要好，必须有强大科技。[28]

如果没有科学，我们面对山崩地裂、狂风暴雨，会像先民那样茫然无措，惶惶不可终日。科学带给我们的不仅仅是物质利益，其本身就是人类文化的源泉和思想的酵素，新问题的出现为新思想的涌现创造契机。英国学者莫尔说：“在现代社会中，真正的科学知识是有目的的行为的最重要的工具。而有目的的行为则是人的文化的实质。”所以讲，文化是科学的，文化中很多好东西里面都有科学元素，科学就是一种文化形态。

> 自古以来，科学技术就以一种不可逆转、不可抗拒的力量推动着人类社会向前发展。十六世纪以来，世界发生了多次科技革命，每一次都深刻影响了世界力量格局。从某种意义上说，科技实力决定着世界政治经济力量对比的变化，也决定着各国各民族的前途命运。[29]

古代人把无法解释的自然现象说成妖魔作祟，这是全世界通用的假说。现代人把妖怪分解后，使它一半进入科学领域，一半跑到宗教里面去了。前者浓缩、凝聚，变成电子、原子，而后者则凝为一物，成为万能的神灵，二者俱为人类的杰作。

现在全世界的科学家们每天都在各自研究室里奋力同这些妖魔鬼怪扭打周旋，希图探明它们的本质。通过这种斗争，人与妖将永远沿着进化的道路前进。出没于神秘境界最频繁的人正是这些科技工作者。

延续两千多年之久的中国传统文化却把主要精力用于对人事的体察，让科学技术与现实社会脱节。现实中很少产生与魔怪拼打的人，这给迷信思想提供了肥沃土壤。

> 科学技术必须同社会发展相结合，学得再多，束之高阁，只是一种猎奇，只是一种雅兴，甚至当作奇技淫巧，那就不可能对现实社会产生作用。[30]

中国古代把探索自然科学的人视为工匠。发明造纸术的蔡伦不过是个凭借为窦皇后诬陷宋贵人上位的宦官，他拼命搞发明的目的和动机也不过是为了取悦邓皇后而获取更高职位。中医对于人体解剖的知识，还不如行刑的刽子手。虽然发明了火药，却没有造出快枪利炮，而是生产了庆典用的烟花；虽然发明了指南针，却没有创造蓝色文明，而用来观察风水。科学技术同社会发展相结合，才会对现实社会产生推动作用。

中国有些事确实很搞笑，所有中国人被分成十二份，按照迷信或是习俗，每天就有十二分之一的人在穿红内裤，扎红腰带，看下半身就能知道他的年龄，和带着身份证一样。

中国最流行且经久不衰的迷信是算命和风水。现在某些领导“有的公开场合要党员、干部坚定理想信念，背地里自己不敬苍生敬鬼神，笃信风水、迷信‘大师’”[31]。算命和风水这些迷信活动就是民族文化中的糟粕，给人们的精神带来了消极影响。

人生不可能没有疑虑之事，达官们要窥察日后升发，免不了揣骨看相，细批流年，看看生辰八字是否有蝴蝶双飞格。据说盲人算命最准，所以过去算命打扮多为盲人，现在也大多是戴眼镜的白胖脸受欢迎。总之，眼神不好的算得准。当然，算命的结果往往与招待的质量，尤其和卦金有密切关系。

中国算命源于天命观，最能体现这种观点的要算《山海经》，它以巫字模式展开远古天命观。“巫”字上面一画代表的是赋予人命运的天，下面一画代表的是地，中间两个人则表示芸芸众生皆从之，人中间的一竖就是与天地和人之间联系的执行者即半仙巫师。巫也称为祝，男为觋，女为巫，所以最早的巫师是女的。后来就不分这么细了，统称为“巫”。远古巫的作用相当于今天说的灵魂工程师，殷代名臣巫咸，世代从事巫的工作，以官职为姓，屈原在走投无路的时候呼唤他的名字，渴求他拯救自己的灵魂。

最有名的女神仙当属许负，因善于相面而被汉高祖封为雌亭侯。最有名的女巫应该算南北朝刘宋的严道育，被拜为神师。

算命兴于占星术，盛在大唐。印度大师瞿昙悉达被高薪聘到皇家天文机构担任一把手，并写下集占星术大成的《开元占经》。由于在中国很有成就感，于是他要求永久定居，这样出现了中国历史上唯一的连续四代为官的外国家族。

当然成就最高的还是我们自己人，他就是张果老。八仙之一，传说乃天地初分时期一只白蝙蝠所化，唐玄宗曾以毒酒验其术而大为惊服，封他为“通玄先生”。他首次将星象与人的出生月份合为一体来论定人命，属算命的高端技术。

现在我们流行的较为简单的八字算命术，传说起于姜太公，掐指一算便知结果。实际上再早也不可能早于东汉元和二年即公元85年，因为这一年，中国才开始实行的干支纪年。

八字算命真正始于唐朝，著名科学家僧一行精通此术。它的祖师爷则是李虚中，他与韩愈是好友，官至殿中侍御史。他以人的干支为凭，用五行生克方法算命，成为中国算命史上的里程碑。他因服丹而英年早逝，韩愈为其写墓志铭。

算命大致是用“五虎遁”排八字，定下命，然后再推大运。算命好坏关键在于用神，神即人的生命力，用六神代表。八字里神强，命就好，弱就差，没有神就是“六神无主”。

算命也能害死人。一代名将李广，战功卓著，却终身没有超过太守的职位，最后被卫青害死。什么原因？就是因为汉武帝笃信算命，请当时最著名的算命先生日者给他市级以上臣属都推算了一遍，结果李广的命很不好，这成为武帝始终不肯重用他的原因之一。王维由此写下《老将行》“卫青不败由天幸，李广无功缘数奇”而感叹李广因“数奇”而不得志的悲剧。

相对算命，风水就有一定的科学性。任何生命在适合自己生存的地方才会生活得好。就是菜地，只要土地肥、通风好、水源有保证、阳光充足，那菜长得就旺盛。

后来，风水之学让风水先生神秘化了，成了彻头彻底的迷信，伪科学。小到床的摆放，中到住宅的形状，大到衙门口朝向造型乃至城市走脉。人成功与否最重要的是祖坟位置，寻龙探脉，如果在龙口，必有大贵。民间有句歇后语：袁世凯刨坟头儿——祖坟不正。说的就是，当年袁世凯被排挤，认为是祖坟风水出问题，于是请风水师“会诊”。风水师看了后表示，袁家祖坟系真龙结穴处，贵不可言，但龙穴四周筑了围墙，因而“龙身受制、气脉阻塞、不能发旺、反遭挫折”，当务之急就是拆掉祖坟围墙。袁世凯信以为真，于是派人把围墙拆掉，让祖坟看起来更正、更有龙势。为了打破自己家族寿限不超过五十七岁的宿命，袁世凯又直接将祖坟移往河南省安阳北门外的洹水之滨。

事实上，“风水好”而没有功名的还是多数，“行行复行行，能觅原为己”，成功关键最后还是靠自己。

促使人们破除迷信、革除陋习、更新观念的关键在于科学技术的发展，而科技创新则是科技发展的唯一途径。创新是科学的生命，也是科学的精神气质和文化品格。

> 当今世界，科技创新已经成为提高综合国力的关键支撑，成为社会生产方式和生活方式变革进步的强大引领。谁牵住了科技创新这个“牛鼻子”，谁走好了科技创新这步先手棋，谁就能占领先机、赢得优势。[32]

4

文化诊断的第三个标尺：文化是大众的。

> 社会主义文艺，从本质上讲，就是人民的文艺。[33]

任何文化的原初总是依赖于它的载体，反之，任何一个文化载体也总是忠于它自己的文化。中国传统文化是为统治阶级服务的，属于上层阶级文化；资产阶级文化是“中等”阶级的文化；我们的新文化则是大众的文化。

> 在5000多年文明发展进程中，中华民族创造了博大精深的灿烂文化，要使中华民族最基本的文化基因与当代文化相适应、与现代社会相协调，以人们喜闻乐见、具有广泛参与性的方式推广开来。[34]

习总书记这里提出了以老百姓所“喜闻乐见”作为审美根基的论断，确立了人民大众在审美文化中的主体地位。

人民群众是文化的真正主人，是新文化的生命力所在。文化的脉搏只有和大众的心跳一致时，才会受到真正欢迎。三四十年代，延安就以通俗的方式，对干部和民众展开文化教育，《兄妹开荒》和《白毛女》是这个时期的文艺结晶。

人民的需要是文艺存在的根本价值所在。能不能搞出优秀作品，最根本的决定于是否能为人民抒写、为人民抒情、为人民抒怀。一切轰动当时、传之后世的文艺作品，反映的都是时代要求和人民心声。[35]

从字面上看，“雅”是一种头像牙一样尖锐的鸟，“雅者，正也。”雅代表正道。“俗”是从谷从人，“俗，习也。”俗代表大众的习惯。那时候，只有贵族才有姓，所以，当时百姓是指贵族和官员，与之对应称细民，最低的为黎民。后来“雅”和“俗”成了地名，“雅”就是夏，夏王朝所在地，其他地区叫“俗”，它们意味着地域差别。第一个把“雅”和“俗”明确分开而上升品位的人是屈原。

文艺最高境界是雅俗共赏。“文”被少数人接受称为高雅；为大众接受称为通俗；一些很兽性的“文”被部分人接受称为恶俗，即“三俗”。“倡导讲品位、讲格调、讲责任，抵制低俗、庸俗、媚俗。”[36]通俗是最受欢迎的，通俗就是“谐”，刘勰说：“谐之为言皆也，词浅会俗，皆悦笑也”。

一个时代文化精神成熟和健康的基本标志，是对处于社会底层最广大的小人物充满由衷的敬意和热爱、关怀与同情，并得到他们的认可。所以，“人民的需要是文艺存在的根本价值所在”。文艺作品，只有反映人民心声才会流传下去。

大众文化不等于低级趣味。按照中国传统文化说法，俗到极点那就是大雅，朴实、率真、深刻，远比装腔作势的套仪让人们感觉爽快。故作高雅，反而让人感觉更低俗。

皇帝说“我穿了衣服”，群众早已帮他数清了腿毛。人类善良的解释只有在穷人中才能找到。

深入群众，你就来到了智慧的大课堂、语言的大课堂，我们的文件、讲话、文章就可以有的放矢，体现群众意愿，让群众愿意看、看得懂，愿意听、听得进。[37]

历史启示我们，大众文化在一定条件下，经过时间沉淀也可以变为经典。隶书当年是奴隶们所发明的书体，那时的经典是篆书；宋词不过是当时酒楼茶苑里歌女唱的流行歌而已，那时候的正宗是诗，我们现在称道的大词人柳永实际就是整天泡在青楼的流行音乐制作人。《红楼梦》不过是落魄潦倒一生的曹雪芹打发时光的乐趣，现在都成了中国文学史上占有崇高地位的典中经，解决了上万位整天研究贾宝玉是变态还是生理缺陷的“红学精英”吃饭问题。

习总书记讲：“人民是历史的创造者，群众是真正的英雄。人民群众是我们力量的源泉。”[38]

当下许多自命不凡的“精英”却根本不把大众放在眼里，这与尼采鼓吹的超人哲学同出一辙。尼采极力反对平等观念，称“人固不平等！”人类自出现时就存在弱者和强者，弱为多数，强为少数，人类社会由强者所推动。“群众是羊群，超人是牧羊人”。“上帝死了”传统价值体系已经倒塌，我们必须建立一个新规则，以拯救人类。上帝的继承者就是超人。超人是大海，掀起巨浪，吞没浊世一切污行；超人是狂风暴雨，震慑一切。“无天才即无历史”。

但是，这些“超人”却忘记了，如果文化与十分之九的人类没有关系，那么“超人”去“超”谁？

民间大众才是真正的终极力量！

自有阶级以来，人类文化就有两种，一种是官方文化，一种是民间文化。官方文化的创造者生存于社会的中心，追求精神永恒，追求一种抽象的升华和进步，喜欢以空间价值压制时间价值，天国压制着人世，精神压制肉体，上部压制下部，使整个世界在等级式空间中获得稳固不变的形态，它是垂直的世界观。

民间文化则以水平的、流动的世界观追求社会不断更新变化，时间价值优先于空间价值，人世优于天国，肉体优于精神，下部优于上部，人类之所以能延绵不断，全仰仗于下部功能的发挥。它用谐谑摧毁僵化，用嬉笑迎来新生；用开放的眼光，用轻松的心态，用自身的信心，让世界充满期待！

中国传统社会其实很有意思，表面上看来似乎是官本位，老百姓如草芥蝼蚁般。可历经千秋万世，一个朝代接替一个朝代，国号更换，皇帝灰飞，王侯烟灭，草民们却生生不息如昨。正所谓城头变幻大王旗，不变的依旧是这群草根，他们才是主宰历史的超级英雄。大多神仙美誉，总被雨打风吹去，最后只有那些得到民间接受和认可的，才站得住脚，永不过期。

在中国，儒家是天，是阳，代表了官方文化；道家是地，是阴，代表了民间文化。

中国老百姓并不渴望脱离尘世肉体飞天，静止享受着不死不活的永恒。大多不愿意离开能够感觉冷暖的皮囊，也不想脱离大地的引力，希望来自泥土，也归于泥土，得到大地坚实的庇护，入土为安就是人与宇宙最终的和谐，想到“四大阎王”那里去的还是多数。

文化创新发展的方法

1

文化是在各种矛盾斗争中发展。无论哪一时代哪一民族的文化，都展现了人的智力与能力以及需要，我们可以以此衡量人的尺度和发展的程度。如果一种文化发展到一定水平就自我欣赏，自感良好，故步自封，墨守成规，这表明，它已经失去生命的活力，注定要走向消亡。

文化发展靠的是旧形式的灭亡与新形式的创生。其主要在于创造性发展。

> 弘扬中华优秀传统文化，要处理好继承和创造性发展的关系，重点做好创造性转化和创新性发展。创造性转化，就是要按照时代特点和要求，对那些至今仍有借鉴价值的内涵和陈旧的表现形式加以改造，赋予其新的时代内涵和现代表达形式，激活其生命力。创新性发展，就是要按照时代的新进步新进展，对中华优秀传统文化的内涵加以补充、拓展、完善，增强其影响力和感召力。[39]

文化的创造过程是把人的精神形式刻写在物质世界上的过程。人类生存经验构成文化的内容，这种经验瓷化就成了文化形式。旧形式必然代表着旧内容，新形式必然是旧内容创新所赋予的新含义。在传统与改革，复制力和创造力之间永远会存在一种张力。人类经验的革新必然带来形式的革命。通过形式，人既可以物化旧的内容，也可以把旧的内容作为起点去探索新的内容。

文化创作与发展主要有三个方法，百花齐放，百家争鸣；文艺源于生活又高于生活；文化的普及与提高。

2

第一个方法：百花齐放，百家争鸣。

> 要坚持百花齐放、百家争鸣的方针，发扬学术民主、艺术民主，营造积极健康、宽松和谐的氛围，提倡不同观点和学派充分讨论，提倡体裁、题材、形式、手段充分发展，推动观念、内容、风格、流派切磋互鉴。[40]

文化在其自身矛盾中所显现出来的思想、观点、风格、流派的不同，及以此形成的分歧和争论，归根结底是人们在认识真理、接近真理过程中的反映，由人们的认识水平、艺术修养等差异所造成。

争鸣的结果不是把众多声音融合成统一的无人称的真理体系，而是让它们相互映照、相互阐发、彼此揭示、针锋相对，让每一个思想潜力都发挥到极限，最终产生一种多音齐鸣的复调，悦人耳廓，动人心魄。

一种文化在独白中得不到发展和更新，禁闭在自身范围内的思想和文化，因为得不到异质的补充和滋润，缺少生机和活力，只能走向贫乏枯萎乃至死亡。多元世界需要多个视点，每一个视点就是一个不同境界，世界就存在于这复杂而多声的统一体中。

百花和毒草并存，最终通过批评和自我批评，发展正确和先进，纠正错误和落后，让真、善、美自然地呈现出来。

> 文艺批评是文艺创作的一面镜子、一剂良药，是引导创作、多出精品、提高审美、引领风尚的重要力量。文艺批评要的就是批评，不能都是表扬甚至庸俗吹捧、阿谀奉承，不能套用西方理论来剪裁中国

人的审美，更不能用简单的商业标准取代艺术标准，把文艺作品完全等同于普通商品，信奉“红包厚度等于评论高度”。文艺批评褒贬甄别功能弱化，缺乏战斗力、说服力，不利于文艺健康发展。[41]

毒草和鲜花有时难以分清，有的毒草长得比鲜花还漂亮，感觉更温情。

通过文艺批评这面照妖镜彻底地让毒草现行，提高审美水平，让自身产生免疫力，最终把毒草当成美味吃掉变成营养。在广阔草原上有一种叫狼毒花的草，毒性极大，牛羊吃了轻则病，重则亡。同时狼毒花生长迅速，遍布草原，大家无计可施。后来专家发现，狼毒花虽有毒，但却含有极丰富的蛋白质。于是，想出一个好主意，针对狼毒花专门研究一种抗体注射到牛羊身上，产生免疫力。这样，狼毒花反而成了营养大餐。

现实生活本身就是一个多样性整体，也带来多样文化。生活在不同阶层、不同生活背景的人都有享受各自不同层次文化的权利。不能因为你认为所谓“落俗文化”，就反对其存在，“文化大师”也不能不允许其他观点的存在，控制文化资源，独享话语，充当“文化法西斯”。

中国艺术品市场卖的好像是艺术以外的权利和虚伪，而不是艺术价值本身。艺术家作品市场价格高低，往往取决于艺术家在官办协会中职位和级别的高低。加入美协需三次入国展，能否入展必须美协的资深评委点头方可，他们拥有决定权。当资源掌握在极少数人手中时，普通人成功无从谈起，你遵纪守法，有时只熬得满头白发；你十年寒窗，大多收获痔疮。只好花费大量财力和精力运作。

中国文人几乎从来不喜欢真正的学术，对权力有着特殊的强烈欲望，一生为的只是一个名，名是所有文人的致命伤。

武士不得志，隐于山水之间，便叫绿林好汉。文士隐于山水之间，就叫林泉高士。水浒即水边，水边即沧州。同样是水边，一边沧州，一边水浒；此岸居文人，彼岸住侠盗。文隐寄情沧州，武隐倾心水浒。但中国隐士的最高境界却是朝隐，“小隐隐陵薮，大隐隐朝市”，一边当官一边当隐士，有钱还要有权，这叫真正的潇洒。所谓淡泊名利飞鸿在野的士，大多是经过苦追没追上，实在没办法才不得已而隐之，因此著名的陶公也算不上真隐。历史上最心远的隐士是晋书记载的好学恬虚、不娶妻妾，隐于平郭南山的公孙永。真正的隐士是遗弃了一部分世界，但他可以无惊无忧地享受着整个世界，这在中国文人圈里几乎见不到。

想当年，孔夫子率众徒以传播新思想为名，在当时治安混乱的情况下，以老牛拉车这样的交通工具，行走于坑洼的泥石国道，到各国游说，进行艰苦跋涉的推销，目的就是功成名就，“学而优则仕”。孟子更是见梁惠王，人家不理他，愣要等到老王死了，小王接班，二度上门讨封。但这些王们就是不买账，有看美女歌舞的空闲没听孟子说话的时间，气得亚圣高骂“不似人君”。

虽说二圣没有成功，但他们对仕途锲而不舍、生命不息、追求不止的精神，永远传给了后来者。李白应该是一个像陶老一样守着几个老婆、挥洒几首小诗当小隐的学术文人，可他偏偏要坚定不移地走政坛，却又没有政治家的忍耐、洞察和见风使舵的本领，参与了一场没有任何成功迹象的政变，最后落得个醉酒捞月，客死他乡的结果。

“名”如同海水，喝得越多，口越渴，求名上瘾，文人向来是白眼相向，针尖麦芒。剑术与文章同样高超的曹丕早就看透了这一点，以“文人相轻”的定论2000年。

秦始皇“焚书坑儒”，开始涉及的文人也就几十名，后来很多读书人主动揭发同学、书友以求当官，互相告密，最后发展到了460多人。清代，汉族文人主动接受“奴才”一词，叫的满族人都想拜师。雍正曾要求对奏折里面称呼自己是“奴才”的一一改称“臣”，满臣倒是改了，汉臣却老是改不过来。

“功成身退”对中国文人基本算个行为艺术代名词，自古至今能有几人做到？当下人更是把争权夺利看成了创事业。很多三四十岁所谓名人，出了本书或作品集，后面要写上年谱。殊不知，年谱不是自己写的，古代都是后人为过世的有成就的前辈修年谱。这倒好，活人干了死人的活，全干完了不就只有死路一条了吗？“名士”在名利面前，没有最高调只有更高调，虽然在电视上都会说“我很低调”，但实际已经达到了“光屁股撵狼——一不要脸，二不要命”的境界了。

自古文人不耻的“剽窃”在当代蔚然成风，剽比嫖对社会风气的破坏力严重得多，但有些人，这其中上到院士下到幼儿教师，都乐此不疲，原因很简单，嫖是自损名利，而剽正好相反。

3

第二个方法：文艺源于生活又高于生活。

这是源和流关系问题，也是文艺与生活的辩证法。

> 人民生活中本来就存在着文学艺术原料的矿藏，人民生活是一切文学艺术取之不尽、用之不竭的创作源泉。[42]

任何人类文化现象都不会凭空产生，都有其渊源。这个源就是那些“微不足道”的人民生活。

这种广泛的生活体验实际是以大自然来解释艺术的感受。深入其中，你会发现值得学习的地方简直就是大鼻子他爸爸——老鼻子啦。

当你了解它的真谛，它会表现出妙不可言的神奇和伟大的创造力，然而当它毁灭的时候，也是摧枯拉朽，令人惊心动魄。“道法自然”就是这个意思。

“文学只是时代的晴雨表；艺术只是生活的镜子。”大自然是最慷慨而富智巧的艺术大师，在天籁面前，人籁不足挂齿。

人民是文艺创作的源头活水，一旦离开人民，文艺就会变成无根的浮萍、无病的呻吟、无魂的躯壳。[43]社会主义文艺是人民的文艺，必须坚持以人民为中心的创作导向，在深入生活、扎根人民中进行无愧于时代的文艺创造。[44]

看看当年为什么会有那么多优秀作品，再瞧瞧现在，哪里还找得到赵树理、柳青这样的作家。坐在家里和蹲在村里，吃鲍鱼和啃窝头，出来的东西就是不一样，真正好作品都是含英咀华、厚积薄发。就像怀孕一样，时间到了，你不说大家也会知道。

凡是传世之作、千古名篇，必然是笃定恒心、倾注心血的作品。[45]

艺术品的质量是艺术家决定的，艺术家的质量是由其主观努力和社会的客观存在决定的。传世之作不是轻松得来的，它需要艺术家倾注全部心血。最为关键的就是要扎根于大地、深入底层、走向人民，这样才能去探求一个比个人更重大的存在，才能出淤泥而不染，超越周围生活情绪而鼓舞积极进取的感受实在，将事实虚而化之，使作品因而空灵飞动；随物赋形，借端托寓，让作品的思想因而得以升华。任何文艺作品，只在知识层面和概念里简单书写，没有深切的生命体验，不会进入更为神秘的世界。这样的作品没有资格充当“化”的角色。

艺术可以放飞想象的翅膀，但一定要脚踩坚实的大地。文艺创作方法有一百条、一千条，但最根本、最关键、最牢靠的办法是扎根人民、扎根生活。[46]

看着春节晚会上全中国著名的笑星们在学着已经乏味的网络语言手舞足蹈的样子，真是感受到了什么叫悲哀啊！更真正感受到了习总书记对文艺创作重要讲话的英明。

心灵得不到解放，艺术之鸟就飞翔不起来。

艺术的最高境界就是让人动心，让人们的灵魂经受洗礼，让人们发现自然的美、生活的美、心灵的美。[47]

“既雕既琢”，雕琢即艺术的创造，精雕细刻而不露斧凿痕迹，技巧出神入化而又合乎法则，这就是“复归于朴”，上升到了“道”的高度。

怎样在作品中把这种让人动心的艺术美表现出来?

习总书记主张：用现实主义精神和浪漫主义情怀观照现实生活，用光明驱散黑暗，用美善战胜丑恶，让人们看到美好、看到希望、看到梦想就在前方。[48]

这里的浪漫主义情怀不是帮老婆买菜花时顺手带回一朵喇叭花。浪漫主义是从主观内心世界出发，倾向于生命音乐性的奔放表现，是一种空灵。现实主义则从客观现实世界出发，倾向于生命雕塑式的清明启示，是一种充实。从历史上看，浪漫主义早于现实主义。飞蛾扑火，在浪漫主义看来是大美和勇气；在现实主义看来是大蠢和自灭。

想象是浪漫主义的审美，这是一种有现实生活依据的想象，古代称这种想象为“神思”。陆机给了它一个十分精当的说明：“收视反听，耽思傍讯，精骛八极，心游万仞。”

如果我们的精神已经与万物一起游动，那么情感会由朦胧逐渐清晰，物象也纷纷涌来。此时心物交融的灵感犹如缪斯女神，带着炫目的光辉，闪电般地降临，产生惊天动地的非常际会。“应感之会，通塞之纪，来不可遏，去不可止。”原来阻塞的思路，突然变得条条畅通，原来陈旧的意象，突然变得新意迭出。灵感把审美提升到了深刻而动人的高度。

“独与天地精神往来，而不敖倪于万物”，道家的目标是成仙，追求肉身不死。通过采练把幻想变成现实，使肉身由必然王国进入自由王国，在这个王国里可以无忧无虑地休憩，自由自在地生活，无拘无束地遨游。

道家是中国浪漫主义的源头。

道家创立了中国古代特殊形态的精神现象。它站在宇宙的高处、社会的广处、人生的深处看待人，为个人的微观存在赋予自身的意义。儒家是入世的哲理，道家是出世的智慧。道家成功地筑起了抵御外在悲剧世界侵犯的心灵屏障，建立起可攻可守、能进能退、舒卷任意、圆转自如的精神家园，开辟了化人生悲剧为喜剧的有效途径，从而从玄想中找回了自我，找回了美感，找回了诗意，找回了艺术。

当人们对付不了那充满虚伪、欺诈、争夺、杀戮的现实时，便纷纷逃进道家早已营造好的世外桃源，这里没有功利，只有真朴与精诚，坐据其中，可以把忧伤变为平和，把低迷变为高昂，把压抑变为超旷，把冷峻变为诙谐，把沉郁变为豪壮，化解人生悲痛。

这永远不可能成为真实人生的境界，却能唤起人们对生命的热情和对自由的热爱，就像古希腊神话一样，虽然有几分幼稚，但却具有永久的魅力。

美丽的桃源就在自己心中!

就连生死这样的人生难题，道家也有精彩设计。庄子曰："生也死之徒，死也生之始，孰知其纪？人之气，气之聚也。聚则为生，散则为死，若死生为徒，吾又何患？"

不知是人死成了蝴蝶，还是蝴蝶又化作了人？生死不过是大自然生生不息，嬗变无穷的一个小小环节，是自然而然发生的事情，是气的聚合离散，是物质的不灭。当人格趋向质朴和高贵的时候，心和行就没有了距离，就合二为一，浑然一体了，这是一种找不到任何雕琢和造作的自然生命状态。人本身是大自然的一分子，就应该回归于自然，回归于一种朴素。在浩瀚宇宙之中，我们的停留就像一道闪电，稍纵即逝，来无影，去无踪，如果能来一次落花或者激情爆发，那就足够伟大。因此，我们根本不用为此大动感情，我们应该为自己顺利完成这个环节而欣喜。

勘破世网尘劳，回到湛然寂静的境界。这境界类似于真醉的状态，人醒的世界包括醉的世界，醒的人能够知道醉的内容，而醉的世界则不包括也不知道有醒的感觉，醉的人把醉境作为唯一的现实来看。这种醉的状态与疯的感觉类似，人若疯了大脑就一片空白，外表龌龊而内心真洁，好像回到了出胎的形态，没有贪欲。金钱、美女、官位，都是粪土草丘。

蒋门神的快活林酒店挂着一幅高水平的对联：醉里乾坤大，壶中日月长。醉和疯都是一种圣明境界，文艺家在这时可以如镜中花，水中月，羚羊挂角，“超以象外”，可以鬼斧神工，斗酒诗百篇。这种微妙的实现，端赖于他们平素的精神涵养和天机的培植，在活泼的心灵飞跃而又凝神寂照的体验中突然地成就。所以，有成就的文艺大师“酒鬼”居多，神经病也不少，要是酒、神合一那就会产生凡·高、托尔斯泰、肖邦、尼采、弗洛伊德、徐渭这样天才级的大师了。历史上新一页往往是“疯子”掀开的。

“人比天大”在现实生活中是不可能的事情，但在文学艺术中却可以，这便是虚构。运用艺术的虚构手段，把人物从川流不息的生活中孤立出来，使其凝固为稳定的艺术形象，这就是浪漫主义手法的体现。

中国画有一种奇怪现象，喜欢用墨来表现，所谓“墨分五色”，国画最高境界就是全部用墨而不着一点颜色，但观者却能从内心接受这现实中根本不存在的墨梅、墨荷、墨竹等，让人感觉这种水墨似乎是物象的影子。这就是“舍形悦影”的情调，影子虽虚，恰能传神，表达出生命里微妙的难以模拟的真，这种充满自然的精神、气韵和动感的真也就是清水出芙蓉的“清真”。

园林设计中，我们爱在山水中设置空亭，这是中国人“唯道集虚”的宇宙意识，一座空亭成了山川灵气动荡吐纳的交点和山川精神聚积的处所。这也是一种虚构，虚寂中生气流行，鸢飞鱼跃，是中国人艺术心灵与宇宙意象“两镜相入”互摄互映的华严境界。

看京剧《单刀会》，在唱腔作势气氛下，红脸关公的威严与忠义，彻底跳脱出来。戏剧原比小说还“假”，但在这里，“假”的感觉压倒了“真”。两种虚构艺术形式之间，其中更加虚假的那种艺术形式占了上风，反而显得比真实更加真实。虚构和夸张越大，真实性被抽离得就越多，留给人们的想象空间则越辽阔。

虚构创造了一种审美，是对生活世界的一种补充，是对被抛弃人生的一种关爱。

中国人认为最理想美的意境是“隔江山色”。在霏霏细雨中，一面是穿着蓑衣抚琴的高士，一面是隐约影绰的山，中间横着万古江河。天、地、人、悠扬的籁声掺杂着雨声，让历史和时空的观感与况味，都融入这五蕴之中。这种美也被称作“大和”。

审美创造的过程就是生活与文艺对立与交锋的过程，这时艺术家的心灵需要有相当的敏感度，足以发现可以带来狂喜状态的“自然的美、生活的美、心灵的美”。真正的艺术美不但要“养眼”而且更要“养心”。

4

第三个方法：文化的提高和普及。

随着人民生活水平不断提高，人民对包括文艺作品在内的文化产品的质量、品位、风格等的要求也更高了。[49]

普及提高的主体是人民。用易于接受的方式去普及，这是艺术要求；向无产阶级正确方向提高，这是政治要求。

党的根本宗旨是全心全意为人民服务，文艺的根本宗旨也是为人民创作。把握了这个立足点，党和文艺的关系就能得到正确处理，就能准确把握党性和人民性的关系、政治立场和创作自由的关系。[50]

如果离开政治立场，只是就文化谈文化，文化是不可能深入影响社会的。泰戈尔对甘地说："你们不要毁灭艺术！"甘地回答："艺术不要毁灭我们！"这值得我们深思。

文化提高和普及实际就是现在所讲的文化传播。传承和传播，第一个字都是"传"，不同在第二个字。"承"，继承，是时间性的，在时间中、在历史的长河中流传，追求久远的价值。"播"，播送，是空间性的，在空间中、在广大的人群中流传，追求当下的效应。

"现在，文艺工作的对象、方式、手段、机制出现了许多新情况、新特点，文艺创作生产的格局、人民群众的审美要求发生了很大变化，文艺产品传播方式和群众接受欣赏习惯发生了很大变化。"[51]因此，我们应该适应文艺创作格局和人民群众审美变化，以群众易于接受的传播方式去普及，力求与现实文化状况结合。这些年来，有很多地方，用洗脚、下跪和磕头等这样老掉了几十辈子牙而且很江湖的行为艺术来普及其所谓传统文化，与当下文化格格不入。普及也要符合美的规律，美感是一种愉快的感觉，可它又不等于一般快感，不像渴时饮水或困倦后酣睡那种感觉。有时美感也不全是快感，悲剧和一些崇高事物所产生的美感之中却夹杂着痛感。劳动是人类的共同职能，它传达了一种温暖、闪烁的感觉，当这闪烁变成一片纯粹的光辉时，美感就产生了，这是人类共同的美感。

> 文化产品只有成为广大群众的自觉消费，才能最大限度地实现文化的宣传教育功能，达到以优秀作品鼓舞人的目的，这就是大力发展文化产业的意义所在。有市场的文化不一定是先进文化，但没有市场的文化更难讲是先进文化。没有市场，作品给谁看？宣教功能怎么发挥？先进性又体现在哪里？[52]

普及和提高相互作用，相互促进，与认识论一样，形成普及、提高，再普及、再提高，循环往复，螺旋上升的趋势。

人就是一个文化产品

1

> 文化即“人化”，文化事业即养人心志、育人情操的事业。人，本质上就是文化的人，而不是“物化”的人；是能动的、全面的人，而不是僵化的、“单向度”的人。[53]

人塑造文化的同时，也被文化所制作。人，本质上就是一个文化产品。文化影响着人的生活和思维方式，以其稳定性来对抗生活的变动不居，成为人的社会生活的画像和模板。

每个人都是文化的载体，每个人身上都落下了一些抹不掉的东西，这些东西在发展了他，滋养了他之后，也会成为一种桎梏和镣铐，文化在描画人的时刻，也在禁锢人。

实际上，具体到一个人身上的文化不外乎个性、身体和服饰这三个符号。

> “人是要有一点精神的。”良好的精神状态，能极大地激发人的智慧和潜能，产生巨大的力量，从而克难制胜，成就事业。[54]

这点精神就是个性，万有皆逝，唯有精神永存。

一个人能够把自己的生命放射出去，映照在别人的心里并且能产生鲜明而强烈的影像，就要靠个性来实现。个性指人的内在属性，是被叫作灵魂的东西，古代称魂魄。人之所以高贵就在于灵魂，灵魂是人活着的理由，是超越肉体之外的精神，灵魂也是世界上唯一没有重量的东西，灵魂是一切完美的基础。

> 阐释中华民族禀赋、中华民族特点、中华民族精神，以德服人、以文化人是其中很重要的一个方面。[55]

中国人还把灵魂叫作德，德是中国民族文化的禀赋、特点和精神。小胜靠智，大胜靠德，以德服人。一个人的个性状态往往决定一个人的命运，一个民族的个性状态也往往决定一个民族的命运。

有个性的人才会可爱。竹林七贤是可爱的，因为他们具有魏晋风骨，这风骨便是特立独行的个性。主客交流，可以无言，此时无言胜有言，不需要繁文缛节的客套，不必担心失礼而谨小慎微，不必挂虑露拙而丧失颜面。天地坦荡荡，世间道理不分轩轾。何谓儒墨，何谓佛老，尽可付在一席清谈中。魏晋整个时代空气中都弥漫着轻盈、飘逸、空灵、通联的气息。

苏门真人摇人魂魄的旷世长啸正是对阮籍一切天经地义大道理的终极解答。

中国人最大的满足是“富贵”，物质拥有为“富”，有精神才为“贵”。富婆与贵妇的差别就在于此。徐悲鸿的老师张祖芬一句“人不可有傲气，但不可无傲骨”道破个性真谛。

个性是天然的，也是修出来的。佛家见性；道家修性；儒家养性。以气养之，刚柔互含，生机绵长；以文化之，氤氲淘炼，吐故纳新。

个体越是雷同，社会就越是缺少凝聚力。个体越是独特，个性的差异越是鲜明，这样的个体组成的社会有机体也就越生气勃勃。

2

身体和服饰对个性有极大影响。

我们通过身体可以毫不费力地辨别出美女和恐龙，但这并不是身体的全部。真正的身体不是一个空皮囊，而是被精神所渗透了的存在，是透现神性灵光的高贵艺术品。

任何一个活的身体都由骨、肉、筋、血构成。骨的存在，使一个生物体有了基本间架而站立起来；附在骨上的筋又让“我”有了动作；敷在骨筋之外的肉，使一个生命体有了形象；流贯在筋肉中的血液，这种最好的电导盐溶液营养着滋润着整个身躯。

身体是人的第一生存处境，是生命能量的聚集地，是精神之火的燃料，又是创造世界展示自我的舞台。没有身体，人的个性便失去了立足的大地和寄寓的居所。个性展示必须依靠肉体。没有肉体，灵魂只是一个幽灵，它不再能读书，听音乐，看风景，不再能与另一颗灵魂相爱，不再有生命的激情和欢乐，自由对它毫无意义。

虽然每个人的细胞都在瞬间生生灭灭，从婴儿到老年，肉体每时每刻都在沸腾，在嚣张，在衰老，留也留不住。但一个种族延续其精神，却必须通过这种肉身的不息来建立文化的永恒不朽的信念。“人是符号的动物”，人的身体是文化与自然斗争交融的临界点。作为文化存在，人的身体占据一定的文化空间，没有任何人可以重复“我”此刻的文化承载和认识。

莎士比亚有一句名言“衣裳常显示人品。”个人的文化大多是从服饰呈现的。威严的警察靠的就是这身标志，换了装可能就成了反角。伟大的人物和我们在澡堂里都是一样的。

人总是带着情绪，以一定的姿态，穿着一定的服饰出现，进行着形态语言的表达。小民与皇帝的区别，有时既不在于身体的美丽与丑陋，也不在与灵魂的伟大与渺小，仅在于包裹身体的衣服是否为权力的象征物。只要戴上皇冠，拄上皇杖，谁都可以变成国王。一切文化秩序不过是帝王的衣服，一切人为的规矩不过是权利的道具。

一个衣衫褴褛的人想打入白宫，就像一个西装革履的人想融进丐帮一样艰难。服饰是人进入某个阶层的通行证，服饰也凝聚着很多社会观念和社会评价，显示着话语使用者的身份修养以及个性特征，限定着他的交际范围与对象，影响着他的人生归属。就连狗不也是专爱对着褴衣百结的人汪汪。

人是一种有着强烈归属感的存在，总要归于某种职业、阶层、团体，而每一个社会范畴都有自己的言说方式和特殊的职业装束。

人身上的装饰品与服装是有机构成，头饰、手饰、佩饰等都可以显示一个人的品位和思想。

中国人为什么喜欢佩戴玉器？这由中国人最根本的宇宙观——“气”的思想引申出来。气看不见摸不着，但气可以凝而为水，水又固为冰，水和冰被视为气的本体显现。可是水总要流逝，冰总要融化，怎么办？人们发现晶莹剔透的玉恰似气最后的态势——冰。认为玉是气冻结后的灵性再现，是人神沟通的中介，是能悟得中华文化内涵的石头，于是玉就成了一个蕴涵着无比深邃思想的永恒象征。玉是王加一点，是王腰间的专门配饰。

3

信念是本，作风是形，本正而形聚，本不正则形必散。[56]

每一个人的文化形象都是内涵和外表的有机统一，孔子“文质彬彬”的表达恰如其分。魂灵离开肉体而存在只有在志异书中找到。缺乏内涵的外表是空洞的躯壳，这种形象没有意思，不值得人们玩味。

形字旁边三个撇说明了这一点，有内涵才能“形聚”，才能亲切和持久。T型台上的模特，给人感觉是美丽尚可，但不可爱，缺少韵味。试想，有七分姿色三分有韵的女人和五分姿色却七分有韵的，哪个更吸引人？

这种形象的存在把精神意趣外化为一个活的躯体，给人一种呼之欲出的感受。“品”的三个口是由日下三个人的“众”说得，众口为品，众口的口味的一致感受就是品味。杨玉环丰腴的美并不因李白、安禄山的不同眼光而改变。奇事可以学，美物可以仿，惊艳却独一无二，稀缺品的特质不可复制。绝无仅有的本性是因为它的背后有内涵的强力支撑，苍蝇像蜜蜂，但花儿却永远不会向它绽放笑脸，内涵无法取代。

西方优雅拘谨的礼服与中国传统的宽袍大袖之间存在着文化观念的巨大差异。前者显示出人对自然不懈征服的意志；后者则总是希望包笼整个自然，遮掩贫富贤愚，于是在一切方面总是为自然的发展变化留有空白和余地。

身体是养生，服饰是养形，个性是养神。

“女人衣柜里面永远缺衣服”，我们还是拿天生喜欢服饰的女人打个比方吧。最能体现中国女人特点的服装是旗袍，想想那冷艳与妩媚，古典长颈鹿式的高领、斜结盘花的布纽和华丽莫测的下摆，一双修长的雪白，若隐若显；一种来自时光深处的感觉，一种放而不荡的诱惑，一种摄人心魂的细细幽情，一种散发东方女性美感的特殊韵味。

旗袍不是什么女人都适合穿的，能穿好旗袍的女人，那绝对是极品女人。当年慈禧就是穿着旗袍抓住了咸丰的心。冰清孤傲中蕴结着绵绵的味道，古典的韵致在动静之际，在若有若无的妩媚中缓缓而出，慢慢拨开记忆的迷雾，那是在彩缎间才能射出的光芒，柔化出风情万种的画面。这不是堆砌在简单平面方角意义上的纵横交错，而是一种身体、个性与服饰的品位组合，是一个完美的文化产品，是一个能融入文化大海之中，永不干枯真正的“活”人。

中外文化在审美方面都是一致的，英国人怀念王妃，也想念王嫱；中国人也是一样。

结 语

文化以强烈的辐射力和渗透力深深植入民族躯体，任何民族没有了文化，一切都不存在了，文化的解构就是一个民族的消亡。

> 中华文明绵延数千年，有其独特的价值体系。中华优秀传统文化已经成为中华民族的基因，植根在中国人内心，潜移默化影响着中国人的思想方式和行为方式。[57]

文化是一个民族的根，也是一个人的根，文化潜移默化地影响着人的生活态度，有什么样的文化就有什么样的人生。

中华文化的无际思想境界都在鸿富汪茫的壁上大观中得到最充分展现。面对历史长廊，努力地倾听那潜隐在岁月深处的叹息，我们不能不为民族文化的共存、民族精神的共有、民族情结的共生而对民族悠久的文化产生深深的尊仰之情。

然而，今天却是一个众声喧哗的世界。声音太小，就会被其他声音所淹没；发不出声音，就意味着文化的枯萎；发出的声音如果被其他声音吸收，成为一个伴音，那是在助声。文化殖民的结果是弱势文化的死亡。当美国的“大片、薯片、芯片”砸来时，我们不能老是再送熊猫和茶叶这些“土特产”去感动世界，应该给外国人输出更深层次的文化。

习总书记指出：提高国家文化软实力，要努力提高国际话语权。要加强国际传播能力建设，精心构建对外话语体系，发挥好新兴媒体作用，增强对外话语的创造力、感召力、公信力，讲好中国故事，传播好中国声音，阐释好中国特色。[58]

在民族伟大复兴的大乐章中，我们需要一种更有力的文化，用自己独特声音来揭示和阐释自己的生活世界，并对其他民族也能做出自己的解读和评价，成为星体之间钧天广乐的一个永恒乐部。

中夜讀人民呼喚焦裕祿一文是時霽月如銀
文思縈系

魂飛萬裡盼歸來此水此山
此地百姓誰不愛好官把淚
焦桐成雨生也沙丘死也沙
丘父老生死系暮雲朝霜毋
改英雄意氣依然月明如昔
思君夜夜肝膽長如洗路漫
漫其脩遠矣兩袖清風來
去為官一任造福一方遂了
平生意綠我涓滴會它千
頃澄碧

习近平总书记《念奴娇·追思焦裕禄》　30cm×68cm　殷昌军书

引注 NOTE

| 学习智慧

[1] 我们党既要政治过硬，也要本领高强。(中国共产党第十九次全国代表大会报告)

[2] 中国共产党历来重视学习、善于学习。(2009年11月12日《在中央党校2009年秋季学期第二批进修班开学典礼上的讲话》)

[3] "人才有高下，知物由学。"梦想从学习开始，事业靠本领成就。(2016年4月26日《在知识分子、劳动模范、青年代表座谈会上的讲话》)

[4] 我们的干部要上进，我们的党要上进，我们的国家要上进，我们的民族要上进，就必须大兴学习之风，坚持学习、学习、再学习，坚持实践、实践、再实践。(《习近平总书记系列重要讲话读本》(2016年版)学习出版社、人民出版社，第296—297页)

[5] 要大力弘扬理论联系实际的马克思主义学风，引导广大党员、干部紧密结合改革开放和现代化建设的实际，紧密结合自己的思想和工作实际学习运用中国特色社会主义理论体系，努力掌握贯穿其中的马克思主义立场、观点、方法，做到真学、真懂、真信、真用，不断提高理论素质、党性修养、实际能力，更好地为坚持和发展中国特色社会主义服务。(2008年3月1日《在中央党校2008年春季学期开学典礼上的讲话》)

[6] 领导干部学习理论也要有这三种境界：首先，理论学习上要有"望尽天涯路"那样志存高远的追求，耐得住"昨夜西风凋碧树"的清冷和"独上高楼"的寂寞，静下心来通读苦读；其次，理论学习上要勤奋努力，刻苦钻研，舍得付出，百折不挠，下真功夫、苦功夫、细功夫，即使是"衣带渐宽"也"终不悔"，"人憔悴"也心甘情愿；再次，理论学习贵在独立思考，学用结合，学有所悟，用有所得，要在学习和实践中"众里寻他千百度"，最终"蓦然回首"，在"灯火阑珊处"领悟真谛。只有这样，各级领导干部才能做到带头学、深入学、持久学，成为勤奋学习、善于思考的模范，解放思想、与时俱进的模范，学以致用、用有所成的模范。(《之江新语》浙江人民出版

社，第6页）

[7] 治心养性，一个直接、有效的方法就是读书。（2009年5月13日《在中央党校2009年春季学期第二批进修班暨专题研讨班开学典礼上的讲话》）

[8] 做到干中学、学中干，学以致用、用以促学、学用相长。（《习近平总书记系列重要讲话读本》（2016年版）学习出版社、人民出版社，第296页）

[9] 我们一定要强化活到老、学到老的思想，主动来一场“学习的革命”，切实把外在的要求转化为内在的自觉，成为自己的一种兴趣、一种习惯、一种精神需要、一种生活方式。（《之江新语》浙江人民出版社，第41页）

[10] 领导干部要爱读书读好书善读书。（2009年5月13日《在中央党校2009年春季学期第二批进修班暨专题研讨班开学典礼上的讲话》）

[11] 在学习党的基本理论的同时，广泛学习哲学、历史、优秀传统文化，学习现代市场经济、现代国际关系、现代管理等方面知识，学习做好本职工作所必需的各种新知识、新技能，切实提高战略思维、创新思维、辩证思维能力。（2009年11月12日《在中央党校2009年秋季学期第二批进修班开学典礼上的讲话》）

[12] 把马克思主义哲学作为自己的看家本领。（《习近平总书记系列重要讲话读本》（2016年版）学习出版社、人民出版社，第279页）

[13] 马克思主义哲学深刻揭示了客观世界特别是人类社会发展一般规律，在当今时代依然有着强大生命力，依然是指导我们共产党人前进的强大思想武器。（《习近平总书记系列重要讲话读本》（2016年版）学习出版社、人民出版社，第278—279页）

[14] 加快构建中国特色哲学社会科学……要按照立足中国、借鉴国外，挖掘历史、把握当代，关怀人类、面向未来的思路，着力构建中国特色哲学社会科学，在指导思想、学科体系、学术体系、话语体系等方面充分体现中国特色、中国风格、中国气派。（2016年5月17日《在哲学社会科学工作座谈会上的讲话》）

[15] 没有理想信念，或理想信念不坚定，精神就会“缺钙”，就会得“软骨病”……有了坚定的理想信念，站位就高了，眼界就宽了，心胸就开阔了。（《习近平总书记系列重要讲话读本》（2016年版）学习出版社、人民出版社，第106、107页）

[16] 要树立正确的世界观、人生观、价值观，掌握了这把总钥匙，再来看看社会万象、人生历程，一切是非、正误、主次，一切真假、善恶、美丑，自然就洞若观火、清澈明了，自然就能作出正确判断、作出正确选择。（2014年5月4日《在北京大学师生座谈会上讲话》）

[17] 历史就是历史，历史不能任意选择，一个民族的历史是一个民族安身立命的基础。（2013年12月26日《在纪念毛泽东同志诞辰120周年座谈会上的讲话》）

[18] 历史总能给人以深刻启示。（《习近平谈治国理政》外文出版社有限责任公司，第135页）

[19] 治理国家和社会，今天遇到的很多事情都可以在历史上找到影子，历史上发生过的

很多事情也都可以作为今天的镜鉴。中国的今天是从中国的昨天和前天发展而来的。（2014年10月13日《在中共中央政治局第十八次集体学习上的讲话》）

[20] 历史、现实、未来是相通的。历史是过去的现实，现实是未来的历史。（《习近平总书记系列重要讲话读本》（2014年版）学习出版社、人民出版社，第178页）

[21] 历史思维能力，就是以史为鉴、知古鉴今，善于运用历史眼光认识发展规律、把握前进方向、指导现实工作的能力。（《习近平总书记系列重要讲话读本》（2016年版）学习出版社、人民出版社，第287页）

[22] 历史是最好的教科书，也是最好的清醒剂。（2014年7月7日（《在纪念全民族抗战爆发七十七周年仪式上的讲话》）

[23] 各级领导干部还是要学一些中国历史和世界历史知识，特别要深入学习中国近现代史和中共党史，深入学习世界近现代史和马克思主义发展史，不断深化对共产党执政规律、社会主义建设规律、人类社会发展规律的认识。（2008年5月13日《在中央党校2008年春季学期第二批进修班暨师资班廾学典礼上的讲话》）

[24] 优秀传统文化可以说是中华民族永远不能离别的精神家园。读优秀传统文化书籍，是一种以一当十、含金量高的文化阅读。（2009年5月13日《在中央党校2009年春季学期第二批进修班暨专题研讨班开学典礼上的讲话》）

[25] 坚持有鉴别的对待、有扬弃的继承，而不能搞厚古薄今、以古非今。（2014年9月24日《在纪念孔子诞辰2565周年国际学术研讨会暨国际儒学联合会第五届会员大会开幕会发表重要讲话》）

[26] 深入挖掘中华优秀传统文化蕴含的思想观念、人文精神、道德规范，结合时代要求继承创新，让中华文化展现出永久魅力和时代风采。（中国共产党第十九次全国代表大会报告）

[27] 中国共产党从成立之日起，既是中国先进文化的积极引领者和践行者，又是中华优秀传统文化的忠实传承者和弘扬者。（中国共产党第十九次全国代表大会报告）

[28] 我经常能做到的是读书，读书已成了我的一种生活方式。读书可以让人保持思想活力，让人得到智慧启发，让人滋养浩然之气。（《习近平谈治国理政》外文出版社有限责任公司，第102页）

[29] 上山放羊，我揣着书，把羊拴到山坡上，就开始看书。锄地到田头，开始休息一会儿时，我就拿出新华字典记一个字的多种含义，一点一滴积累。（2013年5月《在"五四"青年节参加主题团日活动时的讲话》）

[30] 一是说明人与人之间要进行交流思想、交流学识、交流经验的学习活动；二是对交流出来的东西要进行分析、比较和辨别，凡是好的就学习遵从，不好的就自省自戒，这样就可以达到相互学习、取长补短、共同提高的目的。古人这种交流学习的经验，值得借鉴和应用。（2012年9月1日《在中央党校2012年秋季学期开学典礼上的讲话》）

[31] 思考是阅读的深化，是认知的必然，是把书读活的关键。（2009年5月13日《在中央党校2009年春季学期第二批进修班暨专题研讨班开学典礼上的讲话》）

[32] 你脑子里装着问题了，想解决问题了，想把问题解决好了，就会去学习，就会自觉去学习。（2013年3月1日《在中央党校建校80周年庆祝大会暨2013年春季学期开学典礼上的讲话》）

[33] 学习与思考、勤学与善思是相互联系和相辅相成的，不可把二者割裂开来。（2012年9月1日《在中央党校2012年秋季学期开学典礼上的讲话》）

[34] 要敢于拿起批判的武器，在思考中发现新的问题，在继承前人的基础上努力形成新的认识。（2009年5月13日《在中央党校2009年春季学期第二批进修班暨专题研讨班开学典礼上的讲话》）

[35] 时代是思想之母，实践是理论之源。（中国共产党第十九次全国代表大会报告）

[36] 学习是成长进步的阶梯，实践是提高本领的途径。（《习近平谈治国理政》外文出版社有限责任公司，第51页）

[37] 既读有字之书，也读无字之书，砥砺道德品质，掌握真才实学，练就过硬本领。（《习近平谈治国理政》外文出版社有限责任公司，第59页）

[38] 一定要从社会、学校和家长等多方入手，千方百计把孩子从分数中解放出来。要让他们明白，人生道路千万条，各行各业都能成才。只要矢志追求、努力拼搏，照样可以实现人生抱负和目标。（《之江新语》浙江人民出版社，第5页）

[39] 基础教育要做到以人为本，就是要加强素质教育，不仅使学生德智体美全面发展，而且使学生的人格、个性也得到和谐发展；不仅要开发学生的智力，而且要培养学生的创新和实践能力；不仅要“授之以鱼”、教授学生“学会”，而且要“授之以渔”、教授学生“会学”；不仅要教学生学习文化知识，而且还要教学生懂得立身做人的基本道理，使学生心智健全、人格完善、体格健康，得到全面发展和整体发展。（《之江新语》浙江人民出版社，第162页）

[40] 读书客观上是一个去粗取精、去伪存真的过程，必须联系实际、知行合一，通过理论的指导，利用知识的积累，来洞察客观事物发展的规律。（《之江新语》浙江人民出版社，第180页）

[41] 干部的学历高了，做群众工作的水平却低了。（2010年3月1日《在中共中央党校春季学期开学典礼上的讲话》）

[42] 道不可坐论，德不能空谈。于实处用力，从知行合一上下功夫，核心价值观才能内化为人们的精神追求，外化为人们的自觉行动。（《习近平谈治国理政》外文出版社有限责任公司，第173页）

[43] 我觉得在我的一生，对我帮最大的是两种人，一种就是革命老前辈，一种就是我那个陕北老乡。（《习近平访谈录》，《人民文摘》，2004年第三期）

[44] 7年上山下乡的艰苦生活对我的锻炼很大。最大的收获有两点：一是让我懂得了什么叫实际，什么叫实事求是，什么叫群众，这是让我获益终生的东西。二是培养了我的自信心。（2014年12月11日党建网《习近平回忆七年上山下乡》，摘自《福建博士风采》丛书，习近平文）

[45] 上山下乡的经历对我的影响是相当深的，使我形成了脚踏实地，自强不息的品格。脚踏在大地上，置身于人民群众中，会使人感到非常踏实，很有力量；基层的艰苦生活，能够磨练一个人的意志。而后无论遇到什么困难，只要想起在那艰难困苦的条件下还能干事，就有一股遇到任何事情都勇于挑战的勇气，什么事情都不信邪，都能处变不惊，克难而进。（2014年12月11日党建网《习近平回忆七年上山下乡》，摘自《福建博士风采》丛书，习近平文）

[46] 干部的党性修养、思想觉悟、道德水平不会随着党龄的积累而自然提高，也不会随着职务的升迁而自然提高，而需要终生努力。（《习近平谈治国理政》外文出版社有限责任公司，第417页）

[47] 全党同志一定要把学习作为一种政治责任、一种精神追求、一种生活方式，不断接受马克思主义哲学智慧的滋养，自觉坚持和运用辩证唯物主义世界观和方法论，广泛学习各方面知识，做到学以益智、学以励志、学以立德、学以修身。（2015年6月12日《在纪念陈云同志诞辰110周年座谈会上的讲话》）

[48] 不断增强是非面前的辨别能力、诱惑面前的自控能力、警示面前的醒悟能力。（2008年5月13日《在中央党校2008年春季学期第二批进修班暨师资班开学典礼上的讲话》）

[49] 最大的诱惑是自己，最难战胜的敌人也是自己。（《习近平关于党风廉政建设和反腐败斗争论述摘编》中央文献出版社、中国方正出版社，第145页）

[50] 平时工作忙，难得静下心来深入总结，到党校学习有助于解决这个问题。好多事情通过认真总结会有豁然开朗的感觉。（2012年9月1日《在中央党校2012年秋季学期开学典礼上的讲话》）

[51] 不断增强自我净化、自我完善、自我革新、自我提高的能力。（《习近平总书记系列重要讲话读本》（2016年版）学习出版社、人民出版社，第103页）

[52] 对一切腐蚀诱惑保持高度警惕，慎独慎初慎微。（《习近平关于党的群众路线教育实践活动论述摘编》党建读物出版社、中央文献出版社，第44页）

[53] 严以修身，就是要加强党性修养，坚定理想信念，提升道德境界，追求高尚情操，自觉远离低级趣味，自觉抵制歪风邪气。（《习近平关于党的群众路线教育实践活动论述摘编》党建读物出版社、中央文献出版社，第41页）

[54] 坚持慎独慎微，面对各种诱惑保持清醒头脑，珍重自己的人格，珍爱自己的声誉，珍惜自己的形象，不断增强辨别是非和抗拒诱惑的能力，始终保持共产党人的本色。

（2010年10月11日《在与中央和国家机关到省区市交流任职中青年干部座谈会上的讲话》）

[55] 领导干部要常思贪欲之害，警钟长鸣，防微杜渐。（2008年5月13日《在中央党校2008年春季学期第二批进修班暨师资班开学典礼上的讲话》）

[56] 各级领导干部要加强思想道德修养，注重培养健康的生活情趣，正确选择个人爱好。（《之江新语》浙江人民出版社，第262页）

[57] 严以修身，就是要加强党性修养，坚定理想信念，提升道德境界，追求高尚情操，自觉远离低级趣味，自觉抵制歪风邪气。（2014年3月9日在《十二届全国人大二次会议安徽代表团审议会上的讲话》）

[58] 自觉远离那些庸俗的东西。（2014年3月18日《在河南省兰考县调研指导党的群众路线教育实践活动上的讲话》）

[59] 保持良好心态。（2010年10月11日《在与中央和国家机关到省区市交流任职中青年干部座谈会上的讲话》）

[60] 要视困难为考验，把挑战当机遇，变被动为主动。困难是一道坎，是一道分水岭。就像鲤鱼跳龙门，跳过去就是一片新天地，进入一种新境界。当前挑战与机遇并存，但是，机遇始终大于挑战。（《之江新语》浙江人民出版社，第58页）

[61] 我们要增强政治定力，增强道路自信、理论自信、制度自信。（《习近平谈治国理政》外文出版社有限责任公司，第30页）

[62] 鞋子合不合脚，只有穿鞋的人自己才知道。（《习近平谈治国理政》外文出版社有限责任公司，第443页）

[63] 只要有信心，黄土变成金。（《习近平谈治国理政》外文出版社有限责任公司，第190页）

[64] 越是在困难的时候，越要坚定信心。应该看到，任何进步都不是直线的，有曲折也有反复。（2015年7月9日《在金砖国家领导人第七次会晤上的讲话》）

[65] 人类的美好理想，都不可能唾手可得，都离不开筚路蓝缕、手胼足胝的艰苦奋斗。（2016年4月26日《在知识分子、劳动模范、青年代表座谈会上的讲话》）

[66] 为学之要贵在勤奋、贵在钻研、贵在有恒。（2014年5月4日《在北京大学师生座谈会上讲话》）

[67] 一要发扬挤劲。二要发扬钻劲。（2009年5月13日《在中央党校2009年春季学期第二批进修班暨专题研讨班开学典礼上的讲话》）

[68] 学习要善于挤时间。（2013年3月1日《在中央党校建校80周年庆祝大会暨2013年春季学期开学典礼上的讲话》）

[69] 事业成功的原因很多，奋发有为是主要因素。（2015年1月12日《在中央党校县委书记研修班学员座谈会上的讲话》）

[70] 幸福都是奋斗出来的。今天，我还要说，奋斗本身就是一种幸福。只有奋斗的人生才

称得上幸福的人生。（2018年2月14日《在2018年春节团拜会上的讲话》）

[71] 踏石留印、抓铁有痕。（《习近平关于党风廉政建设和反腐败斗争论述摘编》中央文献出版社、中国方正出版社，第71页）

[72] 再高的山、再长的路，只要我们锲而不舍前进，就有达到目的的那一天。（2013年10月7日《在亚太经合组织工商领导人峰会上的讲话》）

[73] 坚硬如石，柔情似水——可见石之顽固，水之轻飘。但滴水终究可以穿石，水终究赢得了胜利。（《摆脱贫困》福建人民出版社，第57页）

[74] 自豪不自满，昂扬不张扬，务实不浮躁。（搜狐网《文化重磅》310期）

[75] 我们必须坚持谦虚谨慎、戒骄戒躁。（2014年9月30日《在庆祝中华人民共和国成立65周年招待会上的讲话》）

[76] 无论什么时候我们都不能骄傲自满，党不能骄傲自满，国家不能骄傲自满，领导层不能骄傲自满，人民不能骄傲自满，而是要增强忧患意识、慎终追远，始终保持艰苦奋斗的作风。（2014年9月30日《在庆祝中华人民共和国成立65周年招待会上的讲话》）

[77] 创新是引领发展的第一动力，是建设现代化经济体系的战略支撑。（中国共产党第十九次全国代表大会报告）

[78] 创新是民族进步的灵魂，是一个国家兴旺发达的不竭源泉，也是中华民族最深沉的民族禀赋，正所谓“苟日新，日日新，又日新”。生活从不眷顾因循守旧、满足现状者，从不等待不思进取、坐享其成者，而是将更多机遇留给善于和勇于创新的人们。（《习近平谈治国理政》外文出版社有限责任公司，第51页）

[79] 创新思维能力，就是破除迷信、超越过时的陈规，善于因时制宜、知难而进、开拓创新的能力。（《习近平总书记系列重要讲话读本》（2014年版）学习出版社、人民出版社，第180页）

[80] 人民是中国梦的主体，中国梦的创造者和享有者。（《习近平总书记系列重要讲话读本》（2016年版）学习出版社、人民出版社，第8页）

[81] 尊重人民首创精神，自觉拜人民为师，向能者求教，向智者问策，从群众中汲取无穷的智慧和力量。（《习近平总书记系列重要讲话读本》（2016年版）学习出版社、人民出版社，第129页）

[82] 要增强创新意识，把握创新特点，遵循创新规律，既奇思妙想、“无中生有”，又兼收并蓄、博采众长，甘于“十年磨一剑”，在尊重个人创造的同时注重发挥集体攻关的优势。（2016年4月26日《在安徽调研期间座谈会上的讲话》）

[83] 大家都知道我喜欢足球。其实，我还喜欢着篮球、网球，而且很喜欢武术。希望孩子们要文明精神、野蛮体魄，把身体锻炼好，把知识学好。（2014年5月30日《在北京市海淀区民族小学看望少年儿童，与少先队辅导员、教师、家长、学生等代表座谈时的讲话》）

[84] 一物不知，深以为耻，便求知若渴。（2013年5月《在“五四”青年节参加主题团日活动时的讲话》）

丨 交友智慧

[1] 船的力量在帆上，人的力量在心上。（2015年9月30日《会见基层民族团结优秀代表时的讲话》）

[2] 团结一切可以团结的力量，最大限度增加和谐因素，增强社会创造活力。（《习近平谈治国理政》外文出版社有限责任公司，第13页）

[3] 携手构建合作共赢新伙伴，同心打造人类命运共同体。（2015年9月28日《在第七十届联合国大会一般性辩论时的讲话》）

[4] 孙悟空把唐僧放在那，用金箍棒划一个圈，妖魔鬼怪就进不来了，自己要给自己划一个圈。（2014年5月8日《在同中央办公厅各单位班子成员和干部职工代表座谈会上的讲话》）

[5] 要平等相待，践行正确义利观，义利相兼，义重于利。（2015年9月28日《在第七十届联合国大会一般性辩论时的讲话》）

[6] 要不断巩固共同思想政治基础，包括巩固已有共识、推动形成新的共识，这是基础和前提。（《习近平总书记系列重要讲话读本》（2016年版）学习出版社、人民出版社，第174页）

[7] 统一战线是一致性和多样性的统一体。一致性和多样性不是一成不变的，而是历史的、具体的、发展的。（《习近平总书记系列重要讲话读本》（2016年版）学习出版社、人民出版社，第173—174页）

[8] 坚持一致性和多样性统一，找到最大公约数，画出最大同心圆。（中国共产党第十九次全国代表大会报告）

[9] 各级领导干部要加强思想道德修养，注重培养健康的生活情趣，正确选择个人爱好，慎重对待朋友交往，明辨是非，克己慎行，讲操守，重品行，时刻检点自己生活的方方面面，始终保持共产党人的政治本色。（《之江新语》浙江人民出版社，第261—262页）

[10] 有的领导干部跌入腐败犯罪的泥坑，原因就是交友不慎。（2014年5月8日《在同中央办公厅各单位班子成员和干部职工代表座谈会上的讲话》）

[11] 讲信义、重情义、扬正义、树道义。（2015年1月8日《在中国—拉美和加勒比国家共同体论坛首届部长级会议开幕式上的致辞》）

[12] 虽然是第一次见面，但我们却像多年不见的朋友，有说不完的话题，表不尽的情谊。临别时……我劝他留步，他像没听见似的。就这样边走边说，竟一直把我送到了机关门口。（《知之深　爱之切》河北人民出版发行，第226页）

[13] 记得有好几次，我们收住话锋时，已经是次日凌晨两三点钟了。每遇这种情况，不是他送我，就是我送他。为了不影响机关门卫的休息，我们常常叠罗汉似的，一人先蹲下，另一人站上肩头，悄悄地从大铁门上翻过。(《知之深　爱之切》河北人民出版发行，第226页)

[14] 上任伊始，他就下基层、访群众、查问题、定制度，几个月下来，便把原来比较混乱的文化系统整治得井井有条。在任期间，大山为正定文化事业的发展和古文物的研究、保护、维修、发掘、抢救，竭尽了自己的全力。(《知之深　爱之切》河北人民出版发行，第227页)

[15] 我坐在他的床头，不时说上几句安慰的话，尽管这种语言已显得是那样的苍白和无力……为了他能得以适度的平静和休息，我只好起身与他挥泪告别。临走，我告诉他，抽时间我一定再到正定看他。(《知之深　爱之切》河北人民出版发行，第230页)

[16] 作为党的干部，就是要讲大公无私、公私分明、先公后私、公而忘私，只有一心为公、事事出于公心，才能坦荡做人、谨慎用权，才能光明正大、堂堂正正。(《习近平关于党风廉政建设和反腐败斗争论述摘编》中央文献出版社、中国方正出版社，第79页)

[17] 认认真真学习、要老老实实做人、要干干净净干事。(2008年5月13日《在中央党校2008年春季学期第二批进修班暨师资班开学典礼上的讲话》)

[18] 要坚持讲尊重、讲平等、讲诚恳，也要坚持讲原则、讲纪律、讲规矩，出于公心为党交一大批肝胆相照的好朋友、真朋友。(《习近平总书记系列重要讲话读本》(2016年版)学习出版社、人民出版社，第174页)

[19] 我们患难与共，用鲜血凝成了坚不可摧的战斗友谊。(出席俄罗斯纪念卫国战争胜利70周年庆典在《俄罗斯报》发表题为《铭记历史，开创未来》的署名文章)

[20] 真金不怕火炼。伙伴的意义和价值，不仅在于顺境中共襄盛举，更在于逆境时携手前行。(《2015年11月15日在出席二十国集团领导人第十次峰会和亚太经合组织第二十三次领导人非正式会议上的讲话》)

[21] 大道之行，天下为公。(中国共产党第十九次全国代表大会报告)

[22] 独立自主是中华民族的优良传统，是中国共产党、中华人民共和国立党立国的重要原则。(《习近平谈治国理政》外文出版社有限责任公司，第29页)

[23] 中国坚定奉行独立自主的和平外交政策，尊重各国人民自主选择发展道路的权利，维护国际公平正义，反对把自己的意志强加于人，反对干涉别国内政，反对以强凌弱。(中国共产党第十九次全国代表大会报告)

[24] 按照亲诚惠容理念和与邻为善、以邻为伴周边外交方针深化同周边国家关系，秉持正确义利观和真实亲诚理念加强同发展中国家团结合作。(中国共产党第十九次全国代表大会报告)

[25] 要坚持睦邻友好，守望相助；讲平等、重感情；常见面，多走动；多做得人心、暖人心的事，使周边国家对我们更友善、更亲近、更认同、更支持，增强亲和力、感召力、影响力。要诚心诚意对待周边国家，争取更多朋友和伙伴。要本着互惠互利的原则同周边国家开展合作，编织更加紧密的共同利益网络，把双方利益融合提升到更高水平，让周边国家得益于我国发展，使我国也从周边国家共同发展中获得裨益和助力。（《习近平谈治国理政》外文出版社有限责任公司，第297页）

[26] 千百年来，丝绸之路承载的和平合作、开放包容、互学互鉴、互利共赢精神薪火相传。（《习近平谈治国理政》外文出版社有限责任公司，第314页）

[27] 我们要高举和平、发展、合作、共赢的旗帜，坚持在和平共处五项原则基础上同各国友好相处，在平等互利基础上积极开展同各国的交流合作，坚定不移维护世界和平、促进共同发展。我们要根据事情本身的是非曲直决定自己的立场和政策，秉持公道，伸张正义，尊重各国人民自主选择发展道路的权利，绝不把自己的意志强加于人，也绝不允许任何人把他们的意志强加于中国人民。（《习近平谈治国理政》外文出版社有限责任公司，第30页）

[28] 要多做一些雪中送炭、急人之困的工作，少做一些锦上添花、花上垒花的虚功。（《习近平总书记系列重要讲话读本》（2014年版）学习出版社、人民出版社，第111页）

[29] 1985年5月我即将调离正定去南方工作的那个晚上，我们相约相聚，进行了最后一次长谈，临分手时，俩人都流下了激动的泪水，依依别情，难以言状。（《知之深　爱之切》河北人民出版发行，第228页）

[30] ……一个“真”字。真朋友最可贵。……一个“实”字。中国不仅是合作共赢的倡导者，更是积极实践者。……一个“亲”字。中国人民和非洲人民有着天然的亲近感。……解决合作中的问题，我们讲一个“诚”字。（《习近平谈治国理政》外文出版社有限责任公司，第306—309页）

[31] 各民族要相互了解、相互尊重、相互包容、相互欣赏、相互学习、相互帮助，像石榴籽那样紧紧抱在一起。（2014年5月29日《在第二次中央新疆工作座谈会上的讲话》）

[32] 同志间互相批评，是信任、是理解、是支持、是爱护。（《之江新语》浙江人民出版社，第134页）

[33] 能说心里话的挚友诤友。（《习近平总书记系列重要讲话读本》（2016年版）学习出版社、人民出版社，第174页）

[34] 敢于担当，就是要坚持原则、认真负责，面对大是大非敢于亮剑，面对矛盾敢于迎难而上，面对危机敢于挺身而出，面对失误敢于承担责任，面对歪风邪气敢于坚决斗争。（《习近平总书记系列重要讲话读本》（2016年版）学习出版社、人民出版社，第110页）

[35] 要善于听取逆耳忠言，不断提高判断是非的能力。（2008年5月13日《在中央党校2008年春季学期第二批进修班暨师资班开学典礼上的讲话》）

[36] 老实人讲真理，老好人讲面子；老实人坚持实事求是，老好人信奉实用主义；老实人尊重客观规律，老好人盲从“专家”“权威”；老实人积极进取、奋发有为，老好人庸庸无能、碌碌无为；老实人坚持在原则基础上加强团结，老好人搞没有原则的一团和气；老实人是敢说真话、敢说实话的耿介之士，老好人是你好我好大家好的好好先生。（2008年5月13日《在中央党校2008年春季学期第二批进修班暨师资班开学典礼上的讲话》）

[37] 作为共产党员，就应该相互坦诚地直言其过，就应该有闻过则喜的胸怀和气量。（《之江新语》浙江人民出版社，第134页）

[38] 坚持心心相印。……交往多了，感情深了，心与心才能贴得更近。（《习近平谈治国理政》外文出版社有限责任公司，第294页）

[39] 政治生态好，人心就顺、正气就足；政治生态不好，就会人心涣散、弊病丛生。（2016年1月12日《在第十八届中央纪律检查委员会第六次全体会议上的讲话》）

[40] 要着力净化政治生态，营造廉洁从政的良好环境。（2015年3月6日《在十二届全国人大三次会议江西代表团审议会上的讲话》）

[41] 下大气力拔“烂树”、治“病树”、正“歪树”，使领导干部受到警醒、警示、警戒。（2015年3月6日《在参加江西代表团审议时的讲话》）

[42] 要抓早抓小，有病就马上治，发现问题就及时处理，不能养痈遗患。（2014年1月14日《在第十八届中央纪律检查委员会第三次全体会议上的讲话》）

[43] 我说过“两面人”的问题，大量案件表明，党内有一些人在这方面问题很突出。有的修身不真修、信仰不真信，很会伪装，喜欢表演作秀，表里不一、欺上瞒下，说一套、做一套，台上一套、台下一套，当面一套、背后一套，手腕高得很。……这种口是心非的“两面人”，对党和人民事业危害很大，必须及时把他们辨别出来、清除出去。（2016年1月12日《在第十八届中央纪律检查委员会第六次全体会议上的讲话》）

[44] 想交到这样的朋友，不能做快餐，而是要做“佛跳墙”这样的功夫菜。（《习近平总书记系列重要讲话读本》（2016年版）学习出版社、人民出版社，第174页）

思维智慧

[1] 不能以教条主义的观点对待马克思列宁主义，必须从中国实际出发，实现马克思主义中国化。（2013年12月26日《在纪念毛泽东同志诞辰120周年座谈会上的讲话》）

[2] 实现“两个一百年”奋斗目标、实现中华民族伟大复兴的中国梦，必须不断接受马克思哲学智慧的滋养，更加自觉地坚持和运用辩证唯物主义世界观和方法论，增强辩证思维、战略思维能力，更好地指导实践。（《习近平总书记系列重要讲话读本》（2016年版）学习出版社、人民出版社，第279页）

[3] 实事求是，是马克思主义的根本观点，是中国共产党人认识世界、改造世界的根本要求，是我们党的基本思想方法、工作方法、领导方法。不论过去、现在和将来，我们都要坚持一切从实际出发，理论联系实际，在实践中检验真理和发展真理。（2013年12月26日《在纪念毛泽东同志诞辰120周年座谈会上的讲话》）

[4] 要把实事求是原则贯穿到各项工作中去，努力把真实情况掌握得更多一些、把客观规律认识得更透一些，为做好工作打下扎实的基础。（《习近平总书记系列重要讲话读本》（2016年版）学习出版社、人民出版社，第291页）

[5] 谋事要实、创业要实、做人要实。（《习近平总书记系列重要讲话读本》（2016年版）学习出版社、人民出版社，第115页）

[6] 世界物质统一性原理是辩证唯物主义最基本、最核心的观点，是马克思哲学的基石。遵循这一观点，最重要的就是坚持一切从客观实际出发。（《习近平总书记系列重要讲话读本》（2016年版）学习出版社、人民出版社，第279页）

[7] 过去拥有不等于现在拥有，现在拥有不等于永远拥有。（《习近平关于党的群众路线教育实践活动论述摘编》党建读物出版社、中央文献出版社，第4页）

[8] 要坚持具体问题具体分析，“入山问樵、入水问渔”，一切以时间、地点、条件为转移，善于进行交换比较反复，善于把握工作的时度效。（2016年5月10日《在省部级领导学习班上的讲话》）

[9] 一静一动，静要有定力，动要有秩序，关键是把握好这两者之间的度。（2013年12月10日至13日《在中央经济工作会议上的讲话》）

[10] 学习掌握世界统一于物质、物质决定意识的原理，坚持从客观实际出发制定政策、推动工作。（《习近平总书记系列重要讲话读本》（2016年版）学习出版社、人民出版社，第279页

[11] 加强党的理论教育，要坚持实事求是，要坚持理论联系实际的马克思主义学风，坚持问题导向，注重回答普遍关注的问题，注重解答学员思想上的疙瘩，反对主观主义、教条主义、形式主义，防止空对空、两张皮。（2015年12月11日《在全国党校工作会议上的讲话》）

[12] 因势而谋、应势而动、顺势而为。（2013年8月19日《在全国宣传思想工作会议上的讲话》）

[13] “革命理想高于天”，就是精神变物质、物质变精神的辩证法。（2015年1月23日《在十八届中央政治局2015年第一次集体学习上的讲话》）

[14] 实践观点是马克思主义哲学的核心观点。实践决定认识，是认识的源泉和动力，也是认识的目的和归宿。认识对实践具有反作用，正确的认识推动正确的实践，错误的认识导致错误的实践。（《习近平总书记系列重要讲话读本》（2016年版）学习出版社、人民出版社，第281页）

[15]“知”是基础、是前提，“行”是重点、是关键，必须以“知”促“行”，以“行”促“知”，做到知行合一，既解决认识提高问题，又解决行动自觉问题。(《习近平关于党的群众路线教育实践活动论述摘编》党建读物出版社、中央文献出版社，第39—40页)

[16]推进各项工作，根本的还是要靠实践出真知。理论必须同实践相统一。(《习近平总书记系列重要讲话读本》(2016年版)学习出版社、人民出版社，第281页)

[17]“实践高于认识的地方正在于它是行动。”(《摆脱贫困》福建人民出版社，第216页)

[18]要根据时代变化和实践发展，不断深化认识，不断总结经验，不断实现理论创新和实践创新良性互动。(《习近平总书记系列重要讲话读本》(2016年版)学习出版社、人民出版社，第281页)

[19]辩证思维能力，就是承认矛盾、分析矛盾、解决矛盾，善于抓住关键、找准重点、洞察事物发展规律的能力。(《习近平总书记系列重要讲话读本》(2016年版)学习出版社、人民出版社，第287页)

[20]要求人们在认识世界和改造世界过程中，充分运用辩证方法观察和处理问题，正确分析矛盾，在对立中把握统一、在统一中把握对立，克服极端化、片面性，不断提升辩证思维能力。(《习近平总书记系列重要讲话读本》(2016年版)学习出版社、人民出版社，第280—281页)

[21]在任何工作中，我们既要讲两点论，又要讲重点论，没有主次，不加区别，眉毛胡子一把抓，是做不好工作的。(《习近平总书记系列重要讲话读本》(2016年版)学习出版社、人民出版社，第48页)

[22]矛盾是普遍存在的，是事物联系的实质内容和事物发展的根本动力。人的认识活动和实践活动，从根本上说就是不断认识矛盾、不断解决矛盾的过程。(《习近平总书记系列重要讲话读本》(2016年版)学习出版社、人民出版社，第280页)

[23]对待矛盾的正确态度，应该是直面矛盾，并运用矛盾相辅相成的特性，在解决矛盾过程中推动事物发展。(《习近平总书记系列重要讲话读本》(2016年版)学习出版社、人民出版社，第280页)

[24]中国特色社会主义政治发展道路，是近代以来中国人民长期奋斗历史逻辑、理论逻辑、实践逻辑的必然结果，是坚持党的本质属性、践行党的根本宗旨的必然要求。(中国共产党第十九次全国代表大会报告)

[25]底线思维能力，就是客观地设定最低目标，立足最低点，争取最大期望值的一种积极的思维能力。(《习近平总书记系列重要讲话读本》(2016年版)学习出版社、人民出版社，第288页)

[26]要善于运用“底线思维”的方法，凡事从坏处准备，努力争取最好的结果，这样才能有备无患、遇事不慌，牢牢把握主动权。(《习近平总书记系列重要讲话读本》(2016

年版）学习出版社、人民出版社，第288页）

[27] 要见微知著、未雨绸缪，把工作预案准备得更充分、更周详，做到心中有数、处变不惊。（《习近平总书记系列重要讲话读本》（2014年版）学习出版社、人民出版社，第181页）

[28] 要始终保持清醒坚定，保持强大前进定力，既不走封闭僵化的老路，也不走改旗易帜的邪路，不为任何风险所惧，不为任何干扰所惑，真正做到“千磨万击还坚劲，任尔东西南北风”。（《习近平总书记系列重要讲话读本》（2016年版）学习出版社、人民出版社，第30页）

[29] 坚持实事求是不是一劳永逸的，在一个时间一个地点做到了实事求是，并不等于在另外的时间另外的地点也能做到实事求是，在一个时间一个地点坚持实事求是得出的结论、取得的经验，并不等于在变化了的另外的时间另外的地点也能够适用。（2013年12月26日《在纪念毛泽东同志诞辰120周年座谈会上的讲话》）

[30] 中华文化崇尚和谐，中国“和”文化源远流长，蕴涵着天人合一的宇宙观、协和万邦的国际观、和而不同的社会观、人心和善的道德观。（2014年5月15日《在中国国际友好大会暨中国人民对外友好协会成立60周年纪念活动上的讲话》）

[31] 解决问题就要抓主要矛盾和矛盾的主要方面。（《习近平关于党的群众路线教育实践活动论述摘编》党建读物出版社、中央文献出版社，第69页）

[32] 抓住“衣领子”“牛鼻子”。（2016年1月29日《在中央政治局第三十次集体学习时的讲话》）

[33] 要注重抓主要矛盾和矛盾的主要方面，注重抓重要领域和关键环节。重要领域“牵一发而动全身”，关系到改革大局，是改革的重中之重；关键环节“一子落而满盘活”，关系到改革成效，是改革的有力支点。（《习近平总书记系列重要讲话读本》（2014年版）学习出版社、人民出版社，第51页）

[34] 要透过现象看本质，从零乱的现象中发现事物内部存在的必然联系，从客观事物存在和发展的规律出发，在实践中按照客观规律办事。（2013年12月26日《在纪念毛泽东同志诞辰120周年座谈会上的讲话》）

[35] 多看本质，不受表面现象迷惑。（《习近平总书记系列重要讲话读本》（2014年版）学习出版社、人民出版社，第98页）

[36] 坚持“两点论”，一分为二看问题，既要看到有利一面，也要看到不利的一面，从坏处着想，做最充分的准备，争取较好的结果。（《习近平谈治国理政》外文出版社有限责任公司，第111页）

[37] 一个新理念的确立，总是同旧理念的破除相伴随的，正所谓不破不立。（2016年1月18日《在省部级主要领导干部学习贯彻党的十八届五中全会精神专题研讨班上的讲话》）

[38] 冲破思想观念的障碍、突破利益固化的藩篱，解放思想是首要的。（《习近平谈治国

理政》外文出版社有限责任公司，第87页）

[39] 解放思想是我们适应新形势、应对新挑战、认识新事物、完成新任务的根本思想武器。（2008年3月1日《在中央党校2008年春季学期开学典礼上的讲话》）

[40] 在对待自身学说的问题上，马克思主义同样坚持科学的世界观与方法论，依据实践发展和科学进步不断修正、丰富和发展自己的理论。这从根本上破除了因循守旧、思想僵化、形式主义和无所作为，因而要求人们转变思维习惯、突破思维定势，在把握事物发展客观规律的基础上实现变革和创新。（2010年3月1日《在中共中央党校春季学期开学典礼上的讲话》）

[41] 要继续推进改革，既要勇于"破"，又要善于"立"。（2015年7月24日《中共中央在中南海召开党外人士座谈会上的讲话》）

[42] 不破不立，不立不破，相辅相成，殊途同归。（《摆脱贫困》福建人民出版社，第152页）

[43] 提高创新思维能力，就是要有敢为人先的锐气，打破迷信经验、迷信本本、迷信权威的惯性思维，摒弃不合时宜的旧观念，以思想认识的新飞跃打开工作的新局面。（《习近平总书记系列重要讲话读本》（2016年版）学习出版社、人民出版社，第288页）

[44] 唯物辩证法认为，事物是普遍联系的，事物及事物各要素相互影响、相互制约，整个世界是相互联系的整体，也是相互作用的系统。坚持唯物辩证法，就要从客观事物的内在联系去把握事物，去认识问题、处理问题。（2016年5月10日《在省部级领导学习班上的讲话》）

[45] 局部与全局相互依存，没有局部就无所谓全局，没有全局局部也不可能存在，既不能以局部代替全局，也不能以全局代替局部。在全面深化改革过程中，每一项改革既要考虑局部的具体情况，更要从大局出发，从全局上来统筹谋划。要避免"只见树木，不见森林"，防止局部和眼前合理却不利于全局和长远的情况发生。（《习近平总书记系列重要讲话读本》（2014年版）学习出版社、人民出版社，第51页）

[46] 要坚持系统思维、辩证思维，搞好统筹，突出重点，全面做好工作。（《习近平关于党的群众路线教育实践活动论述摘编》党建读物出版社、中央文献出版社，第85页）

[47] 要坚持发展地而不是静止地、全面地而不是片面地、系统地而不是零散地、普遍联系地而不是单一孤立地观察事物，准确把握客观实际，真正掌握规律。（《习近平总书记系列重要讲话读本》（2016年版）学习出版社、人民出版社，第281页）

[48] 要摒弃不合时宜的旧观念，冲破制约发展的旧框框，让各种发展活力充分迸发出来。（《习近平谈治国理政》外文出版社有限责任公司，第330页）

领导智慧

[1] 一个国家选择什么样的治理体系，是由这个国家的历史传承、文化传统、经济社会发

展水平决定的，是由这个国家的人民决定的。(《习近平谈治国理政》外文出版社有限责任公司，第105页)

[2] 一个高明的领导，讲究领导艺术，知关节，得要领，把握规律，掌握节奏，举重若轻。(《之江新语》浙江人民出版社，第27页)

[3] 决策是一个提出问题、分析问题、解决问题的过程。(2011年11月16日《在中央党校秋季学期第二批入学学员开学典礼上的讲话》)

[4] 要坚持和完善先调研后决策的重要决策调研论证制度，把调查研究贯穿于决策的全过程，真正成为决策的必经程序，提高决策的科学化水平。(《习近平总书记系列重要讲话读本》(2016年版)学习出版社、人民出版社，第291页)

[5] 对提出的目标，都要分清轻重缓急，从实际出发进行细化和量化。(《习近平关于党的群众路线教育实践活动论述摘编》党建读物出版社、中央文献出版社，第72—73页)

[6] 第一个阶段，从二〇二〇年到二〇三五年，在全面建成小康社会的基础上，再奋斗十五年，基本实现社会主义现代化。……第二个阶段，从二〇三五年到本世纪中叶，在基本实现现代化的基础上，再奋斗十五年，把我国建成富强民主文明和谐美丽的社会主义现代化强国。(中国共产党第十九次全国代表大会报告)

[7] 确定目标必须实事求是、切实可行，不能把胃口吊得太高，更不能提出难以兑现的承诺。(《习近平总书记系列重要讲话读本》(2014年版)学习出版社、人民出版社，第73页)

[8] 如果没有足够战略定力……就容易随波逐流、进退失据，乃至丧失行动能力，错失发展机遇。(《习近平总书记系列重要讲话读本》(2016年版)学习出版社、人民出版社，第284页)

[9] 道路问题是关系党的事业兴衰成败第一位的问题，道路就是党的生命。(《习近平谈治国理政》外文出版社有限责任公司，第21页)

[10] 没有正确的道路，再美好的愿景、再伟大的梦想，都不能实现。(《习近平总书记系列重要讲话读本》(2016年版)学习出版社、人民出版社，第10页)

[11] 找到一条好的道路不容易，走好这条道路更不容易。(《习近平总书记系列重要讲话读本》(2016年版)学习出版社、人民出版社，第30页)

[12] 制定政策时冷静观察、谨慎从事、谋定后动。(《习近平总书记系列重要讲话读本》(2016年版)学习出版社、人民出版社，第284页)

[13] 调查研究是一门致力于求真的学问，一种见诸实践的科学，也是一项讲求方法的艺术。(《之江新语》浙江人民出版社，第166页)

[14] 调查研究不仅是一种工作方法，而且是关系党和人民事业得失成败的大问题。(2011年11月16日《在中央党校秋季学期第二批入学学员开学典礼上的讲话》)

[15] 我们担负领导工作的干部，在对重大问题进行决策之前，一定要有眼睛向下的决心和

甘当小学生的精神，迈开步子，走出院子，去车间码头，到田间地头，进行实地调研，同真正明了实情的各方面人士沟通讨论，通过“交换、比较、反复”，取得真实可信、扎实有效的调研成果，从而得到正确的结论。调查研究就像“十月怀胎”，决策就像“一朝分娩”。调查研究的过程就是科学决策的过程，千万省略不得、马虎不得。（《之江新语》浙江人民出版社，第154页）

[16] 要深入实际，抓住典型，解剖麻雀，举一反三，总结基层创造的好做法、好经验，不断完善提高，并予以推广。（《之江新语》浙江人民出版社，第63页）

[17] 网民来自老百姓，老百姓上了网，民意也就上了网。（2016年4月19日《在网络安全和信息化工作座谈会上的讲话》）

[18] 调查研究是谋事之基、成事之道，没有调查就没有发言权，没有调查就没有决策权。（2017年10月25日《习近平在党的十九届一中全会上的讲话》）

[19] 县委书记在街头搞民意测验，这不也是令人振奋的创新之举吗？（《知之深爱之切》河北人民出版发行，第242页）

[20] 要发扬党内民主，营造民主讨论的良好氛围，鼓励讲真话、讲实话、讲心里话，允许不同意见碰撞和争论，同时善于进行正确集中，防止议而不决、决而不行。（《习近平总书记系列重要讲话读本》（2016年版）学习出版社、人民出版社，第112页）

[21] 制定出一个好文件，只是万里长征走完了第一步，关键还在于落实文件。（《习近平谈治国理政》外文出版社有限责任公司，第106页）

[22] 严格执行责任制，分解责任要明确，检查考核要严格，责任追究要到位，让责任制落到实处。（《习近平关于党风廉政建设和反腐败斗争论述摘编》中央文献出版社、中国方正出版社，第56—57页）

[23] 要把制度建设摆在突出位置，充分发挥我国社会主义政治制度优越性。我们要坚持以实践基础上的理论创新推动制度创新，坚持和完善现有制度，从实际出发，及时制定一些新的制度，构建系统完备、科学规范、运行有效的制度体系，使各方面制度更加成熟更加定型，为夺取中国特色社会主义新胜利提供更加有效的制度保障。（《习近平谈治国理政》外文出版社有限责任公司，第10页）

[24] 必须把权力关进制度的笼子里，坚持用制度管权管事管人。要建立决策科学、执行坚决、监督有力的权力运行体系，把笼子扎得紧一点，严防“牛栏关猫”，使权力运行守边界、有约束、受监督。（《习近平总书记系列重要讲话读本》（2014年版）学习出版社、人民出版社，第85页）

[25] 要强化权力运行公开。阳光是最好的防腐剂。权力只有公开运行，才能防止被滥用。（《习近平总书记系列重要讲话读本》（2014年版）学习出版社、人民出版社，第86页）

[26] 要做好顶层设计，合理分解权力，科学配置权力，形成科学的权力结构和运行机制。（《习近平总书记系列重要讲话读本》（2014年版）学习出版社、人民出版社，第86页）

[27] 任何科学理论和制度，必须本土化才能真正起到作用。(《习近平总书记系列重要讲话读本》(2016年版)学习出版社、人民出版社，第33页)

[28] 不管建立和完善什么制度，都要本着于法周延、于事简便的原则。(《习近平关于党的群众路线教育实践活动论述摘编》党建读物出版社、中央文献出版社，第66页)

[29] 制度不在多，而在于精，在于务实管用，突出针对性和指导性。如果空洞乏力，起不到应有的作用，再多的制度也会流于形式。(《习近平关于党风廉政建设和反腐败斗争论述摘编》中央文献出版社、中国方正出版社，第130页)

[30] 把增速调整到合适的"挡位"，留下余地和空间，确保经济行稳致远。(《习近平总书记系列重要讲话读本》(2014年版)学习出版社、人民出版社，第58页)

[31] "人才资源是第一资源"，要做到求贤若渴，爱才如命，惜才如金，唯才是用。(《之江新语》浙江人民出版社，第11页)

[32] "为政之要，莫先于用人。"建设中国特色社会主义，关键在于建设一支宏大的高素质干部队伍。(《习近平总书记系列重要讲话读本》(2016年版)学习出版社、人民出版社，第109页)

[33] 当今世界的综合国力竞争，说到底是人才竞争。(2014年9月9日《同北京师范大学师生代表座谈时的讲话》)

[34] 实行更加积极、更加开放、更加有效的人才政策，以识才的慧眼、爱才的诚意、用才的胆识、容才的雅量、聚才的良方，把党内和党外、国内和国外各方面优秀人才集聚到党和人民的伟大奋斗中来。((中国共产党第十九次全国代表大会报告)

[35] 用人得当，首先要知人。(《习近平总书记系列重要讲话读本》(2016年版)学习出版社、人民出版社，第110页)

[36] 要学会辩证、动态、全面地看一个人：看一个人的精神，不仅要看他在顺境时的状态，也要看他在逆境中的意志；看一个人的能力，不仅要看他在顺境基础上的表现，也要看他在困境中的作为；看一个干部的政绩，不仅要看他的工作业绩，也要看他的工作态度，不仅要看他这一任留下什么局面，也要看他当初是在什么样的基础和条件下创造这一局面的。(《之江新语》浙江人民出版社，第214页)

[37] 要坚持全面、历史、辩证看干部，注重一贯表现和全部工作。(《习近平总书记系列重要讲话读本》(2016年版)学习出版社、人民出版社，第111页)

[38] 正确处理德与才的关系。才为德之基，德为才之帅。(《之江新语》浙江人民出版社，第10页)

[39] 坚持党管干部原则，坚持德才兼备、以德为先，坚持五湖四海、任人唯贤，坚持事业为上、公道正派，把好干部标准落到实处。(中国共产党第十九次全国代表大会报告)

[40] 寻觅人才求贤若渴，发现人才如获至宝，举荐人才不拘一格，使用人才各尽其能。要

下决心改变任人唯亲、任人唯利的问题，使用人之风真正纯洁起来。(《习近平总书记系列重要讲话读本》(2014年版)学习出版社、人民出版社，第163—164页)

[41] 信念坚定、为民服务、勤政务实、敢于担当、清正廉洁。(《习近平总书记系列重要讲话读本》(2016年版)学习出版社、人民出版社，第111页)

[42] 党委把好用人关，就是要把握大节、抓住主流、注重品德，及时发现、肯定默默无闻、埋头苦干、不事张扬、德才兼备的人，提拔、任用真正坚持立党为公、执政为民，敢负责、能干事的人。(《之江新语》浙江人民出版社，第10页)

[43] 容人之气度、纳谏之雅量。(《之江新语》浙江人民出版社，第22页)

[44] 用人得当，就要科学合理使用干部，用当其时、用其所长，树立强烈的人才意识。(《习近平总书记系列重要讲话读本》(2014年版)学习出版社、人民出版社，第163页)

[45] 用人如用器，用其长，而不强其短。(《摆脱贫困》福建人民出版社，第42页)

[46] 青年兴则国家兴，青年强则国家强。青年一代有理想、有本领、有担当，国家就有前途，民族就有希望。中国梦是历史的、现实的，也是未来的；是我们这一代的，更是青年一代的。中华民族伟大复兴的中国梦终将在一代代青年的接力奋斗中变为现实。(中国共产党第十九次全国代表大会报告)

[47] 全党要关心和爱护青年，为他们实现人生出彩搭建舞台。(中国共产党第十九次全国代表大会报告)

[48] 大力发现储备年轻干部，注重在基层一线和困难艰苦的地方培养锻炼年轻干部，源源不断选拔使用经过实践考验的优秀年轻干部。(中国共产党第十九次全国代表大会报告)

[49] 一忌急于求成。二忌自以为是。三忌朝令夕改。四忌眼高手低。(《摆脱贫困》福建人民出版社，第33—36页)

[50] 要从严管理干部，坚持从严教育、从严管理、从严监督，对干部身上出现的苗头性、倾向性问题，要及时“咬咬”耳朵、扯扯袖子，早提醒、早纠正。(《习近平总书记系列重要讲话读本》(2014年版)学习出版社、人民出版社，第164页)

[51] 坚持严管和厚爱结合、激励和约束并重，完善干部考核评价机制，建立激励机制和容错纠错机制，旗帜鲜明为那些敢于担当、踏实做事、不谋私利的干部撑腰鼓劲。(中国共产党第十九次全国代表大会报告)

[52] 基础不牢，地动山摇。(《习近平关于党的群众路线教育实践活动论述摘编》党建读物出版社、中央文献出版社，第13页)

[53] 要把基层干部队伍建设作为党的执政能力建设的一大着力点，真正重视、真情关怀、真心爱护广大基层干部。(《之江新语》浙江人民出版社，第90页)

[54] 以实际能力为衡量标准，不唯学历，不唯论文，不唯资历，突出专业性、创新性、实用性。(2016年4月19日《在网络安全和信息化工作座谈会上的讲话》)

[55] 对号入座，做到“才”得其所。（《知之深　爱之切》河北人民出版发行，第156页）

[56] 选优配强各级领导班子。（中国共产党第十九次全国代表大会报告）

[57] 该管的事一定要管好、管到位，该放的权一定要放足、放到位。（《习近平谈治国理政》外文出版社有限责任公司，第118页）

[58] 要信任他们，不能委之以事权之后，又滥加猜疑，否则，会导致上下离心离德，无法工作。（《摆脱贫困》福建人民出版社，第42页）

[59] 有权就有责，权责要对等。（2016年1月12日在《第十八届中央纪律检查委员会第六次全体会议上的讲话》）

[60] 努力形成科学有效的权力运行制约和监督体系，增强监督合力和实效，做到有权必有责、用权受监督、违法必追究。（《习近平总书记系列重要讲话读本》（2016年版）学习出版社、人民出版社，第93页）

[61] 成长为一个好干部，一靠自身努力，二靠组织培养。（《习近平总书记系列重要讲话读本》（2016年版）学习出版社、人民出版社，第110页）

[62] 强化干部实践锻炼，积极为干部锻炼成长搭建平台。（《习近平总书记系列重要讲话读本》（2014年版）学习出版社、人民出版社，第163页）

[63] 好钢要用在刀刃上，“千里马”要在大风大浪中经受考验，后备干部不能放在“温室”里去刻意培养。“天将降大任于斯人也”，必先以磨难历练他，这样才能“增益其所不能”。不经历风雨，怎能见彩虹？（《之江新语》浙江人民出版社，第2页）

[64] 选“千里马”，要在竞赛中挑选。对后备干部要注重在艰苦岗位、复杂的环境中去锻炼、识别。铺“路子”不如压“担子”，这才是培养干部的好办法。（《之江新语》浙江人民出版社，第2页）

[65] 眼光敏锐，见微知著，“为之于未有，治之于未乱”，防患于未然，化解于无形，开展工作有板有眼，纵横捭阖，张弛有度，“谈笑间，樯橹灰飞烟灭”。（《之江新语》浙江人民出版社，第27页）

[66] 磨刀不误砍柴工，思想是行动的先导。在思想认识上的收获，比我们在发展上的收获更有长远意义。（《之江新语》浙江人民出版社，第83页）

[67] 加强和改进思想政治工作，深化群众性精神文明创建活动。（中国共产党第十九次全国代表大会报告）

[68] 心正心灵，则业勤业精。思想上有更深刻、更高尚的理念，工作质量和效果就不一样。（《习近平关于党的群众路线教育实践活动论述摘编》党建读物出版社、中央文献出版社，第36页）

[69] 干工作必须虚实结合，尤其是虚功一定要实做。精神文明建设特别是思想道德建设一定要通过看得见、摸得着的方式，创造实实在在的载体，寓教于乐，入耳入脑，深入人心，潜移默化。道理要说清楚讲明白，但任何道理要深入人心，都不能光靠说教，

要有一个好的载体，通过积极探索和创造更多更加贴近实际、贴近群众、贴近生活的有效载体，使精神文明建设活动开展得有声有色、富有实效。(《之江新语》浙江人民出版社，第96页)

[70] 政治建军是我军的立军之本。在长期实践中，实行革命的政治工作，保证了我军战胜强大敌人和艰难险阻提供了不竭力量，使我军始终保持了人民军队的本色和作风。(《习近平总书记系列重要讲话读本》(2016年版)学习出版社、人民出版社，第249页)

[71] 伟大斗争，伟大工程，伟大事业，伟大梦想，紧密联系、相互贯通、相互作用，其中起决定性作用的是党的建设新的伟大工程。(中国共产党第十九次全国代表大会报告)

[72] 党的基层组织是确保党的路线方针政策和决策部署贯彻落实的基础。(中国共产党第十九次全国代表大会报告)

[73] 基层党支部是党的全部工作的基础。希望抓好支部工作法的提炼、交流、推广和运用。(《学习习近平同志关于机关党建重要论述》党建读物出版社，第79页)

[74] 坚持民主集中制，开展批评和自我批评，严格党内生活，加强党的团结统 ·，是其中很重要的法宝。(《习近平关于党的群众路线教育实践活动论述摘编》党建读物出版社、中央文献出版社，第48页)

[75] 首先要讲民主，切实保障党员的民主权利，加强党内民主建设，实行有效的民主监督。(《之江新语》浙江人民出版社，第255页)

[76] 批评与自我批评是党内思想斗争的锐利武器，也是领导干部管好自己的有效方法。现在，党内批评总是要在一定的场合内进行，而“吾日三省吾身”，自我批评则与我们个人如影随形，是最及时、最管用的思想武器。我们常讲，领导干部要自重、自省、自警、自励，这“四自”要求，就是对自我批评的要求.尤其是省级领导干部受党教育多年，在党性修养上更应有“响鼓不用重锤敲”的自觉性。(《之江新语》浙江人民出版社，第113页)

[77] 批评是为了团结，连批评都不敢开展了，团结也是不牢固的。(《之江新语》浙江人民出版社，第134页)

[78]“团结—批评—团结。”意思就是从团结的愿望出发，经过批评或者斗争使矛盾得到解决，从而在新的基础上达到新的团结，也就是我们通常所讲的惩前毖后、治病救人。(《之江新语》浙江人民出版社，第237页)

[79] 要以诚感人、以心暖人、以情动人……使彼此更友善、更亲近、更认同、更支持。(2014年5月15日《在中国人民对外友好协会成立60周年纪念活动上的讲话》)

[80] 只有富有爱心的财富才是真正有意义的财富。(《之江新语》浙江人民出版社，第251页)

[81] 伟大时代呼唤伟大精神，崇高事业需要榜样引领。(《习近平谈治国理政》外文出版社有限责任公司，第159页)

[82] 打铁还需自身硬。(《习近平谈治国理政》外文出版社有限责任公司，第4页)

[83] 领导干部既要严格要求自己，也要严格要求他人，要求别人做到的，自己首先要做到；禁止别人做的，自己坚决不能做。(《之江新语》浙江人民出版社，第264页)

[84] 榜样的力量是无穷的。善于抓典型，让典型引路和发挥示范作用，历来是我们党重要的工作方法。实践证明，抓什么样的典型，就能体现什么样的导向，就会收到什么样的效果。(《之江新语》浙江人民出版社，第212页)

[85] 劳动模范是民族的精英、人民的楷模。长期以来，广大劳模以平凡的劳动创造了不平凡的业绩，铸就了"爱岗敬业、争创一流，艰苦奋斗、勇于创新，淡泊名利、甘于奉献"的劳模精神，丰富了民族精神和时代精神的内涵，是我们极为宝贵的精神财富。(《习近平谈治国理政》外文出版社有限责任公司，第46页)

[86] 如果不坚决纠正不良风气，任其发展下去，就会像一座无形的墙把我们党和人民群众隔开，我们党就会失去根基、失去血脉、失去力量。(《习近平总书记系列重要讲话读本》(2014年版)学习出版社、人民出版社，第166页)

[87] 这是我们加强党的自身建设的规律，若干年搞一次全党性活动，就像一个肌体需要不断修复、康复、治疗、锻炼一样，一间房间需要经常打扫一样，党内政治生活和教育活动也需要经常性、长期性开展。(《习近平关于党风廉政建设和反腐败斗争论述摘编》中央文献出版社、中国方正出版社，第84页)

[88] 要紧紧盯住作风领域出现的新变化新问题，及时跟进相应的对策措施，既治标更治本，使党员干部不仅不敢沾染歪风邪气，而且不能、不想沾染歪风邪气，使党的作风全面纯洁起来。(《习近平总书记系列重要讲话读本》(2016年版)学习出版社、人民出版社，第116页)

[89] 惩前毖后、治病救人是我们党的一贯方针，也是我们党加强自身建设的历史经验。日常工作中发现了问题就要真管真严。惩治，治是根本，惩是为了治。(2016年1月12日《在第十八届中央纪律检查委员会第六次全体会议上的讲话》)

[90] 着力从思想上正本清源、立根固本。(《习近平总书记系列重要讲话读本》(2016年版)学习出版社、人民出版社，第113页)

[91] "工欲善其事，必先利其器"。正确的方法是做好工作的重要保证。掌握了正确的工作方法，往往能收到事半功倍的效果。实际工作中，很多同志由于没有掌握正确的方法，容易出现两种倾向：一种是瞎子摸象，对工作没有全面的把握；一种是纸上谈兵，眼高而手低，遇到具体事情不知何处着手。(《之江新语》浙江人民出版社，第243页)

[92] 习近平总书记就学习毛泽东同志《党委会的工作方法》作出重要批示，对各级党委(党组)领导班子成员特别是主要负责同志重温这篇著作提出明确要求。(中共中央组织部印发《关于学习贯彻习近平总书记重要批示精神加强党委(党组)领导班子建设

的通知》）

[93]“一把手”是党政领导集体的“班长”，是一个地方和部门贯彻中央大政方针、省委省政府重大决策的第一责任人。把方向、抓大事、谋全局，是“一把手”的根本职责。（《之江新语》浙江人民出版社，第20页）

[94]“羊群走路靠头羊。”带头人关键是“带头”二字。（2015年6月30日《在会见全国优秀县委书记时的讲话》）

[95]“一把手”的领导艺术，就在于有容人之气度、纳谏之雅量，充分发扬党内民主，确保决策的民主化和科学化，确保党委班子认识上的统一和行动上的一致。（《之江新语》浙江人民出版社，第22页）

[96]在一个班子中共事，是一种缘分，更是一种责任。我们要始终牢记毛泽东同志关于书记和委员之间“谅解、支援和友谊，比什么都重要”的教导，正确对待自己，正确对待同志，正确对待组织，用真诚赢得大家的理解和信任，在合作中加深了解，在共事中增进团结，以坚强的党性、良好的作风、规范的制度和人格的魅力抓好班子自身建设。（《之江新语》浙江人民出版社，第21页）

[97]玉兰同志逝世已经一年多了，但我的脑海里，时常还浮现着她的音容笑貌。我在正定与玉兰同志一起工作了3年，建立了深厚的同志姐弟情谊。（《知之深　爱之切》河北人民出版发行，第223页）

[98]大事讲原则，小事讲风格，遇事多通气，多交心，多谅解，真正做到讲团结、会团结。（《之江新语》浙江人民出版社，第254页）

[99]县委书记是领导班子的一班之长，要带头执行民主集中制，不把“班长”当成家长；要按程序决策、不搞个人专权，善于增进团结、集中智慧；要总揽不包揽、分工不分家、放手不撒手，讲团结不是搞一团和气，讲和谐不是要“和稀泥”。（2015年1月《在与中央党校第一期县委书记研修班学员座谈时的讲话》）

[100]在领导班子成员中形成一种坚持原则、与人为善、平等融洽、相互帮助的良好氛围。（2008年5月13日《在中央党校2008年春季学期第二批进修班暨师资班开学典礼上的讲话》）

[101]领导干部一定要学会全面辩证地看问题，在认识论上要有辩证统一的思想，在方法论上要学会统筹兼顾，在具体工作中要学会“十指弹琴”。（《之江新语》浙江人民出版社，第62页）

[102]作为党委书记，要总揽而不包揽，学会“弹钢琴”，善于抓重点，充分发挥党委的领导核心作用，发挥各个班子的职能作用，而不能事必躬亲，专权武断，干预具体政务。（《之江新语》浙江人民出版社，第23页）

[103]必须在把情况搞清楚的基础上，统筹兼顾、综合平衡，突出重点、带动全局，有的时候要抓大放小、以大兼小，有的时候又要以小带大、小中见大，形象地说，就是

要十个指头弹钢琴。(《习近平总书记系列重要讲话读本》(2016年版)学习出版社、人民出版社，第49页)

[104] 平衡是相对的，不平衡是绝对的。(2016年5月10日《在省部级领导学习班上的讲话》)

[105] 抓住重点带动面上工作，推动事物发展不断从不平衡到平衡，是唯物辩证法的要求，也是我们党在革命、建设、改革历史进程中一贯倡导和坚持的重要方法论。(2016年1月29日《在中央政治局第三十次集体学习时的讲话》)

[106] 要精简会议活动，切实改进会风，……提高会议实效，开短会、讲短话，力戒空话、套话。(2012年12月4日，习近平总书记主持召开中共中央政治局会议，审议通过中央政治局《关于改进工作作风、密切联系群众的八项规定》中的第二条)

[107] 要改进会风，能不开的会尽可能不开，没准备好的会坚决不开，能合并的会最好合并开，必须开的会也要能短则短，对会议的时限、数量、质量、规格等加以规范，提出明确要求。(2010年5月12日《在中央党校2010年春季学期第二批入学学员开学典礼上的讲话》)

[108] 每周二、三为县直机关无会日。(《知之深　爱之切》河北人民出版发行，第251页)

[109] 县直各部门、各单位召开的大型会议要严格控制，一般一年不得超过两次，用于部署年度性工作。(《知之深　爱之切》河北人民出版发行，第135页)

[110] 开半小时会能解决的问题，就不要开一小时的会。(《知之深　爱之切》河北人民出版发行，第251页)

[111] 大会报告一般不准超过两小时，小会发言一般不准超过20分钟。(《知之深　爱之切》河北人民出版发行，第167页)

[112] 各级领导干部要把改进文风作为一项工作要求，带头讲短话、讲实话、讲新话，通过自己以身作则带出好文风来。(2010年5月12日《在中央党校2010年春季学期第二批入学学员开学典礼上的讲话》)

[113] 改进文风，在三个方面下功夫、见成效很重要。一是短。力求简短精炼、直截了当，要言不烦、意尽言止，观点鲜明、重点突出。……坚持内容决定形式，宜短则短，宜长则长。……二是实。讲符合实际的话不讲脱离实际的话，讲管用的话不讲虚话，讲反映自己判断的话不讲照本宣科的话，讲明白通俗的话不讲故作高深的话。……三是新。在研究新情况、解决新问题上有新思路、新举措、新语言，力求思想深刻、富有新意。(2010年5月12日《在中央党校2010年春季学期第二批入学学员开学典礼上的讲话》)

[114] 各单位发文是什么问题就讲什么问题，直截了当，不准“穿靴戴帽”，一般以千字左右为限。(《知之深　爱之切》河北人民出版发行，第167页)

[115] 要精简文件简报，切实改进文风，没有实质内容、可发可不发的文件、简报一律不

发。（2012年12月4日，习近平总书记主持召开中共中央政治局会议，审议通过中央政治局《关于改进工作作风、密切联系群众的八项规定》中的第三条）

[116] 这里很重要的是自己要亲自参与重要文稿的起草。（2010年5月12日《在中央党校2010年春季学期第二批入学学员开学典礼上的讲话》）

[117] 实践表明，抓而不紧，等于不抓；抓而不实，等于白抓。抓好落实，我们的事业就能充满生机；不抓落实，再好的蓝图也是空中楼阁。（《之江新语》浙江人民出版社，第32页）

[118] 讲认真是我们党的根本工作态度，必须做到无私无畏、敢于担当，把认真精神体现到党内生活和干事创业方方面面。（《习近平关于党的群众路线教育实践活动论述摘编》党建读物出版社、中央文献出版社，第74页）

[119] 以真抓的实劲、敢抓的狠劲、善抓的巧劲、常抓的韧劲。（2018年2月14日《在2018年春节团拜会上的讲话》）

[120] 要以钉钉子精神抓下去，一抓到底，绝不能半途而废。（《习近平关于党风廉政建设和反腐败斗争论述摘编》中央文献出版社、中国方正出版社，第86—87页）

[121] 大兴调查研究之风，各级领导干部在调研工作中，一定要保持求真务实的作风，努力在求深、求实、求细、求准、求效上下工夫。“深”，就是要深入群众，深入基层，善于与工人、农民、知识分子和社会各界人士交朋友，到田间、厂矿、群众和社会各层面中去解决问题。“实”，就是作风要实，做到轻车简从，简化公务接待，真正做到听实话、摸实情、办实事。“细”，就是要认真听取各方面的意见，深入分析问题，掌握全面情况。“准”，就是不仅要全面深入细致地了解实际情况，更要善于分析矛盾、发现问题，透过现象看本质，把握规律性的东西。“效”，就是提出解决问题的办法要切实可行，制定的政策措施要有较强操作性，做到出实招，见实效。（《之江新语》浙江人民出版社，第1页）

[122] 正确处理数量与质量的关系。（《摆脱贫困》福建人民出版社，第174页）

[123] 善于对思想和工作情况进行总结，对一个领导干部的进步和提高很重要。（2012年9月1日《在中央党校2012年秋季学期开学典礼上的讲话》）

[124] 照镜子、正衣冠、洗洗澡、治治病。（《习近平谈治国理政》外文出版社有限责任公司，第375页）

[125] 工作中的经验是财富，工作中的教训也是财富，关键在于是否善于总结。（2012年9月1日《在中央党校2012年秋季学期开学典礼上的讲话》）

[126] 由“堑”到“智”的转化，是通过总结实现的，总结是这种转化的认识之桥，没有这座桥，“堑”就无法转化为“智”。（2012年9月1日《在中央党校2012年秋季学期开学典礼上的讲话》）

[127] 自觉做到防微杜渐，努力避免摔大跤、栽跟头。（《习近平关于党的群众路线教育实

践活动论述摘编》党建读物出版社、中央文献出版社，第41页）

［128］人民是我们党的工作的最高裁决者和最终评判者。（2013年12月26日《在纪念毛泽东同志诞辰120周年座谈会上的讲话》）

［129］努力造成又有集中又有民主，又有纪律又有自由，又有统一意志又有个人心情舒畅生动活泼的政治局面。（2017年版《中国共产党章程》）

文化智慧

［1］文化的力量，或者我们称之为构成综合竞争力的文化软实力，总是“润物细无声”地融入经济力量、政治力量、社会力量之中，成为经济发展的“助推器”、政治文明的“导航灯”、社会和谐的“黏合剂”。（《之江新语》浙江人民出版社，第149页）

［2］历史和现实都证明，中华民族有着强大的文化创造力。每到重大历史关头，文化都能感国运之变化、立时代之潮头、发时代之先声，为亿万人民、为伟大祖国鼓与呼。中华文化既坚守本根又不断与时俱进，使中华民族保持了坚定的民族自信和强大的修复能力，培育了共同的情感和价值、共同的理想和精神。（2014年10月15日《在文艺工作座谈会上的讲话》）

［3］虚与实是相比较而言的。比较之下，在两个文明建设中，物质文明建设实一点，精神文明建设虚一点……实的比较好把握，虚的相对难以把握。（《之江新语》浙江人民出版社，第96页）

［4］坚定中国特色社会主义道路自信、理论自信、制度自信，说到底是要坚定文化自信，文化自信是更基本、更深沉、更持久的力量。（2016年5月17日《在哲学社会科学工作座谈会上的讲话》）

［5］核心价值观是文化软实力的灵魂、文化软实力建设的重点。这是决定文化性质和方向的最深层次要素。一个国家的文化软实力，从根本上说，取决于其核心价值观的生命力、凝聚力、感召力。（《习近平谈治国理政》外文出版社有限责任公司，第163页）

［6］价值观是人类在认识、改造自然和社会的过程中产生与发挥作用的。不同民族、不同国家由于其自然条件和发展历程不同，产生和形成的核心价值观也各有特点。一个民族、一个国家的核心价值观必须同这个民族、这个国家的历史文化相契合，同这个民族、这个国家的人民正在进行的奋斗相结合，同这个民族、这个国家需要解决的时代问题相适应。世界上没有两片完全相同的树叶。一个民族、一个国家，必须知道自己是谁，是从哪里来的，要到哪里去，想明白了、想对了，就要坚定不移朝着目标前进。（《习近平谈治国理政》外文出版社有限责任公司，第171页）

［7］社会主义核心价值观是当代中国精神的集中体现，凝结着全体人民共同的价值追求。（中国共产党第十九次全国代表大会报告）

[8] 核心价值观，其实就是一种德，既是个人的德，也是一种大德，就是国家的德、社会的德。国无德不兴，人无德不立。（2014年《在“五四”青年节和北京大学师生座谈时的讲话》）

[9] 祈盼和顺、崇尚和美、追求和谐，是中华民族的优良传统和高尚品德。（《之江新语》浙江人民出版社，第178页）

[10] 正义是最强的力量。（2016年1月12日《在第十八届中央纪律检查委员会第六次全体会议上的讲话》）

[11] 中国特色社会主义文化，源自于中华民族五千多年文明历史所孕育的中华优秀传统文化，熔铸于党领导人民在革命、建设、改革中创造的革命文化和社会主义先进文化，植根于中国特色社会主义伟大实践。（中国共产党第十九次全国代表大会报告）

[12] 中华民族自古以来就重视家庭、重视亲情。家和万事兴、天伦之乐、尊老爱幼、贤妻良母、相夫教子、勤俭持家等，都体现了中国人的这种观念。（2015年2月17日《在2015年春节团拜会上的讲话》）

[13] 一个民族的文明进步，是在一代又一代人的传承和发展中形成的。（《之江新语》浙江人民出版社，第66页）

[14] 为什么中华民族能够在几千年的历史长河中顽强生存和不断发展呢？很重要的一个原因，是我们民族有一脉相承的精神追求、精神特质、精神脉络。今天我们使用的汉字同甲骨文没有根本区别，老子、孔子、孟子、庄子等先哲归纳的一些观念也一直延续到现在。这种几千年连贯发展至今的文明，在世界各民族中是不多见的。（《习近平谈治国理政》外文出版社有限责任公司，第181页）

[15] 传承中华文化，绝不是简单复古，也不是盲目排外，而是古为今用、洋为中用，辩证取舍、推陈出新，摒弃消极因素，继承积极思想，“以古人之规矩，开自己之生面”，实现中华文化的创造性转化和创新性发展。（2014年10月15日《在文艺工作座谈会上的讲话》）

[16] 我们社会主义文艺要繁荣发展起来，必须认真学习借鉴世界各国人民创造的优秀文艺。只有坚持洋为中用、开拓创新，做到中西合璧、融会贯通，我国文艺才能更好发展繁荣起来。（2014年10月15日《在文艺工作座谈会上的讲话》）

[17] 对我国传统文化，对国外的东西，要坚持古为今用、洋为中用，去粗取精、去伪存真，经过科学的扬弃后使之为我所用。（《习近平谈治国理政》外文出版社有限责任公司，第156页）

[18] 中外文明交流互鉴更是频繁展开，这其中有冲突、矛盾、疑惑、拒绝，但更多是学习、消化、融合、创新。（《习近平谈治国理政》外文出版社有限责任公司，第260页）

[19] 文明因交流而多彩，文明因互鉴而丰富。文明交流互鉴，是推动人类文明进步和世界和平发展的重要动力……文明是多彩的……文明是平等的……文明是包容的。（2014

年3月27日《在巴黎联合国教科文组织总部的演讲》)

[20] 中华民族是一个兼容并蓄、海纳百川的民族，在漫长历史进程中，不断学习他人的好东西，把他人的好东西化成我们自己的东西，这才形成我们的民族特色。(《习近平谈治国理政》外文出版社有限责任公司，第105—106页)

[21] 对待不同文明，不能只满足于欣赏它们产生的精美物件，更应该去领略其中包含的人文精神；不能只满足于领略它们对以往人们生活的艺术表现，更应该让其中蕴藏的精神鲜活起来。(《习近平谈治国理政》外文出版社有限责任公司，第262页)

[22] 我们要虚心学习借鉴人类社会创造的一切文明成果，但我们不能数典忘祖，不能照抄照搬别国的发展模式，也绝不会接受任何外国颐指气使的说教。(《习近平谈治国理政》外文出版社有限责任公司，第171页)

[23] 要注重“推陈出新”，传承历史优秀文化，赋予时代发展内涵。(《之江新语》浙江人民出版社，第74页)

[24] 三是新。就是力求思想深刻、富有新意，正所谓“领异标新二月花”。……需要指出的是，讲出新意，并不是要去刻意求新，甚至搞文字游戏。更不能背离马克思主义立场观点方法，背离党的路线方针政策去标新立异。(2010年5月12日《在中央党校2010年春季学期第二批入学学员开学典礼上的讲话》)

[25] 文艺创作是观念和手段相结合、内容和形式相融合的深度创新，是各种艺术要素和技术要素的集成，是胸怀和创意的对接。要把创新精神贯穿文艺创作生产全过程，增强文艺原创能力。(2014年10月15日《在文艺工作座谈会上的讲话》)

[26] 文化是民族生存和发展的重要力量。(《习近平总书记系列重要讲话读本》(2016年版)学习出版社、人民出版社，第186页)

[27] 民族文化是一个民族区别于其他民族的独特标识。(《习近平总书记系列重要讲话读本》(2014年版)学习出版社、人民出版社，第104页)

[28] 科技是国之利器，国家赖之以强，企业赖之以赢，人民生活赖之以好。中国要强，中国人民生活要好，必须有强大科技。(2016年5月30日《在全国科技创新大会、中国科学院第十八次院士大会和中国工程院第十三次院士大会、中国科学技术协会第九次全国代表大会上的讲话》)

[29] 自古以来，科学技术就以一种不可逆转、不可抗拒的力量推动着人类社会向前发展。十六世纪以来，世界发生了多次科技革命，每一次都深刻影响了世界力量格局。从某种意义上说，科技实力决定着世界政治经济力量对比的变化，也决定着各国各民族的前途命运。(2014年6月9日《在中国科学院第十七次院士大会、中国工程院第十二次院士大会上的讲话》)

[30] 科学技术必须同社会发展相结合，学得再多，束之高阁，只是一种猎奇，只是一种雅兴，甚至当作奇技淫巧，那就不可能对现实社会产生作用。(《习近平谈治国理政》外

文出版社有限责任公司，第125页）

［31］有的公开场合要党员、干部坚定理想信念，背地里自己不敬苍生敬鬼神，笃信风水、迷信“大师”。（2016年1月12日《在第十八届中央纪律检查委员会第六次全体会议上的讲话》）

［32］当今世界，科技创新已经成为提高综合国力的关键支撑，成为社会生产方式和生活方式变革进步的强大引领。谁牵住了科技创新这个“牛鼻子”，谁走好了科技创新这步先手棋，谁就能占领先机、赢得优势。（2014年5月23日《在上海考察时的讲话》）

［33］社会主义文艺，从本质上讲，就是人民的文艺。（2014年10月15日《在文艺工作座谈会上的讲话》）

［34］在5000多年文明发展进程中，中华民族创造了博大精深的灿烂文化，要使中华民族最基本的文化基因与当代文化相适应、与现代社会相协调，以人们喜闻乐见、具有广泛参与性的方式推广开来。（《习近平谈治国理政》外文出版社有限责任公司，第161页）

［35］人民的需要是文艺存在的根本价值所在。能不能搞出优秀作品，最根本的决定于是否能为人民抒写、为人民抒情、为人民抒怀。一切轰动当时、传之后世的文艺作品，反映的都是时代要求和人民心声。（2014年10月15日《在文艺工作座谈会上的讲话》）

［36］倡导讲品位、讲格调、讲责任，抵制低俗、庸俗、媚俗。（中国共产党第十九次全国代表大会报告）

［37］深入群众，你就来到了智慧的大课堂、语言的大课堂，我们的文件、讲话、文章就可以有的放矢，体现群众意愿，让群众愿意看、看得懂，愿意听、听得进。（2010年5月12日《在中央党校2010年春季学期第二批入学学员开学典礼上的讲话》）

［38］人民是历史的创造者，群众是真正的英雄。人民群众是我们力量的源泉。（《习近平谈治国理政》外文出版社有限责任公司，第5页）

［39］弘扬中华优秀传统文化，要处理好继承和创造性发展的关系，重点做好创造性转化和创新性发展。创造性转化，就是要按照时代特点和要求，对那些至今仍有借鉴价值的内涵和陈旧的表现形式加以改造，赋予其新的时代内涵和现代表达形式，激活其生命力。创新性发展，就是要按照时代的新进步新进展，对中华优秀传统文化的内涵加以补充、拓展、完善，增强其影响力和感召力。（《习近平总书记系列重要讲话读本》（2014年版）学习出版社、人民出版社，第101页）

［40］要坚持百花齐放、百家争鸣的方针，发扬学术民主、艺术民主，营造积极健康、宽松和谐的氛围，提倡不同观点和学派充分讨论，提倡体裁、题材、形式、手段充分发展，推动观念、内容、风格、流派切磋互鉴。（2014年10月15日《在文艺工作座谈会上的讲话》）

［41］文艺批评是文艺创作的一面镜子、一剂良药，是引导创作、多出精品、提高审美、引领风尚的重要力量。文艺批评要的就是批评，不能都是表扬甚至庸俗吹捧、阿谀奉

承，不能套用西方理论来剪裁中国人的审美，更不能用简单的商业标准取代艺术标准，把文艺作品完全等同于普通商品，信奉“红包厚度等于评论高度”。文艺批评褒贬甄别功能弱化，缺乏战斗力、说服力，不利于文艺健康发展。（2014年10月15日《在文艺工作座谈会上的讲话》）

[42] 人民生活中本来就存在着文学艺术原料的矿藏，人民生活是一切文学艺术取之不尽、用之不竭的创作源泉。（2014年10月15日《在文艺工作座谈会上的讲话》）

[43] 人民是文艺创作的源头活水，一旦离开人民，文艺就会变成无根的浮萍、无病的呻吟、无魂的躯壳。（《习近平总书记系列重要讲话读本》（2016年版）学习出版社、人民出版社，第199页）

[44] 社会主义文艺是人民的文艺，必须坚持以人民为中心的创作导向，在深入生活、扎根人民中进行无愧于时代的文艺创造。（中国共产党第十九次全国代表大会报告）

[45] 凡是传世之作、千古名篇，必然是笃定恒心、倾注心血的作品。（2014年10月15日《在文艺工作座谈会上的讲话》）

[46] 艺术可以放飞想象的翅膀，但一定要脚踩坚实的大地。文艺创作方法有一百条、一千条，但最根本、最关键、最牢靠的办法是扎根人民、扎根生活。（2014年10月15日《在文艺工作座谈会上的讲话》）

[47] 艺术的最高境界就是让人动心，让人们的灵魂经受洗礼，让人们发现自然的美、生活的美、心灵的美。（2014年10月15日《在文艺工作座谈会上的讲话》）

[48] 用现实主义精神和浪漫主义情怀观照现实生活，用光明驱散黑暗，用美善战胜丑恶，让人们看到美好、看到希望、看到梦想就在前方。（《习近平总书记系列重要讲话读本》（2016年版）学习出版社、人民出版社，第199页）

[49] 随着人民生活水平不断提高，人民对包括文艺作品在内的文化产品的质量、品位、风格等的要求也更高了。（2014年10月15日《在文艺工作座谈会上的讲话》）

[50] 党的根本宗旨是全心全意为人民服务，文艺的根本宗旨也是为人民创作。把握了这个立足点，党和文艺的关系就能得到正确处理，就能准确把握党性和人民性的关系、政治立场和创作自由的关系。（2014年10月15日《在文艺工作座谈会上的讲话》）

[51] 现在，文艺工作的对象、方式、手段、机制出现了许多新情况、新特点，文艺创作生产的格局、人民群众的审美要求发生了很大变化，文艺产品传播方式和群众接受欣赏习惯发生了很大变化。（2014年10月15日《在文艺工作座谈会上的讲话》）

[52] 文化产品只有成为广大群众的自觉消费，才能最大限度地实现文化的宣传教育功能，达到以优秀作品鼓舞人的目的，这就是大力发展文化产业的意义所在。有市场的文化不一定是先进文化，但没有市场的文化更难讲是先进文化。没有市场，作品给谁看？宣教功能怎么发挥？先进性又体现在哪里？（《之江新语》浙江人民出版社，第9页）

[53] 文化即“人化”，文化事业即养人心志、育人情操的事业。人，本质上就是文化的

人，而不是“物化”的人；是能动的、全面的人，而不是僵化的、“单向度”的人。（《之江新语》浙江人民出版社，第150页）

[54]“人是要有一点精神的”。良好的精神状态，能极大地激发人的智慧和潜能，产生巨大的力量，从而克难制胜，成就事业。（《之江新语》浙江人民出版社，第40页）

[55]阐释中华民族禀赋、中华民族特点、中华民族精神，以德服人、以文化人是其中很重要的一个方面。（2014年10月15日《在文艺工作座谈会上的讲话》）

[56]信念是本，作风是形，本正而形聚，本不正则形必散。（《习近平关于党风廉政建设和反腐败斗争论述摘编》中央文献出版社、中国方正出版社，第146页）

[57]中华文明绵延数千年，有其独特的价值体系。中华优秀传统文化已经成为中华民族的基因，植根在中国人内心，潜移默化影响着中国人的思想方式和行为方式。（《习近平谈治国理政》外文出版社有限责任公司，第170页）

[58]提高国家文化软实力，要努力提高国际话语权。要加强国际传播能力建设，精心构建对外话语体系，发挥好新兴媒体作用，增强对外话语的创造力、感召力、公信力，讲好中国故事，传播好中国声音，阐释好中国特色。（《习近平谈治国理政》外文出版社有限责任公司，第162页）

后记：时代需要本色精神

每一个时代不能没有精神。人们需要美丽果园硕果累累的蟠桃树，供饥饿心灵饱餐；也需要满天云霞，朝出穹边，降下甘霖，滋润人生田野；更需要点燃着的火炬，光辉灿烂，照耀前行之路。

有人试图把精神再交回给古人，想从2500年前找到一种真诚，希望“圣人”回归。

圣人是道之化身，万物得道为德，圣人即玄德。圣人神化，过于完美，难于模仿。圣人是“天下的克服者”。

实现中华民族伟大复兴中国梦的时代需要一种实在的精神来统领人们的认识，它既不是为了获得一种希腊人推崇的纯粹理智上的愉悦，也不是中国古代人追求的以术为道的所谓大道，而应该是马克思主义指导下的从根本上解决中国人实践的本色精神。

这种本色精神来源于本民族英雄的思想。英雄是远古先民为了洗除现实和心中恐怖而修造的美好影像。英雄由人民制造。英雄是这个民族的“带头大哥”，是“天下的征服者”。

英雄总在演绎着力与力碰撞的时代作为舵手横空出世！

英雄身上有一种不可掩仰的蓬勃之气，可以不自觉地拨云雾而见青天，有一种特殊的、超越的晓畅，片光吉羽，璀璨夺目，使心灵汎满光辉，见出一种特异独绝、令人神往的成功。

英雄的思想像一面清莹的镜子，可以照射到市井沟渠污秽，同时也能映着天光云影，丽日和风，世间的光明与黑暗，罪恶与圣洁，一体显露。

习近平新时代中国特色社会主义思想正是时代所需要的本色精神！

这是一个取之不尽用之不竭的精神宝藏。如此富有哲理使人体味不尽的美妙语言，让人的心扉豁然开朗。我不由得挑灯夜读，伴着月下的凝思，那纯真刻骨的爱戴和自然深静的壮美在我生命情绪中结成一个永恒的楷模，成为灵魂和理想的皈依！

能凝聚奋斗力量的时代精神就是这个民族异常宝贵的文化资源，我们应该懂得它的价值并对其尊重、珍惜和引以骄傲。

有时候，有些人，有些事，转瞬即逝；而有些时候，有些人，有些事却让人难以忘怀。有些画面会在你我心中刻下深深烙印，雨露般和蔼的笑容会让我们重温那瞬间美的极致，激起岁月涟漪，触动内心深处，感动你我生命旅程。

站在精神的大野，仰望空灵的蓝天，神思飞动，碧云四起。光明的翅羽，在无极中飞舞，侧耳听到白云碰撞发出的壮音:时代就是需要这样凝结着民族智慧而且能够指导行动的本色精神！

感谢山东人民出版社的领导和编辑为这本书出版所付出的心血；感谢中共中央组织部原部长张全景，著名党建专家、中央党校韩庆祥副教育长为本书指导并作序；感谢中国书法家协会苏士澍主席题写书名；感谢公安部和山东省、济南市相关部门领导的关心及悉心指教；感谢刘金莲、尹祥君、李宇泽、王璞、郑光魁、张彩云、吴大鹏、南卫东、王文等师长朋友的赐教和支持。由于习近平新时代中国特色社会主义思想内涵丰富，立意高远，博大精深，深邃精辟，限于水平，理解得肯定粗浅，不当之处，望批评指正。